SOCIÉTÉ DES ARTISTES INDÉPENDANTS

35ᵉ exposition

catalogue

1924

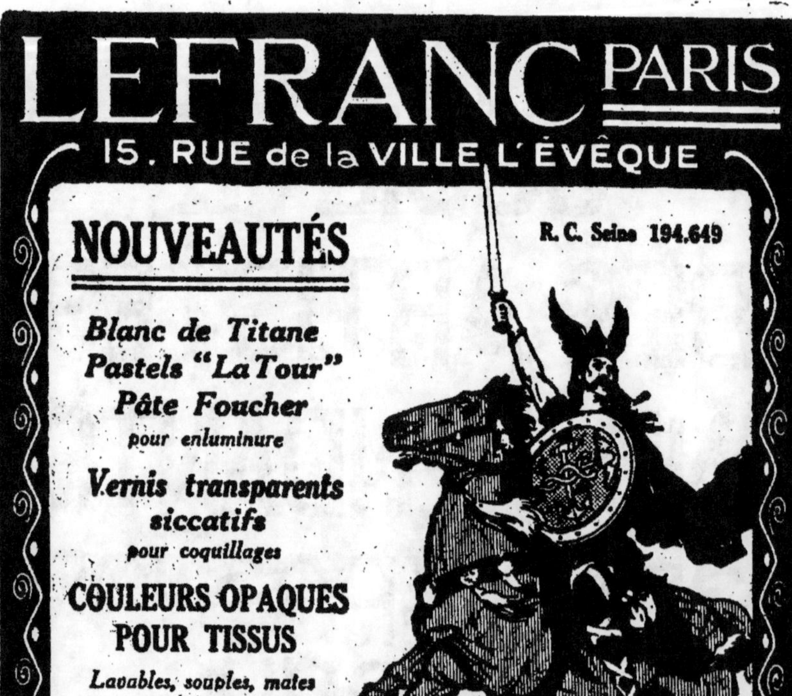

LEFRANC PARIS
15. RUE de la VILLE L'ÉVÊQUE
NOUVEAUTÉS
R. C. Seine 194.649
Blanc de Titane
Pastels "La Tour"
Pâte Foucher
pour enluminure
Vernis transparents siccatifs
pour coquillages
COULEURS OPAQUES POUR TISSUS
Lavables, souples, mates
Teintures pour le BATIK
COULEURS EXTRA-FINES
Pour la peinture à l'huile, l'aquarelle, le pastel
Voulez-vous être au courant des nouveautés ? Envoyez-nous votre adresse. Le MEMENTO LEFRANC vous renseignera gratuitement.
COULEURS & VERNIS

SOCIÉTÉ
des
"ARTISTES INDÉPENDANTS"
Reconnue d'Utilité Publique
(Fondée en 1884)

"NI JURY NI RÉCOMPENSES"

CATALOGUE

DE LA

35ᵉ EXPOSITION

AU

GRAND PALAIS DES CHAMPS-ÉLYSÉES

du **9 Février** au **12 Mars**

Désignation et Prix des ouvrages exposés
(Voir table des matières, page 256)

∘ 1924 ∘

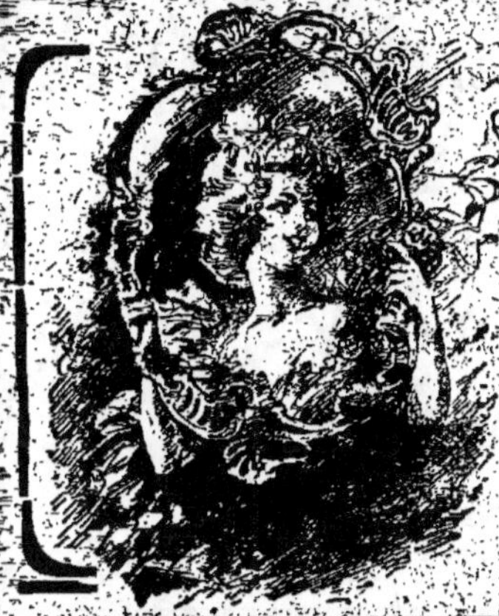

Spécialité ^{pour} _{le} Dessin ^{et} _{la} Peinture

TOILES 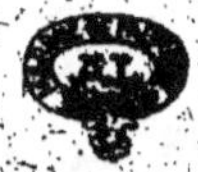 spécialement préparées à la main pour la peinture à l'huile, suivant les anciens procédés de **A. Lepage aîné**, garantissant la bonne conservation de l'œuvre.

TOILES à peindre tendues sur châssis.
CARTONS pochades. CARTONS Muller.
PAPIERS pour le pastel, sans préparation.
PAPIERS pour la gouache.

Papiers pour Dessin au Fusain

INGRES 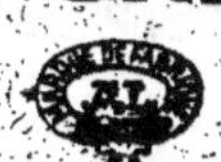 Lalanne MICHALLET FRANCE

Papiers pour Lavis et Aquarelle

VÉLIN français à la forme. 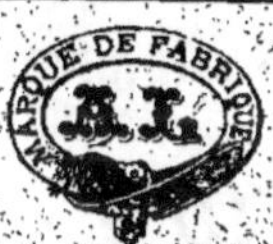

PAPIERS mécaniques **Ad. Cassagne, Allongé**, et tous papiers spéciaux en formats et en rouleaux.
BRISTOLS satinés et à grains pour dessin à la plume et aquarelle.

EN VENTE *dans toutes les maisons d'articles de dessin et de matériel pour peintres.*

R. C. 90.154.

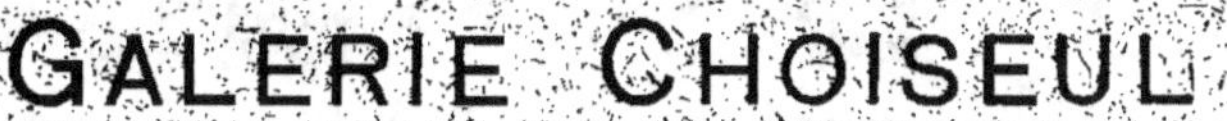

GALERIE CHOISEUL

24, Rue Laffitte — PARIS

ANCIENNE MAISON CAMENTRON & COTTEREAU

Henri COTTEREAU, Successeur

TABLEAUX MODERNES
DESSINS & GRAVURES
ÉDITIONS ARTISTIQUES

VENTE - ACHAT - COMMISSION

EXPOSITIONS DE PEINTRES INDÉPENDANTS

R. C. Seine 10 199

EXPOSITIONS
D'ART CONTEMPORAIN

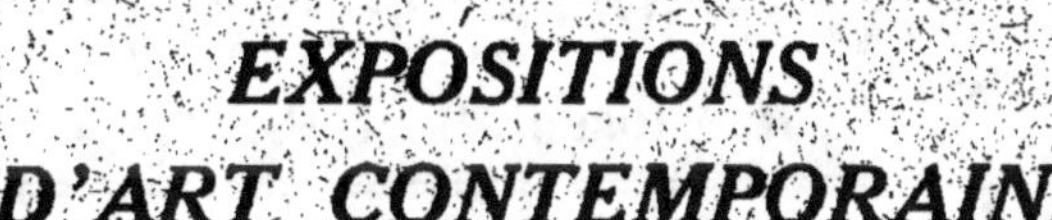

Galerie Louis MANTEAU

62, Boulevard de Waterloo, BRUXELLES

TABLEAUX DE MAITRES
Anciens & Modernes
ACHAT DE COLLECTIONS

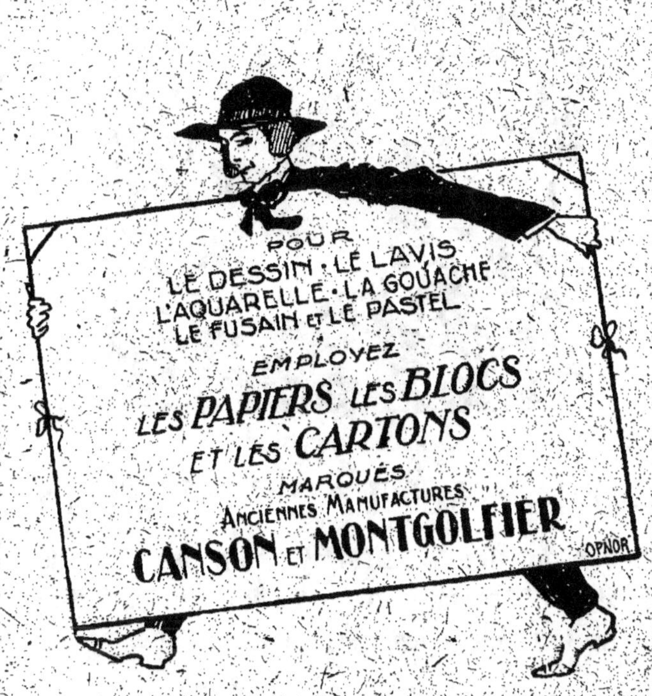

ÉCHANTILLONS GRATUITS

au Magasin de Vente :

39, Rue de Palestro — PARIS

(Métro : Réaumur-Sébastopol)

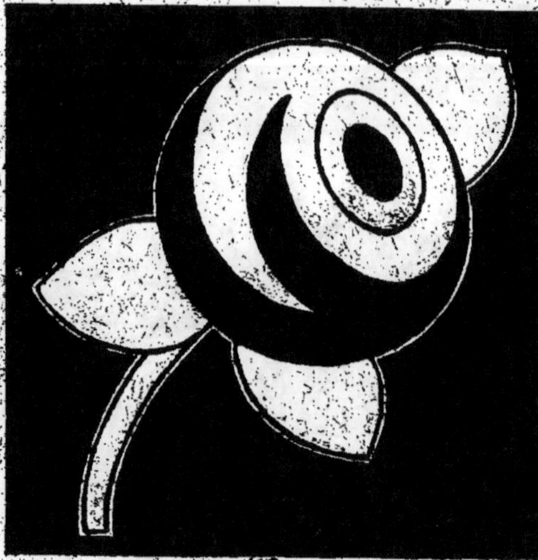
MARQUE DÉPOSÉE

·1884·

La Société des
" Artistes Indépendants "
basée sur le principe de la suppression
des Jurys d'admission, a pour but de permettre
aux Artistes de présenter librement
leurs œuvres au jugement
du Public.

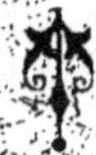

·1924·

RÉPUBLIQUE FRANÇAISE

LIBERTÉ — ÉGALITÉ — FRATERNITÉ

Préfecture du département de la Seine

LE PRÉSIDENT DE LA RÉPUBLIQUE FRANÇAISE,

Sur le rapport du Ministre de l'Intérieur,

Vu la demande présentée par l'Association dite *Société des Artistes Indépendants*, dont le siège est à Paris, en vue d'obtenir la reconnaissance comme établissement d'utilité publique;

L'extrait du procès-verbal de l'Assemblée générale en date du 31 mars 1920;

Le *Journal Officiel* du 5 décembre 1903 contenant la déclaration prescrite par l'article 5 de la loi du 1ᵉʳ juillet 1901;

Les comptes et budgets ainsi que l'état de l'actif et du passif de l'Association;

Les statuts proposés et les autres pièces de l'affaire;

La délibération du Conseil municipal de Paris en date du 20 novembre 1922;

L'avis du Préfet de la Seine du 7 décembre 1922;

L'avis du Ministre de l'Instruction publique et des Beaux-Arts en date du 24 juillet 1922;

La loi du 1ᵉʳ juillet 1901 et le décret du 16 août 1901;

Le Conseil d'Etat entendu,

DÉCRÈTE :

ARTICLE PREMIER. — L'Association dite *Société des Artistes Indépendants*, dont le siège est à Paris, est reconnue comme établissement d'utilité publique.

Sont approuvés les statuts de l'Association tels qu'ils sont annexés au présent décret.

ART. 2. — Le Ministre de l'Intérieur est chargé de l'exécution du présent décret qui sera inséré au *Bulletin des Lois*.

Fait à Rambouillet, le 30 mars 1923.

Signé : A. MILLERAND.

Par le Président de la République :

Le Ministre de l'Intérieur :

Signé : MAUNOURY.

Pour ampliation :
Le Chef du Bureau du Cabinet :

Signé : ARDOUIN.

Pour copie conforme :
Pour le Secrétaire général,
le Conseiller de Préfecture délégué,

Signé : ILLISIBLE.

SOCIÉTÉ DES ARTISTES INDÉPENDANTS

FONDÉE EN 1884

Siège social : 18, rue Mazarine — PARIS-6e

Président : **Paul Signac**, 14, rue de l'Abbaye (6e)

STATUTS

I. But et Composition de l'Association.

ARTICLE PREMIER. — L'Association dite « Société des Artistes Indépendants », fondée le 29 juin 1884, a pour objet l'organisation, avec l'autorisation de l'autorité compétente, d'Expositions annuelles et périodiques des Beaux-Arts : Peintures, Sculptures, Gravures, Dessins, Cartons, Aquarelles, Pastels, Miniatures, Architecture, Art décoratif et objets d'Art précieux.

« Basée sur le principe de la suppression des jurys d'admission, elle a pour but de permettre à tous les artistes de présenter librement leurs œuvres au jugement du public. »

Sa durée est illimitée.

Le siège social est fixé à Paris.

ART. 2. — Les moyens d'action de l'Association sont : l'organisation des expositions tant en France qu'à l'Étranger et la publication d'un bulletin annuel.

ART. 3. — L'Association se compose :

1° De sociétaires ;

2° De membres d'honneur ;

3° De membres donateurs.

(a) Pour être sociétaire, il faut :

1° Verser une cotisation annuelle de quinze francs — participant ou non à l'Exposition ;

2° Acquitter également un droit unique d'adhésion et d'inscription fixé à cinq francs.

(b) Le titre de *membre d'honneur* peut être conféré par le Comité aux personnes qui rendent ou qui auront rendu d'importants services à l'Association.

Ce titre, qui devra être ratifié par l'Assemblée générale, confère aux personnes qui l'ont obtenu le droit d'assister à l'Assemblée générale sans être tenues de payer une cotisation annuelle.

(c) Peuvent être *membres donateurs* les personnes étrangères ou non à l'Association faisant un versement d'au moins 200 francs, ou payant une cotisation annuelle de 50 francs minimum, ainsi que toutes personnes testant ou usant de libéralités, sous forme de dons et de legs, en faveur de l'Association, sous réserve d'acceptation, par le Comité, et de validité légale de ces dons ou legs dans les conditions prévues et l'approbation administrative stipulées par l'article 910 du Code Civil et les articles 5 et 7 de la loi du 4 février 1901.

Art. 4. — La qualité de membre de l'Association se perd :

1° Par la démission ;

2° Par la radiation prononcée pour non paiement de la cotisation, après rappel à l'ordre prévu, par le Règlement d'administration ;

3° Par la radiation, prononcée par l'Assemblée générale, sur rapport du Comité, pour motifs graves, le membre intéressé ayant été préalablement appelé à fournir ses explications devant le Comité et étant autorisé à les réitérer devant l'Assemblée générale statuant sur son cas.

II. Administration et Fonctionnement.

Art. 5. — L'administration de l'Association est confiée à un Comité composé de 20 membres élus, au scrutin secret, pour deux ans, par l'Assemblée générale, et choisis parmi les membres actifs, de nationalité française, jouissant de leurs droits civils et politiques, ayant atteint leur majorité et ayant au moins cinq années de sociétariat

En cas de vacance, le Comité peut pourvoir provisoirement au remplacement de ses membres. Il est procédé à leur remplacement définitif par la plus prochaine Assemblée générale.

Les pouvoirs des membres ainsi élus prennent fin à l'époque où devrait normalement expirer le mandat des membres remplacés.

Le renouvellement du Comité a lieu, intégralement, tous les deux ans. Les membres sortants sont rééligibles.

Le Comité nomme, chaque année, parmi ses membres, au scrutin secret, un bureau composé, au minimum, du Président, de deux Vice-Présidents, d'un ou plusieurs Secrétaires et d'un Trésorier.

ART. 6. — Le Comité se réunit, autant que possible, une fois par mois, et chaque fois qu'il le juge convenable. Il peut être réuni d'urgence, par le Président ou lorsque la réunion est demandée par trois de ses membres.

La présence de onze membres, c'est-à-dire la moitié plus un, si le Comité est au complet, est nécessaire pour la validité des délibérations qui sont prises à la majorité des voix. En cas de partage, la voix du Président est prépondérante.

Il est tenu procès-verbal des séances.

Les procès-verbaux sont signés par le Président et le Secrétaire-Rapporteur. Ils sont transcrits, sans blancs ni ratures, sur un registre coté et paraphé par le Préfet de la Seine ou son délégué.

ART. 7. — Les membres ne peuvent recevoir aucune rétribution à raison des fonctions qui leur sont confiées.

Les fonctionnaires rétribués de l'Association assistent, avec voix consultative, aux séances de l'Assemblée générale et du Comité.

ART. 8. — L'Assemblée générale de l'Association comprend tous les membres actifs ou sociétaires convoqués, spécialement et individuellement.

Elle se réunit au moins deux fois par an, aux dates fixées par le Règlement d'administration, et chaque fois qu'elle est convoquée par le Comité, ou sur la demande du quart, au moins, des membres de l'Association, parmi lesquels les sociétaires ayant deux ans de sociétariat doivent figurer par moitié.

Son ordre du jour est réglé par le Comité.

Son bureau est celui du Comité.

Elle entend les rapports sur la gestion du Comité, sur la situation financière et morale de l'Association.

Elle approuve les comptes de l'exercice clos, vote le budget de l'exercice suivant, délibère sur les questions mises à l'ordre du jour, et pourvoit, s'il y a lieu, au renouvellement ou remplacement des membres du Comité.

Les rapports annuels et les comptes sont adressés, chaque année, à tous les membres de l'Association.

ART. 9. — Les dépenses sont ordonnancées par le Président ou, en son absence, par le Vice-Président.

L'Association est représentée en justice et dans tous les actes de la vie civile, par le Président.

Le représentant de l'Association doit jouir du plein exercice de ses droits civils.

Art. 10. — Les délibérations du Comité relatives aux acquisitions, échanges et aliénations des immeubles nécessaires au but poursuivi par l'Association, constitution d'hypothèques sur lesdits immeubles, baux excédant neuf années, aliénations de biens rentrant dans la dotation et emprunts doivent être soumises à l'approbation de l'Assemblée générale.

Art. 11. — Les délibérations du Comité relatives à l'acceptation des dons et legs ne sont valables qu'après l'approbation administrative donnée dans les conditions prévues par l'article 910 du Code Civil et les articles 5 et 7 de la loi du 4 février 1901.

Les délibérations de l'Assemblée générale relatives aux aliénations de biens mobiliers et immobiliers dépendant de la dotation à la constitution d'hypothèques et aux emprunts ne sont valables qu'après approbation par décret simple.

Toutefois, s'il s'agit de l'aliénation de biens mobiliers et si leur valeur n'excède pas le vingtième des capitaux mobiliers compris dans la dotation, l'approbation est donnée par le Préfet.

III. Dotation et Ressources annuelles.

Art. 12. — La dotation comprend :

1° Un capital constitué de cinquante mille francs (voir situation financière);

2° Le matériel servant à l'organisation et à l'installation des Expositions (voir inventaire);

3° Les immeubles nécessaires au but poursuivi par l'Association;

4° Les capitaux provenant des libéralités, à moins que l'emploi immédiat n'en ait été autorisé;

5° Le dixième, au moins, annuellement capitalisé, du revenu net des biens de l'Association.

Art. 13. — Les capitaux mobiliers compris dans la dotation sont placés en valeurs nominatives de l'Etat français ou en obligations nominatives dont l'intérêt est garanti par l'Etat. Ils peuvent être également employés, soit à l'achat d'autres titres nominatifs, après autorisation donnée par décret, soit à l'acquisition d'immeubles nécessaires au but poursuivi par l'Association.

Art. 14. — Les recettes annuelles se composent :

1° De la partie du revenu des biens de l'Association non comprise dans la dotation ;

2° Des cotisations et souscriptions de ses membres ;

3° Des subventions de l'Etat, des départements, des communes et des établissements publics ;

4° Du produit des libéralités dont l'emploi immédiat a été autorisé ;

5° Des ressources créées à titre exceptionnel et, s'il y a lieu, avec l'agrément de l'autorité compétente ;

6° Des excédents de recettes réalisés par les Expositions.

Art. 15. — Il est tenu, au jour le jour, une comptabilité deniers, par recettes et par dépenses, et, s'il y a lieu, une comptabilité matières.

Les recettes et dépenses des Expositions forment un chapitre spécial de la comptabilité d'ensemble de l'Association.

IV. Modifications des statuts et Dissolution.

Art. 16. — Les Statuts ne peuvent être modifiés que sur la proposition du Comité ou du dixième des membres dont se compose l'Assemblée générale, et parmi lesquels les sociétaires ayant au moins deux ans de sociétariat devront figurer pour moitié. Cette proposition de modification devra être soumise au bureau au moins un mois avant la séance.

L'Assemblée convoquée dans ce but doit se composer du quart, au moins, des membres en exercice. Si cette proportion n'est pas atteinte l'Assemblée est convoquée de nouveau, mais à quinze jours au moins d'intervalle ; elle peut, cette fois, délibérer valablement quel que soit le nombre des membres présents.

Art. 17. — L'Assemblée générale appelée à se prononcer sur la dissolution de l'Association, et convoquée spécialement à cet effet, doit comprendre, au moins, la moitié plus un des membres en exercice.

Si cette proportion n'est pas atteinte, l'Assemblée est convoquée de nouveau, mais à quinze jours au moins d'intervalle, et cette fois elle peut valablement délibérer quel que soit le nombre des membres présents.

Dans les deux cas : modifications aux Statuts ou dissolution, auront seuls le droit de vote les sociétaires ayant au moins deux ans de sociétariat, et la modification ou la dissolution ne pourra être votée qu'à la majorité des deux tiers des membres présents. Pour la dissolution, cette majorité devra, en outre, comprendre une moitié, au moins, de sociétaires français.

Art. 18. — En cas de dissolution, l'Assemblée générale désigne un ou plusieurs commissaires chargés de la liquidation des biens de l'Association.

Elle attribue l'actif net à une ou plusieurs Œuvres de Bienfaisance ou de Secours aux Artistes, reconnues d'utilité publique et désignées par l'Assemblée générale dissolutrice. Les archives de l'Association sont remises à un dépôt de l'État.

Art. 19. — Les délibérations de l'Assemblée générale prévues aux articles 16, 17 et 18, sont adressées, sans délai, au Ministre de l'Intérieur et au Ministre de l'Instruction publique.

Elles ne sont valables qu'après l'approbation du Gouvernement.

V. — Surveillance et Règlement intérieur.

Art. 20. — Le Président doit faire connaître, dans les trois mois, à la Préfecture de la Seine, tous changements survenus dans l'administration ou la direction de l'Association.

Les registres de l'Association et ses pièces de comptabilité sont présentés sans déplacement, sur toute réquisition du Ministre de l'Intérieur ou du Préfet, à eux-mêmes ou à leur délégué ou à tout fonctionnaire accrédité par eux.

Le rapport annuel et les comptes sont adressés chaque année au Préfet de la Seine, au Ministre de l'Intérieur et au Ministre de l'Instruction publique.

Art. 21. — Le Ministre de l'Intérieur et le Ministre de l'Instruction publique ont le droit de faire visiter, par leurs délégués, les établissements fondés par l'Association et de se faire rendre compte de leur fonctionnement.

Art. 22. — Les règlements intérieurs ou d'administration préparés par le Comité et adoptés par l'Assemblée générale doivent être soumis à l'approbation du Ministre de l'Intérieur et adressés au Ministre de l'Instruction publique.

COMITÉ

BUREAU :

Président :

Paul SIGNAC, 14, rue de l'Abbaye (6e).

Vice-Présidents :

Maximilien LUCE, 102, rue Boileau (16e).
Luc-Albert MOREAU, 15, rue du Cherche-Midi (6e).

Trésorier :

Georges SCHREIBER, 3, rue Jules-César (12e).

Secrétaire rapporteur :

Charles JACQUEMOT, 10, rue Seveste (18e).

Membres :

ALIX (Yves), 4, rue Belloni (15e).
BOMPARD (Pierre), 6, rue de Varize (16e).
DESLIGNÈRES (André), 6, boulevard de Clichy (18e).
DILIGENT (Raphaël), Le Pressoir, à Orgerus (Seine-et-Oise).
DUPONT (Victor), 2, passage Dantzig (15e).
JANSSAUD (Mathurin), 15, impasse du Mont-Tonnerre (15e).
LADUREAU (Pierre), 12, rue de l'Armorique (15e).

LÉVEILLÉ (André), 18, boulevard Magenta (10e).
LHOTE (André), 38 *bis*, rue Boulard (14e).
MARCHAND (Jean), 73, rue Caulaincourt (18e).
PARENT (Léon), 9, rue des Apennins (17e).
REYMOND (Carlos), 7, rue Daru (8e).
TURIN (André), 12, rue des Pyramides (1er).
URBAIN (Alexandre), 21, quai Bourbon (4e).

Délégué à la Publicité : BOMPARD (Pierre).

ADMINISTRATION :

Secrétaire général :

Charles IGOUNET de VILLERS, 77, rue Dareau (14e).

Secrétariat et Archives :

Émile VIGIER, 151, rue du Faubourg-Poissonnière (9e).

Comptabilité :

Julien LAGOUTTE, 40, rue de Paris (Asnières).

Conseil juridique :

Officiers ministériels : Me Georges BATY, huissier près les tribunaux, 20, place d'Italie (13e).
Me Eugène CAHON, avoué de 1re instance, 25, rue Gay-Lussac (5e).

Me Gustave FORTIER, avocat à la Cour d'appel, 22, rue Gay-Lussac (5e).
M. le docteur PAUL-MANGEAU, avocat, 12, rue de Bellechasse (7e).

SIÈGE SOCIAL :

18, Rue Mazarine, PARIS (VIe)

Permanence tous les samedis de 2h. 1/2 à 5 heures, sauf pendant l'Exposition et les mois de juillet, août et septembre.

Pendant l'Exposition, adresser toute la correspondance au Grand Palais.

MEMBRES D'HONNEUR

MM. BÉRARD (Léon), Député, Ministre de l'Instruction Publique et des Beaux-Arts.

BONNIER (Louis), Architecte D. G., Inspecteur général des services techniques d'architecture et d'esthétique de la Préfecture de la Seine.

CHÉRIOUX (Adolphe), Conseiller municipal, ancien Président des Conseils municipal et général.

ESCUDIER (Paul), Député, ancien Président du Conseil municipal.

GEFFROY (Gustave), de l'Académie Goncourt, Administrateur de la Manufacture Nationale des Gobelins.

GIGUET (Honoré).

LÉON (Paul), membre de l'Institut, Directeur des Beaux-Arts.

MELLERIO (André), homme de lettres, ancien délégué à la Presse de la Société.

MERCEREAU (Alexandre), homme de Lettres.

POIRY (E.-J.), Conseiller municipal.

SARRAUT (Albert), Député, Ministre des Colonies.

Trésorier honoraire :

M. PÉRINET (Louis).

MEMBRES FONDATEURS DÉCÉDÉS

MM. DUBOIS-PILLET, décédé le 17 août 1890.

SÉGUIN (Arsène), Secrétaire honoraire de la Société, décédé le 24 Mars 1923 (Voir : Nécrologie).

VALTON (Edmond), Président honoraire de la Société, décédé le 27 août 1910.

MEMBRES D'HONNEUR DÉCÉDÉS

MM. CHABERT, DELHOMME, MITHOUARD, QUENTIN-BAUCHARD et TUROT, Conseillers municipaux.

DENYS-COCHIN, de l'Académie française, ancien Ministre, ancien député.

DAVRIGNY, ancien Vice-Président de la Société, Directeur de l'Institut Parisien.

DUFOUR, Député.

FULLER, Sociétaire fondateur (1884).

NUMA-DROZ, ancien Président de la Confédération Helvétique, Chef du Département des Affaires Etrangères, Conseiller fédéral suisse.

ROGER-MARX, Inspecteur des Beaux-Arts.

SAINSÈRE (Olivier), Conseiller d'Etat honoraire, ancien Secrétaire général de la Présidence de la République. (Voir : Nécrologie.)

SEMBAT, Député de Paris, ancien Ministre.

NÉCROLOGIE

Olivier SAINSÈRE, Membre d'Honneur

(Décédé, à Paris, le 7 Septembre 1923)

A une année d'intervalle, après M. Marcel Sembat, la Société perd, en la personne de M. Olivier Sainsère, Conseiller d'Etat honoraire, un ami précieux et dévoué, un grand ami des « Indépendants ».

De 1879 à 1892, M. Olivier Sainsère appartint à l'Administration préfectorale. Il était, depuis quatre ans, Préfet du Loir-et-Cher lorsqu'il fut appelé à la Direction du Cabinet et du Personnel au Ministère de l'Intérieur où il exerça pendant cinq ans des fonctions délicates en collaboration intime avec plusieurs ministres.

Nommé en 1898 Conseiller d'Etat, il venait en 1914 de prendre sa retraite lorsque la guerre éclata. M. Poincaré le pria alors d'assurer, auprès de lui, les fonctions de Secrétaire général de la Présidence de la République.

Grand-officier de la Légion d'Honneur, M. Olivier Sainsère sut embellir sa brillante carrière administrative en suivant ses goûts qui le portaient vers toutes les manifestations de l'Art.

Membre du Conseil supérieur des Beaux-Arts, du Conseil des Musées nationaux et de la Commission des Achats de l'Etat, Vice-Président de l'Union centrale des Arts décoratifs, Président du Comité du Musée Rodin et de la Société des Amis du Luxembourg ; membre du Comité du Musée Carnavalet et de plusieurs Commissions des Beaux-Arts, sans parler des Sociétés de numismates et de bibliophiles dont il faisait partie, il fut élu, en 1910, membre d'honneur de la Société des Artistes Indépendants.

M. Olivier Sainsère n'avait pas attendu cette époque pour manifester l'intérêt qu'il portait à nos manifestations annuelles. C'est vers 1891 qu'il commença à visiter nos expositions où il fit les premiers achats qui devaient plus tard contribuer pour une large part à former l'importante collection que le tout Paris artistique connaît.

C'est dans le même esprit du début qu'il fit l'acquisition de ses dernières toiles. D'un goût sûr, dilettante éclairé, c'était un chercheur et un trouveur ; il ne consultait jamais le goût de quiconque, car il voulait précéder et non suivre. Son éclectisme lui permettait d'apprécier l'Art à toutes les époques ; son amour du moderne ne l'empêchait pas d'admirer le classique et l'ancien. Il ne les opposait jamais l'un à l'autre comprenant l'évolution dans l'Art qui lui donna les meilleures joies jusqu'aux derniers jours de la douloureuse maladie qui l'enleva le 7 septembre dernier à notre gratitude, à ses nombreux amis et admirateurs et à l'affection des siens à qui nous adressons, présentement, l'hommage ému de nos respectueuses condoléances ainsi que le témoignage du plus fidèle souvenir.

SÉGUIN (Arsène), Secrétaire honoraire
Membre fondateur
(Décédé, à Paris, le 24 Mars 1923)

C'est un autre ami des « Indépendants » dont nous saluons tristement la disparition à l'issue d'une carrière qui compte vingt ans passés au service dévoué de la Société.

Né en 1848, à Saint-Malo, M. Séguin fut de longues années Conseiller municipal de la Garenne-Colombes.

Membre fondateur de la Société, il prit part à toutes nos expositions depuis 1884.

Élu secrétaire du Comité en 1899, M. Seguin témoigna dans l'exercice de ses fonctions d'un dévouement constant aux « Indépendants ».

En 1919, la surdité, accrue par l'âge, le contraignit à donner sa démission et l'Assemblée générale du 28 avril 1920 le nomma, par acclamations, secrétaire honoraire.

Il laisse à tous ceux qui l'ont connu et l'estimèrent, le souvenir d'une bonne grâce souriante mise au service d'un dévouement animé des meilleurs sentiments et volonté.

A ses enfants, à tous ses amis, la Société des Artistes Indépendants adresse ce reconnaissant hommage rendu à sa mémoire.

COMMISSION DE PLACEMENT

35e Exposition

MEMBRES TITULAIRES

1o LES MEMBRES DU COMITÉ (de droit).

2o VINGT MEMBRES SOCIÉTAIRES (dont quatre Sculpteurs) élus par l'Assemblée générale du 10 Novembre 1923 :

PEINTRES

BARAT-LEVRAUX (Georges).	LE PETIT (A.-M.).
BARBEY (Mlle Jeanne-Marie).	LEPREUX (Albert).
BERGEVIN (Albert).	PAULEMILE-PISSARRO.
DOLLIAN (Guy).	PETITJEAN (Hippolyte).
GIRAN-MAX (Léon).	PORTAL (Emile).
GROMAIRE (Marcel).	ROCHE (Marcel).
LEFORT (Jean-Louis).	SIGRIST (Edmond).
LEJEUNE (Henri).	VILLARD (Antoine).

SCULPTEURS

GIMOND (Marcel).	GUYOT (Georges-Lucien).
GUÉNOT (Auguste).	JERMON (Maurice de).

Le " Curriculum Vitæ "

de la

Société des Artistes Indépendants

Un tiers de siècle d'expositions

———

			Exposants
1re	1884 (décembre)	Pavillon de la Ville de Paris, aux Champs-Élysées	103
2e	1886 (21 août-21 sept.)	Rue des Tuileries, Bâtiment B, près du Pavillon de Flore	94
3e	1887 (26 mars-3 mai)	Pavillon de la Ville de Paris, aux Champs-Élysées	105
4e	1888 (22 mars-3 mai)	Pavillon de la Ville de Paris, aux Champs-Élysées	144
5e	1889 (3 sept.-4 oct.)	Salle de la Société d'Horticulture, 84, rue de Grenelle-St-Germain	120
6e (1)	1890 (20 mars-27 avril)	Pavillon de la Ville de Paris, aux Champs-Élysées	170
7e	1891 (20 mars-27 avril)	Pavillon de la Ville de Paris, aux Champs-Élysées	229
8e	1892 (19 mars-27 avril)	Pavillon de la Ville de Paris, aux Champs-Élysées	260
9e	1893 (18 mars-27 avril)	Pavillon de la Ville de Paris, aux Champs-Élysées	312
10e	1894 (7 avril-27 mai)	Palais des Arts libéraux, au Champ de Mars	223
11e	1895 (9 avril-26 mai)	— —	289
12e	1896 (1er avril-31 mai)	— —	198
13e	1897 (3 avril-31 mai)	— —	223
14e	1898 (19 avril-12 juin)	Palais de Glace, aux Champs-Élysées	194
15e	1899 (21 oct.-26 nov.)	Garde-Meuble du Colisée, 5, rue du Colisée, aux Champs-Élysées	87
16e	1900 (5 au 25 déc.)	Garde-Meuble du Colisée, 5, rue du Colisée, aux Champs-Élysées	55

———

(1) La Société Nationale des Beaux-Arts a été fondée en 1890.

Il n'y eut pas d'Exposition au Cours de la guerre.

---

(2) La Société du Salon d'Automne a été fondée en 1903.

1924 - CATALOGUE - 1924

SERVICE DES VENTES

A L'EXPOSITION

———

Tous les ouvrages mentionnés au présent catalogue sont offerts au public aux prix désignés par les artistes **sans interposition d'aucun intermédiaire.**

Ces prix ne subissent aucune majoration. Les acquisitions sont **exemptes de tous droits, taxes ou impôts.**

MM. les visiteurs trouveront au Secrétariat de l'Exposition tous renseignements concernant la vente des œuvres exposées.

L'Administration de la Société se charge d'aviser les artistes des ventes effectuées ainsi que de la transmission des offres qui pourraient être faites en vue de la réalisation de commandes ou de l'acquisition des ouvrages exposés.

———

**Les bureaux du Secrétariat de l'Exposition
se trouvent au rez-de-chaussée,
au fond de la Galerie Victor-Emmanuel
(côté Cours-la-Reine)**

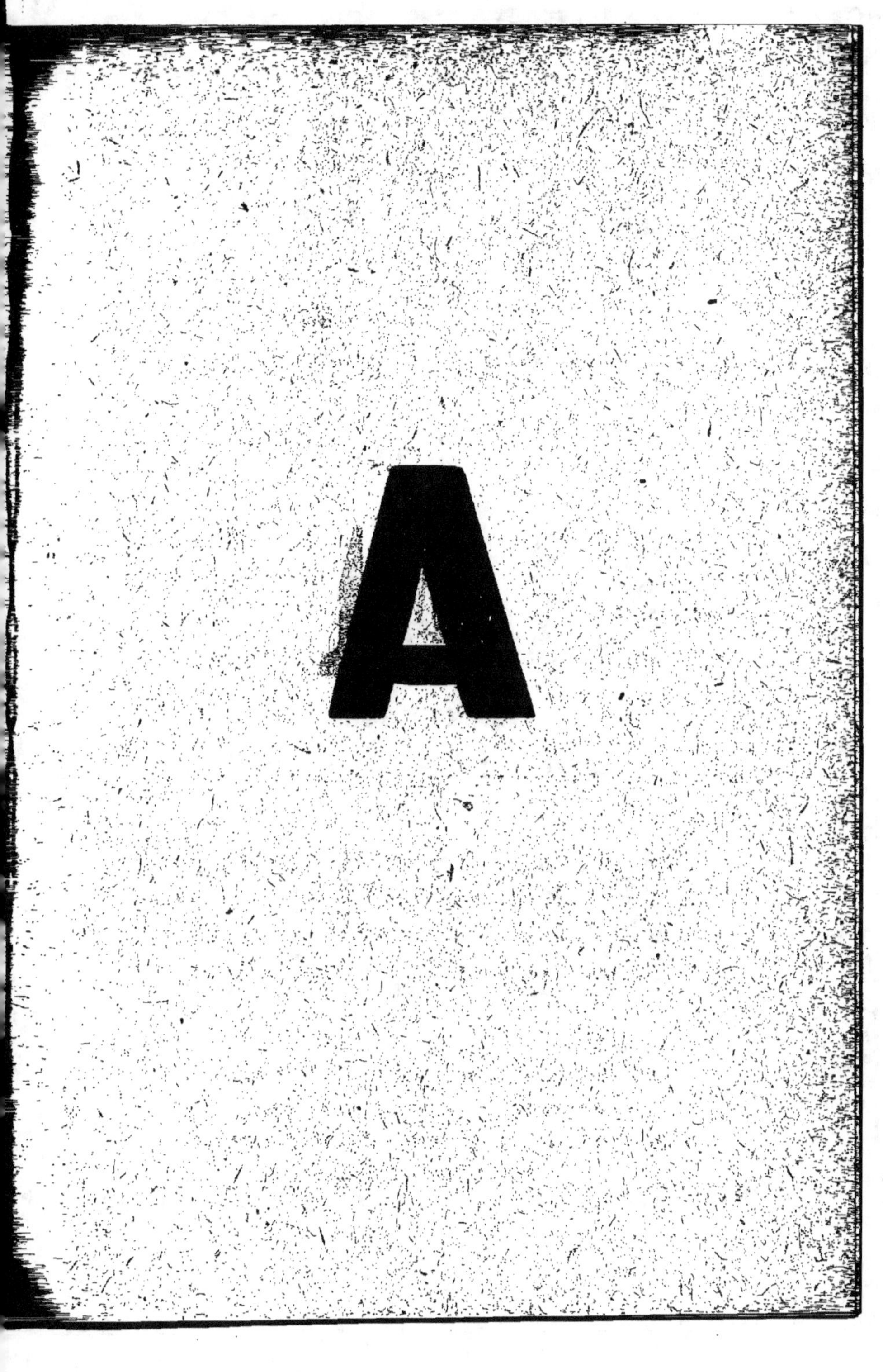

A

DÉSIGNATION

DES

OUVRAGES EXPOSÉS

ABADIE-LANDEL (Pierre), né à Paris. — 17, rue Campagne-Première, 14e.

    1 La vieille Douarneniste. — 650 fr.
    2 Frosine, de l'Avare. — Appartient à Mme C. C.

ACCART (Georges-Paul), né à Paris. — 11, rue Feutrier, 18e.

    3 Portrait d'homme au manteau. — Appartient à l'auteur.
    4 Gravures parisiennes. — 30 fr. la pièce.

ACKEIN (Marcelle), née à Alger. — 31, rue Jeanne, 15e.

    5 Une poterie (Maroc). — 2.300 fr.
    6 Bergers (Maroc). — 1.500 fr.

ADAM (Mlle Edith-Constance Me), née à Oamaru (Nouvelle-Zélande). — Britannique. — 16, rue de la Grande-Chaumière.

    7 Tête de jeune fille (sculpture). — 800 fr.
    8 L'esclave (sculpture). — 1.000 fr.

ADAN-ETIENNE (Jacques), né à Limoges. — 1, quai St-Michel, 5e.

    9 Nature morte. — 850 fr.
    10 Peinture. — 550 fr.

ADNET (Jean), né à Châtillon-Coligny (Loiret). — 53, rue Caulaincourt, 18e.

    11 Avenue Junot. — Vendu.
    12 Dammarie.

ADNET (Jacques), né à Châtillon-Coligny (Loiret). — 53, rue Caulaincourt, 18e.

13 Auxerre.
14 Village.

ADOUR (Pauline), née à Paris. — 19, rue Le Verrier, 6e.

15 Automne. — 2.000 fr.
16 Repos. — 2.500 fr.

ADRIAN-NILSSON (Gösta), né à Lund (Suède). — Suédois. — 86, rue N.-D.-des-Champs, 6e.

17 Peinture. — 1.000 fr.
18 Dessin. — 500 fr.

ADRION (Lucien), né à Strasbourg. — 355, rue des Pyrénées, 20e.

19 Peinture.
20 Peinture.

ADUCCI (François), né à Rimini. — Italien. — 53, boulevard de la Reine, Versailles.

21 Caton (composition). — 3.000 fr.
22 Nature morte (poissons et coquillages). — 2.000 fr.

AGNEESSENS (lle Agnès-Béatrix), née à New-York. — Américaine. — « Les Glycines », à Triel (S.-et-O.)

23 Etude de fleur. — 350 fr.
24 Etude de fleurs. — 350 fr.

AISSÉ (Mme), née à Paris. — Chez M. Lecluse, 58, rue de Clichy.

25 Vieille rue provençale. — 500 fr.
26 Le Bastidon. — 500 fr.

ALATERRE (Louis-Georges), né à Châteaudun. — Villa Gabriel, 9, rue Falguière, 15e.

27 Au clavecin (ovale). — 1.800 fr.
28 Les gorges de la Bourne (Isère). — 1.200 fr.

ALATERRE (Mme Yamina-Honoré), née à St-Jean-de-Braye (Loiret).
Villa Gabriel, 9, rue Falguière, 15e.

    29   Etude décorative. — 800 fr.
    30   Femme au chat. — 1.200 fr.

ALBERT (Adolphe), né à Paris. — « Le Tilleul », Les Andelys
(Eure).

    31   La rivière de Morlaix à St-Julien. — 800 fr.
    32   Kériven (Finistère). — 400 fr.

ALBERT (Maurice-Léon), né à Paris. — 13, rue Pierre-Levée, 11e.

    33   La Seine à Lavacourt. — 1.100 fr.
    34   Soir à Vétheuil. — 500 fr.

ALBINSON (E.-Dewey), né aux Etats-Unis. — Américain. — 7, rue
Belloni, 15e.

    35   Paysage. — 3.000 fr.
    36   Paysage. — 2.000 fr.

ALCORTA (Rodolfo), né à Buenos-Aires. — Argentin. — 157, rue
de Rome.

    37   Nu.
    38   Figure.

ALDER (Emile), né à Zurich. — Suisse. — 35, boulevard Rochechouart, 9e.

    39   Pieta. — 4.000 fr.

ALDIGHIERI (Dominique), né à Vérone. — Italien. — 21, rue
Henri-Monnier, 9e.

    40   Panneau décoratif (fresque). — 1.500 fr.
    41   Paysage breton. — 600 fr.

ALEXANDER (Ch.), né aux Etats-Unis. — Américain. — 8, rue
Balzac, 8e.

    42   Aquarelle. — 750 fr.
    43   Aquarelle. — 750 fr.

ALEXANDRE (Edme-Francis), né à Nevers (Nièvre). — 28, rue Montholon, 9e.

    44 Paysage du Nivernais. — 300 fr.
    45 Fleurs. — 100 fr.

ALEXANDRE (Eva), née à Limoges. — 9, place d'Aine, à Limoges.

    46 Bords de la Drôme, à Brantôme. — 500 fr.
    47 Brantôme. — 500 fr.

ALEXANDROVITCH (A.-J.), né à Telschy. — 26, rue André-Chénier, Bois-Colombes.

    48 Le Passé et l'Avenir (peinture). — 5.000 fr.

ALKAN-LEVY (Fernand), né à Amiens. — 10, rue Simon-Dereure, 18e.

    49 Fête à Montmartre.
    50 Quai Vert, à Bruges.

ALIGNY (François d'), né à Paris. — 17, rue de la Rochefoucauld, 9e.

    51 Le 20 juin 92. — 3.000 fr.
    52 Saint Benoît refuse les dons du comte Roger. — 2.500 fr.

ALIX (Yves), né à Fontainebleau (S.-et-M.). — 4, rue Belloni, 15e.

    53 Le ténor Koubitzky chantant. — 10.000 fr.

ALYANAK (Hrand), né à Constantinople. — Arménien. — 7, rue Constance, 18e.

    54 Les falaises de Mesnil-Val (Seine-Inférieure. — 600 fr.
    55 Une rue à Koum-Kapou, Constantinople. — 450 fr.

AMBROSINI (Vincent), né à Constantine (Algérie). — 19, rue de Chartres, Neuilly-sur-Seine.

    56 Clair de lune, Cap Corse. — 1.000 fr.
    57 Coucher de soleil, Iles Sanguinaires. — 1.000 fr.

AMIEL (Robert), né à Paris. — 11, rue Française, 2e.

    58 Tête (plâtre). — Appartient à l'auteur.

AMIGUET (Marcel). — Voir page 8, nos 119 *bis* et *ter*.

ANCELET (Émile), né à Charleville (Ardennes). — Santes, près Lille (Nord).

    59 Femmes en conversation. — 4.000 fr.
    60 Vieilles maisons, Santes. — 3.000 fr.

ANDRAUD (Germaine), née à Issoire. — 13, boulevard de la Manlière, Issoire (Puy-de-Dôme).

    61 Etude. — 1.000 fr.
    62 Etude. — 600 fr.

ANDRÉ (Emile), né à Paris. — 22, rue Greuze, 16e.

    63 Portrait.
    64 La Semeuse de Cœurs. — 2.000 fr.

ANDRÉ (Gaston), né à Angers. — 15, rue Cauchois, 18e.

    65 Panneau décoratif. — 2.000 fr.
    66 Panneau décoratif. — 2.000 fr.

ANDRÉ (René), né à Paris. — Chez M. Lefebvre-Foinet, 19, rue Vavin, 6e.

    67 Paysage d'automne. — 200 fr.
    68 La Vallée de l'Anger. — 250 fr.

ANDRIEUX (Alfred-Louis), né à Paris. — 42, rue Scheffer, 16e.

    69 Environs de Vence. — 1.000 fr.
    70 Gourdon. — 900 fr.

ANDREY-PRÉVOST (Fernand-André), né à Paris. — 4, avenue Sœur-Rosalie, 13e.

    71 Montmartre (étude). — 450 fr.
    72 Saint-Nicolas-du-Chardonnet (étude). — 450 fr.

ANGE (Paul), né à Pétrograd. — Russe. — 59, rue des Vignoles, 20e.

    73 L'avenir. — 3.000 fr.
    74 Regard dans l'espace. — 2.500 fr.

ANGELI (François), né à Ambert. — Avenue de Lyon, Ambert (Puy-de-Dôme).

75 Paysage d'été, Auvergne (peinture). — 860 fr.
76 La montagne d'Ambert, Auvergne (peinture) — 860 fr.

ANGRAND (Charles) (membre fondateur). — 33, quai de Paris, Rouen.

77 Le port.
78 L'automne.

ANNIC, né à Paris. — 15, rue Nicolas-Charlet, 15e.

79 Peinture. — 450 fr.
80 Portrait.

ANSPACH (Henri), né à Bruxelles. — Belge. — 60, rue Caulaincourt, 18e.

81 Bal musette. — 3.000 fr.

ANTRAL (Louis-Robert), né à Châlons-sur-Marne. — 14, rue Thiboumery, 15e.

82 Place d'Alleray. — Appartient à M. L. Escoffier.
83 Maison close. — 1.200 fr.

APOL (Armand), né à Bruxelles. — Belge. — 29, rue du Lombard.

84 Peinture. — 3.000 fr.
85 Peinture. — 2.500 fr.

APPAY (Marius-Marcel), né à Pantin. — 20, rue Paul-Albert, 18e.

86 Coin de rivière, Yerres. — 800 fr.
87 Automne à Bougival. — 400 fr.

ARBEY (Mlle Mathilde), née à Paris. — 80, faubourg St-Antoine, 12e; atelier, 14, rue de Chabrol, 10e.

88 La corbeille de géraniums. — 1.500 fr.
89 Amaryllis. — 600 fr.

ARMAND (Anna-Marie), née au Tréport (Seine-Infre). — 6, rue de la Gaieté, Le Perreux (Seine).

90 Après le bain. — 1.100 fr.
91 Paysage. — 900 fr.

ARNOLD (Emile), né à Muttersholz (Bas-Rhin). — Bouleurs, par Crécy-en-Brie (S.-et-M.), et 16 *bis*, boul. Saint-Jacques, 14e.

92 Fleurs. — 300 fr.
93 Fruits. — 300 fr.

ARNOLDS (Gustav), né à Ronneby. — Suédois. — 52, avenue du Maine, 14e.

94 Composition avec figures (nu).
95 Une esquisse.

ARRAS (Jean-Georges), né à Paris. — 34, rue Danton, Levallois.

96 La baignade interrompue. — 1.500 fr.
97 L'émotion de la première pose. — 2.000 fr.

ASSADOULA (Mlle Kubra-Hanoum), née à Bakou (Caucase). — Azerbaïdjanaise. — 7, rue Louis-Boilly, 16e.

98 Nu (peinture). — 1.500 fr.

ASTIÉ (Hector), né à Paris. — 70, rue Henri-Litolff, à Colombes (Seine).

99 Danseuse. — 2.000 fr.
100 La Beauce. — 2.000 fr.

AUBERTIN (Louis-Clément), né à Paris. — 25, rue Claude-Bernard, 5e.

101 Coin de forêt, Saint-Trojan.
102 Paysage, Saint-Trojan.

AUBIN (Pierre), né à Rennes (Ille-et-Vilaine). — Mordelles (Ille-et-Vilaine).

103 Figure. — 1.000 fr.
104 Nature morte. — 800 fr.

AUDIBERT (Louis), né à Marseille. — 71, boulevard Saint-Charles, Marseille.

105 Peinture. — 1.000 fr.
106 Paysage. — 1.000 fr.

AUFFRAY (Alexandre), né à Saint-Nazaire. — 18, rue Boissonade, 14e.

107 Les carrières de Villejuif. — 2.000 fr.
108 Portrait.

AUGUSTE (Léon), né à Sougères-en-Puisaye (Yonne). — 19, boulevard Soult, 12e.

109 Le Radeau de la Méduse (d'après J.-L. Géricault) (sculpture sur bois). — 5.000 fr.
110 Les Sabines (d'après L. David). — 3.000 fr.

AURISSE (Cam.), né à Paris. — 94, rue de Lagny, Montreuil-sous-Bois.

111 Chrysanthèmes (peinture). — 1.200 fr.
112 Chimère (bois gravé). — 60 fr. sans cadre.

AUCLAIR (André), né à Paris. — 38, boulevard Raspail, 7e.

113 Liseuse. — 2.000 fr.
114 Fleurs et fruits. — 900 fr.

AUPART (Lucien-Jean-Baptiste), né à Saint-Plantaire (Indre).

115 L'Etang d'Ursines à Chaville. — 150 fr. sans cadre.
116 L'Attente. — 300 fr.

AVRIL (Paul-Arthur), né à Granville. — 58, rue Saint-Paul, Granville (Manche).

117 Etude de costume, Normande des environs de Coutances, 1860. — Appartient à l'auteur.

AZAR DU MAREST (Mlle Lœtitia), née à Marseille. — 40, rue Desaix, 15e.

118 Portrait de Zizi. — Appart. à M. Louis Dauphin.
119 Repentir. — 1.800 fr.

AMIGUET (Marcel), né à Ollon. — Suisse. — 33, rue Navier, 17e.

119 *bis* Paysage, printemps près de Saint-Germain. — 2.000 fr.
119 *ter* Femme luttant avec l'Amour. — 3.000 fr.

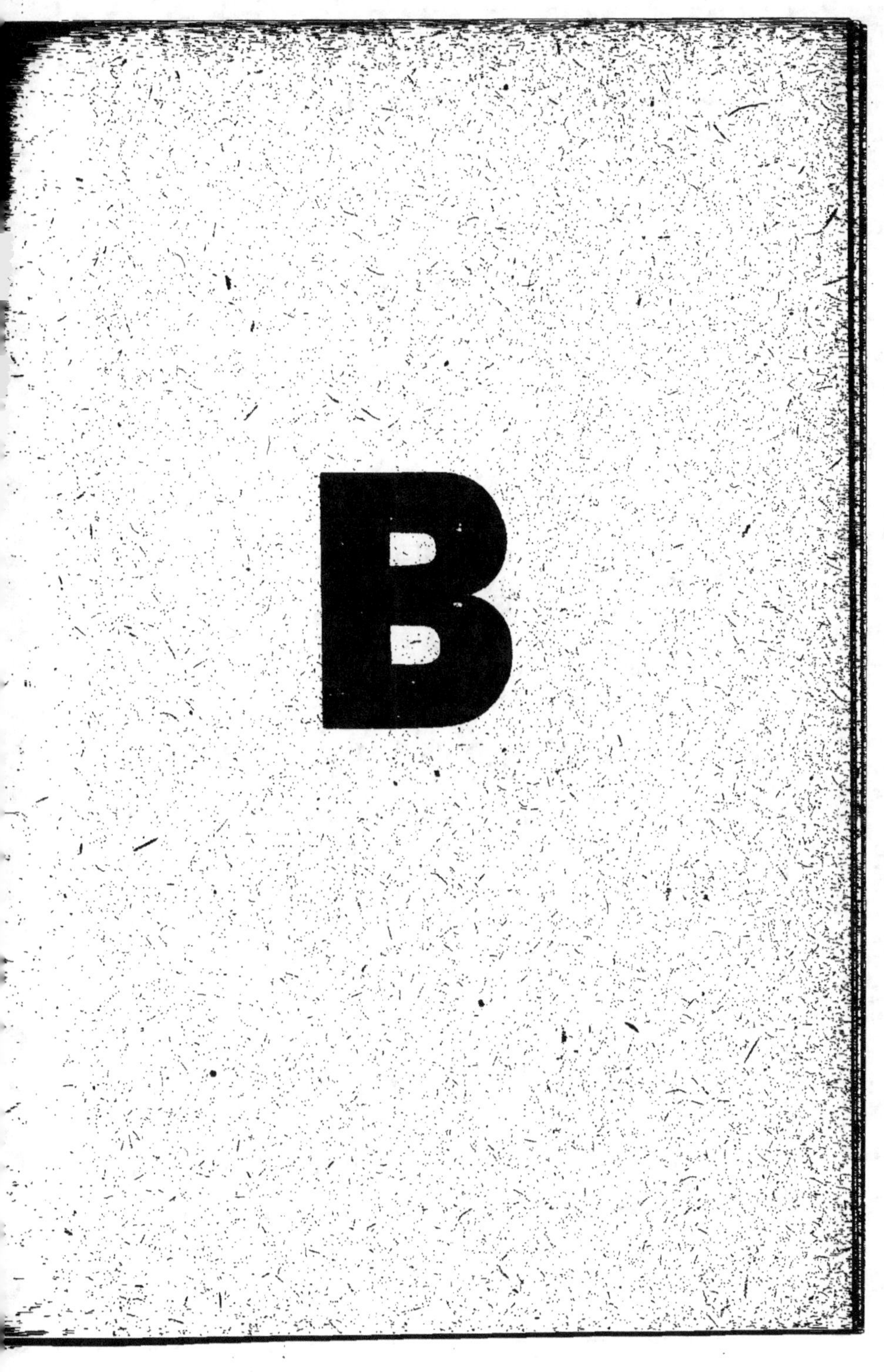
B

BACH (Marcel), né à Bordeaux. — 7, rue Alain-Chartier, 15°.

120 Le pont de Marcilhac (Lot). — 1.000 fr.
121 L'église du Rozier, gorges du Tarn. — 1.500 fr.

BACHMANN (Adolphe), né à Lausanne. — Suisse. — 12, rue de la Tour-d'Auvergne, 9°.

122 Lever de soleil (Italie). — 3.500 fr.
123 Paysage. — 900 fr.

BAER (Guy), né à La Tour de Pritz. — Suisse. — La Plage d'Hyères.

124 Portrait. — Appartient à Mme B.
125 Paysage. — 750 fr.

BAGARRY (Adrien-Pierre), né à Marseille. — Entraygues-sur-Truyère (Aveyron).

126 Petit nu. — Appartient à l'auteur.
127 Intérieur. — Appartient à l'auteur.

BAILLET (Charles), né à Paris. — 25, rue du Parc-Montsouris, 14°.

128 Vieilles maisons, Bourgogne. — 400 fr.
129 Paysage. — 400 fr.

BAILLOT-JOURDAN (Cécile), née à Troyes. — 13, rue du Cloître-Saint-Etienne, Troyes.

130 Fleurs. — Réservé.
131 Nature morte. — Réservé.

BAILLY (Emile-Jean), né à Toulouse. — 92, avenue des Ternes, 17°.

132 Buste M. X. (plâtre sculpture). — Appartient à l'auteur.
133 Marine (dessin rehaussé). — 300 fr.

BALDASSARI (Oreste), né à Marseille. — 227, rue Marcadet, 18°.

134 Le Mont-Blanc vu d'Etrembières, Haute-Savoie. — 350 fr.

BALLET (André-Victor), né à Paris. — 11, rue du Général-Galliéni, Versailles.

135 Versailles. — 2.000 fr.
136 Trianon. — 1.200 fr.

BALMIGÈRE (Paul-Marcel), né à Candiès (Pyrénées-Orientales). —
22, rue Tourlaque, 18°.

137 Bords de rivière, Pyrénées-Or^les. — 400 fr.
138 Paysage des Corbières. — 500 fr.

BALSSA (Jules-Léon), né à Valderiès. — 109, rue Saint-Charles, 15°.

139 Le village dans la vallée. — 400 fr.
140 Nature morte. — 500 fr.

BANDO (Toshio), né à Tokushima. — Japonais. — 22, rue Daguerre, 14°.

141 Peinture. — 5.000 fr.
142 Peinture. — 5.000 fr.

BAR (Marie-Louise), née à Thiais (Seine). — 11, cité Falguière, 15°.

143 Lama (sculpture à exécuter : bronze et émail ou
bois). — 8.000 fr.

BARADUC (Jeanne), née à Riom. — 3, rue Blaise-Desgoffe, 6°.

144 Peinture. — 1.000 fr.
145 Peinture. — 1.000 fr.

BARAT (Edouard), né à Lille. — 41, rue Saint-Georges, 9°.

146 Peinture. — 8.000 fr.

BARAT-LEVRAUX (Georges), né à Blois. — 2, rue Aumont-Thiéville, 17°.

147 Femme et jeune fille. — 1.800 fr.
148 Paysage. — 1.800 fr.

BARBA (Marie), née à Marseille. — 86, rue Cardinet, 17°.

149 Asile des tout-petits. — 300 fr.
150 Le déjeuner de Cocotte. — 220 fr.

BARBEY (Mlle Jeanne-Marie), née à Paris. — 40, rue de Paris, à Bagnolet.

151 La fête patronale. — 900 fr.
152 Le grand Tumulus. — 800 fr.

BARBEY (Lucienne), née à Paris. — 1, rue des Saints-Pères, 6ᵉ.

153 Le bar.
154 Le café champêtre.

BARBEY (Valdo-Louis), né à Valleyres. — 1, rue des Saints-Pères, 6ᵉ.

155 Le jardin.

BARBIER (Ernest-Jules-Louis), né à Nottonville (Eure-et-Loir). — 174, rue de Fontenay, Vincennes.

156 Une rue à Méluzien. — 1.200 fr.
157 Les ruines du vieux moulin. — 1.200 fr.

BARDON (Marc), né à Paris. — 30, rue des Usines, 15ᵉ.

158 Le Tréport. — 600 fr.
159 Nature morte. — 500 fr.

BARDOU (Fulbert), né à Aurillac. — 44, rue de Crosne, Magny-en-Vexin (S.-et-O.).

160 L'Eglise de Magny-en-Vexin. — 500 fr.
161 Jeune fille à Magny-en-Vexin. — 600 fr.

BARJOU (Henri), né à Lesneven (Finistère). — 5, rue Victorien-Sardou, 16ᵉ.

162 Rivière de la Flèche. — 250 fr.
163 Coucher de soleil sur l'Elorn. — 250 fr.

BARLOW-BREWSTER (Mme Achsah), née aux Etats-Unis. — Américaine. — Aux soins de Paris-American Art Cᵒ, 125, boulevard Montparnasse, 6ᵉ.

164 La Nativité. — 2.000 fr.
165 La fleur. — 2.000 fr.

BARNETT (Bion), né à Galksonville, Florida. — Américain. — 6, rue de Verneuil, 6e.

165 *bis* Un aphaz. — 2.000 fr.
165 *ter* Paysage corse. — 1,500 fr.

BARON (Marcel-Julien), né à Paris. — 60, rue des Tournelles, 3e.

166 Le Pin. — 1.000 fr.
167 Pins ensoleillés. — 900 fr.

BARREDA (Enrique-D), né à Lima. — Péruvien. — 27, rue de Rome.

168 Les mimosas. — 5.000 fr.
169 Les oliviers. — 2.000 fr.

BARRET (Mme Lucie), née à Vaux-s-Blaise. — 28, quai de Passy, 16e.

170 Jardin à Auteuil. — 400 fr.
171 Un tournant de la Blaise. — 500 fr.

BARRIÈRE (Georges), né à Chablis (Yonne). — 62, rue Rébeval, 19e.

172 Environs de Cassis. — 1.200 fr.
173 Paysage corse. — 1,500 fr.

BAS (Adrien), né à Lyon. — 61, quai de Javel, 15e.

174 Paysage. — 1.000 fr.
175 Paysage. — 1.000 fr.

BASSET (Louis-Charles), né à Paris. — rue Michaudlane, Précy-sur-Oise.

176 Chevrière. — 130 fr.
177 Bords de l'Oise (pastel). — 140 fr.

BAUCHE (Léon-Charles), né à Paris. — 2, passage de Dantzig, 15e.

178 Peinture. — 750 fr.
179 Peinture. — 900 fr.

BAUCHOIR (Elie), né à Cravans (Charente-Inférieure). — 33, quai d'Anjou, 4e.

180 En bordure de la Marne. — 150 fr.
181 Lande et route. — 150 fr.

BAUDE-COUILLAUD (G.), né à Bordeaux. — 208, boulevard
Jean-Jaurès, Boulogne-sur-Seine.

182 Etude. — 250 fr.
183 Peinture. — 250 fr.

BAUDHUIN (Jeanne), née à Levallois-Perret. — 33, rue Vallier,
Levallois-Perret (Seine).

184 Un paravent trois feuilles sujets brodés soie :
paon et glycines. — 5.000 fr.
185 Une vitrine avec trois coussins brodés soie :
sujet oiseau. — 1.000 fr.
— décoration égyptienne. — 500 fr.
— artichauts. — 400 fr.

BAY (Charlotte), née à Belp Berne. — Suisse. — 70 bis, rue N.-D.-
des-Champs, 6e.

186 Nu. — 1.000 fr.
187 Portrait. — 700 fr.

BEAUDIN (André), né à Mennecy. — 18, place d'Italie.

188 La semaine anglaise. — 1.000 fr.
189 Monsieur l'abbé. — 750 fr.

BEAUMONT (Jean-Georges), né à Elbeuf. — 214, rue du Château-
des-Rentiers, 13e.

190 Paravent Abondance. — 1.500 fr.
191 Paravent. — 2.000 fr.

BEAUPUY (Louis-Jean), né à Elbeuf (Seine-Inférieure). — 19, quai
Saint-Michel, 5e.

192 Notre-Dame. — 1.000 fr.
193 Matin de septembre (ovale). — 1.500 fr.

BECAN (Bernard). — 10, rue Laferrière, 9e.

194 Bidart, Basses-Pyrénées. — 500 fr.
195 Gravures sur bois. — Epreuves au bureau de vente
à 20 fr. pièce, sans cadre.

BÉCHET (Maurice), né à Paris. — 235, faubourg St-Honoré, 8°.

    196 L'Appel du Devenir. — 1.500 fr.
    197 Fenêtre. — 700 fr.

BECKER (Georges), né à Tours (Indre-et-Loire). — 142, rue Clignancourt, 18°.

    198 Les Andelys, route de Muids. — 550 fr.
    199 Effet de neige, port des Ormes. — 300 fr.

BÉGUIN (Gaston), né au Locle. — Suisse. — L'Étang-la-Ville (S.-et-O.).

    200 Femme couchée (plâtre). — 800 fr.
    201 Tête de jeune fille (plâtre). — 350 fr.

BELAY (Pierre de), né à Quimper. — 10, rue Dauphine, 6°.

    202 Marché à Concarneau. — 2.000 fr.
    203 Sujet breton. — 1.500 fr.

BELENGEZ (Gustave), né à Amiens. — 13, rue de Vaucelles, Taverny (S.-et-O.).

    204 Toilette. — 350 fr.
    205 Baigneuses. — 600 fr.

BELLIET (Benjamin), né à Villers-en-Arthies (S.-et-O.). — 10, rue Chénier, 2°.

    206 Fleurs et fruits. — 400 fr.
    207 Fleurs et fruits. — 400 fr.

BELLOT (Léon), né à Sancoins (Cher). — 208 *bis*, rue de Grenelle, 7°.

    208 Gravures sur bois. — Prix d'un exemplaire sans cadre : 40 fr.
    209 Paysage à Bièvres (peinture). — 500 fr.

BELNET (Georges-Albert-Etienne), né à Dijon. — 23, boulevard Pasteur, 15°.

    210 Calvi (détrempe). — 1.000 fr.
    211 Un paravent décoratif. — 4.000 fr.

BELOTSVETOV (Mlle Ludmila), née à Pétrograd. — Russe. — 14, rue Valentin-Haüy, 15°.

    212 La naissance de Vénus. — 500 fr.
    213 Paysage. — 150 fr.

BÉNÉZIT (Emmanuel-Charles), né à Paris. — 11, rue Daniel-Stern, 15°.

    214 Le vieil amandier fleuri. — 2.000 fr.
    215 Les orangers en Provence. — 2.000 fr.

BENNETEAU (Félix), né à Paris. — 5, rue de Bagneux, 6°.

    216 Buste de Mme B.
    217 Buste de Miss T.

BENOIT-BARNET (Louis), né à Saint-Claude (Jura). — 45, rue Lhomond, 5°.

    218 Peinture. — 1.500 fr.
    219 Peinture. — 1.500 fr.

BÉNONI-AURAN (Benoît), né à Monteux (Vaucluse). — 12, rue du Moulin-de-Beurre, 14°.

    220 Marine. — 500 fr.
    221 Fleurs. — 350 fr.

BERGERY (Mlle Germaine). — Voir page 33, n°s 470 *bis* et *ter*.

BERGEVIN (Albert), né à Avranches. — 1, rue de la Mission-Marchand, 16°.

    222 Peinture.
    223 Peinture.

BERGHE (Eveline Van den), née à Charleroi. — Belge. — 3, rue François-Stroobant, Bruxelles.

    224 Phlox et fruits (pastel). — 1.000 fr.
    225 Fleurs jaunes et coupes rouges (huile). — 500 fr.

BÉRINGUIER (Eugène), né à Toulouse. — 7, rue Rodier, 9°.

    226 Nature morte. — 1.200 fr.
    227 Jonquilles. — 800 fr.

BERGON (F.-M.), né à Narbonne (Aude). — 11, rue Simon-Dereure, 18e.

228 Femme au bouquet. — 600 fr.
229 Paysage. — 800 fr.

BERJOLE (Pierre), né à Saumur (M.-et-L.). — 16, rue du Saint-Gothard, 14e et galerie Joseph Billiet, 24, rue de la Ville-l'Évêque, 8e.

230 L'usine. — 3.000 fr.
231 La marotte et le poisson rouge. — 600 fr.

BERJONNEAU (Jehan), né à Montmorillon. — 38, avenue de la Motte-Picquet, 7e.

232 Le Morvan près de Château-Chinon. — 2.000 fr.
233 Semur-en-Auxois. — 800 fr.

BERLANDINA (Jane-Clara), née à Nice. — 16, rue du Saint-Gothard, 14e.

234 Illustrations pour *Les Souvenirs du marquis de Floranges, Le Briseur de fers, Poèmes*, de G. Charbonnier. — Vendu.
235 Portrait. — Vendu.

BERLIOZ (Charles), né à Rouen. — 55, rue de Dantzig, 15e.

236 Soir d'été en Languedoc. — 1.000 fr.
237 Rivière en Languedoc, l'Orb. — 1.000 fr.

BERMAN (Eugène), né à Saint-Pétersbourg. — Russe. — 46, avenue Malakoff, 16e.

238 Peinture. — 700 fr.
239 Peinture. — 600 fr.

BERMAN (Léonide), né à Saint-Pétersbourg. — Russe. — 46, avenue Malakoff, 16e.

240 Peinture. — 600 fr.
241 Paysage d'Italie. — 500 fr.

BERNARD (Jean-Léon), né à Paris. — 129, boul. Saint-Michel, 5e.

242 Portrait de Léon Bernard, du Théâtre-Français, dans *le Carnaval des enfants*. — 650 fr.
243 Portrait de Léon Bernard, du Théâtre-Français, dans *Monsieur de Pourceaugnac*. — 650 fr.

BERNARD (Louis-Michel), né à Marseille. — Le Plan-Le Castellet (Var) et 3, boulevard de France, Alger.

244 Hauts-Plateaux, Bou-Saada, Algérie (tempéra). — 1.500 fr.

245 Paysage de Provence (tempéra). — 1.000 fr.

BERNARD (Pierre-Magnan), né à Draguignan (Var). — 10, rue Daumier, 16e.

246 Au bord de la mer. — 1.500 fr.

247 Matinée d'été en Normandie. — 800 fr.

BERNIN-LEVRAT (Mme P.-J.), né à Charolles (S.-et-L.). — 35, rue Delambre, 14e.

248 Devant la glace. — 400 fr.

249 Amusement. — 1.000 fr.

BÉRONNEAU (André)), né à Bordeaux. — 4, Faub. du Temple, 11e.

250 Martigues. Le figuier des Brescous. — 600 fr.

251 Martigues. Entrée des Brescous. — 600 fr.

BERTHÉLEMY (Henri), né à Paris. — 6, rue Gambetta, Champigny.

252 Géraniums (étude). — 600 fr.

253 Un coin de jardin (étude). — 800 fr.

BERTHELIER (Pierre), né à Paris. — 15, rue Cauchois, 18e.

254 Vallée des peintres (automne Carolles). — 800 fr.

255 Bateaux cancalais. — 650 fr.

BERTHELIN (Robert), né à Paris. — Sarcelles (Seine-et-Oise).

256 Marchands saloniciens. — 500 fr.

257 Café turc. — 600 fr.

BERTHET (François-Marius), né à Lyon. — Campagne l'Enclos, Le Merlan, Marseille.

258 Saint-Paul-du-Var. — 800 fr.

259 Ferme provençale. — 1.000 fr.

BERTRAM (Abel), né à Saint-Omer. — 3 *bis*, rue Vallier, Levallois (Seine).

260 L'orage sur le village. — 2.500 fr.
261 Le chemin. — 2.000 fr.

BERTRAND (Jean), né à Versailles. — 48, avenue Villeneuve-l'Etang, Versailles.

262 Le marin

BERTRAND (Pierre), né à Lorient. — 50, rue des Batignolles, 17°.

263 Le thé dans le jardin. — 2.500 fr.
264 Nu sur le divan. — 2.000 fr.

BERTRAND (P.-A.), né à Mulhouse. — 31 *bis*, rue Campagne-Première, 14°.

264 *bis* Peinture. — 1.500 fr.
264 *ter* Peinture. — 1.200 fr.

BESSE (Raymond), né à Niort. — 2, rue des Entrepreneurs, Saint-Ouen (Seine).

265 Bœuf gras à Issoudun, Indre — 2.000 fr.
266 Sur le chemin de Sannois. — 1.000 fr.

BESSERVE (René), né à Montbéliard. — 79, boul. Beaumarchais, 3°.

267 Portrait du père de l'artiste. — Appartient à Mme B.
268 Concert champêtre. — Prix au bureau de vente.

BESSET (René), né à Lyon. — 1, rue Vauquelin, 5°.

269 Portrait de M. G. — 1.500 fr.
270 Nymphe surprise. — 1.200 fr.

BÉZARDIN (Lucien), né à Lagny. — 15, rue de Plélo, 15°.

271 L'Arlequin. — 900 fr.
272 Portrait. — Appartient à Mme B.

BIBAL (Ignace-François), né à Saint-Jean-de-Luz. — 33, rue du Dragon, 6°.

273 Bego (pelote basque). — 4.000 fr.
274 Fleurs. — 1.000 fr.

BICHARD (Anne-Marie), née à Clermont-Ferrand. — Saint-Géraud-
le-Puy (Allier).

> **275** Coin de parc en Bourbonnais. — Appartient à
> l'auteur.
> **276** Étude de paysage bourbonnais. — 800 fr.

BICHARD (Félix), né à Cusset. — Saint-Géraud-le-Puy (Allier).

> **277** Vaches au pâturage sous des châtaigniers. — Ap-
> partient à l'auteur.
> **278** Vase garni de zinnias. — Appartient à l'auteur.

BIDDLE (George), né à Philadelphie (U. A. S.). — Américain. —
15, rue Boissonade, 14e.

> **279** Pêcheurs à la lance. — 20.000 fr.
> **280** Femme primitive : extase.

BIÉTRY (Paul), né au Verrière. — Suisse. — 14, rue François-Guibert, 15e.

> **281** Nature morte.
> **282** Nu.

BIGNON (René-Louis), né à Versailles. — 87, rue Caulaincourt, 18e.

> **283** Figure. — 2.000 fr.
> **284** Fleurs. — 1.500 fr.

BILEK (Alois), né en Bohême. — Tchécoslovaque. — 9, rue Falguière, 15e.

> **285** La repasseuse. — 1.800 fr.
> **286** La procession. — 900 fr.

BILHAUT (Georges-Henri), né à Abbeville. — 28, avenue du Bois,
Abbeville (Somme).

> **287** Avant l'orage. — 1.500 fr.
> **288** Paysage. — 1.200 fr.

BILLETTE (Aimé-Émile-Raymond), né à Paris. — 61, quai de la
Tournelle, 5e.

> **289** Paysage.
> **290** Nature morte.

BILT (Jean-François Van der), né à Amsterdam. — Hollandais. — 7, rue du Mail, 2e.

291 Port de Naples. — 850 fr.
292 Rue à Naples. — 1.000 fr.

BINAEPFEL (Luc), né à Rixheim. — 11, route Nationale, Saint-Cyr-l'Ecole (Seine-et-Oise).

293 Composition I. 1.200 fr.
294 Composition II. — 1.000 fr.

BING (Mme Olga), née à Paris. — 16, rue Chalgrin, 16e.

295 Portrait de ma fille. — Appartient à l'auteur.
296 Paysage. — 900 fr.

BIZET (Andrée), née à Poitiers. — 8, rue du 4-Septembre, 2e.

297 Portrait de M. Baillergeau.
298 Etude.

BLANC (Charles), né à Limoges. — 48, rue de Vanves, 14e.

299 L'amateur.
300 Portrait de M. Georges Anquetil.

BLANCHE (Emmanuel), né à Paris. — 108, av. de la République, 11e.

301 Audierne, coin du port (aquarelle). — 450 fr.
302 Audierne, voiles rouges, derniers rayons (aquarelle). — 450 fr.

BLANZAT (Louis), né à Paris. — 42, rue Saint-Bernard, 11e.

303 Eglise de Soignol. — 500 fr.
304 Effet de soleil. — 350 fr.

BLOCH (Marcel), né à Paris. — 4, Faub. du Temple, 11e.

305 Danseuse (pastel). — 1.000 fr.
306 Au bon vieux temps (pastel). — 1.000 fr.

BLOCH-MARCEL, né à Paris. — 32, rue de Vaugirard, 6e.

307 La place du Marché, à Concarneau. — 850 fr.
308 Laveuses bretonnes. — 650 fr.

BLONAY (Mlle Marguerite-Anne de), née à Zimswillers. — Suisse. — 32, rue de l'Orne, 15°.

309 Buste de jeune fille (bronze). — 2.000 fr.
310 Buste de jeune homme. — Appartient à l'auteur.

BLOT (Jacques), né à Paris. — 9, rue du Val-de-Grâce, 5°.

311 Figure.
312 Peinture.

BLUM (Renée), née à Belfort. — 37, rue Froidevaux, 14°.

313 Les maisons, paysage. — 1.500 fr.
314 Femme et enfants. — 1.500 fr.

BLUMENFELDT (Edmond-Arnold), né à Saint-Pétersbourg. — Esthonien. — Chez Mme Simulin, 105, rue du Théâtre, 15°.

315 La tour Eiffel (construction). — 1.500 fr.
316 Die Nacht in Bayern (construction). — 1.500 fr.

BOB (Lucienne), née à Paris. — 13, avenue Duquesne, 7°.

317 Chemin de croix. — 1.025 fr.
318 Dessins. — Appartient à l'auteur.

BOCH (Eugène-Guillaume), né à La Louvière. — Belge. — 44, rue des Belles-Feuilles, 16°.

319 Soir, village de la Brie. — 4.000 fr.

BOCHORAKOVA-DITTRICHOVA (Mme Hélène), née à Vyskov. — Tchécoslovaque. — Antoninska, 4, Brno (Tchécoslovaquie).

320 Trois gravures sur bois (de la suite : le Christ). — 100 fr.
321 Trois gravures sur bois (de la suite : dans le désert) — 100 fr.

BOINEAU (Jules-Jean-Auguste), né à Grenoble. — 206, cours Jean-Jaurès, Grenoble.

322 Une vue prise dans l'oasis de Gabès. — 400 fr.
323 Alpes dauphinoises, le Chazelet et la Meije, 3.987 m. — 400 fr.

BOIRY (Lucien-André), né à Hirson.

324 Le Mont-Madame, Fère-en-Tardenois (Aisne). — 3.000 fr.

325 Hiver en Thiérache (Aisne). — 2.000 fr.

BOISGONTIER (A.-Henri). — 240, boulevard Raspail, 14e.

325 *bis* Forêt de Fontainebleau. — 1.500 fr.

325 *ter* Bord de Seine à Marcilly. — 900 fr.

BOISSIÈRE (Mme Michèle), née à Maribo (Danemark). — Française. — 28, rue de l'Aube, Bois-Colombes (Seine).

326 Peinture. — 1.000 fr.

327 Peinture. — 500 fr.

BOISTEL (Gustave), né à Paris. — 8 *bis*, rue Jouffroy, 17e.

328 Nature morte. — 200 fr.

329 Nature morte. — 200 fr.

BOMPARD (Pierre), né à Verdun. — 15, rue Edouard-Jacques, 14e.

330 Pêcheurs à Doëlan. — 4.500 fr.

BONANOMI (César), né à Plaisance. — Italien. — 12, rue Froidevaux, 14e.

331 Entrevaux. — 2.500 fr.

332 Paysanne. — 1.000 fr.

BONHOTAL (Paul-Emile), né à Montpont. — 11, rue Klock, Clichy (Seine).

332 *bis* Plage de Petites-Dalles (Seine-Infre). — 1.500 f.

332 *ter* Falaise de Grandes-Dalles (Seine-Infre). — 300 fr.

BONIN (Alexandre), né à Paris. — 6, rue Revert, Pontoise (S.-et-O.).

333 Nature morte (pommes dans une assiette). — 300 fr.

334 Nature morte (pomme et soupière). — 300 fr.

BONNEAU (Jacques), né à Paris. — 55, quai d'Orsay, 7e.

335 Nature morte. — 900 fr.
336 Le vieux moulin de St-Martin (Saône-et-Loire).
— 500 fr.

BONNEFOY (Eugénie-Sophie), née à Puiseaux. — 91, avenue de Versailles, Thiais (Seine).

337 Les amies. — 800 fr.
338 Au bord de l'eau. — 600 fr.

BONNESSEUR (Charles-Eugène-Louis), né à Paris. — 7, boul. de la République, Fontenay-aux-Roses (Seine).

339 Douelan (Bretagne). — 1.200 fr.
340 Kervigoudou (Bretagne). — 900 fr.

BONNET (Pierre), né à Thenon. — Thenon (Dordogne).

341 Bridge dans le parc. — 4.200 fr.
342 Baigneuse hindoue. — 1.800 fr.

BONTEMPS (Marie), née à Angoulême. — 11, rue Blainville, 5e.

343 Coussins cuir travaillé. — 100 fr. pièce.

BORGEY (Léon), né à Bregnier-Coidon. — 22, rue Delambre, 14e.

344 Sculpture (bois). — 3.200 fr.
345 Bas-relief (pierre dure). — 1.200 fr.

BOSCHERON (Geneviève), née à Bordeaux. — 19 bis, boul. de Port-Royal, 13e.

346 Portrait.
347 Forêt de Fontainebleau. — 100 fr.

BOTTEMA (Tjerk), né à Boyenknype. — Hollandais. — 14, rue de l'Armorique, 15e.

348 Portrait de M. G.-F. Fontenaille.
349 Peinture. — 2.000 fr.

BOUCHARD (Camille), né à Ambloy. — 14, rue Bidel, Asnières (Seine).

350 Chartres, l'Eure. — 1.500 fr.
351 Lavardin, entrée du

BOUCHAUD (Etienne), né à Nantes. — 21, rue Glandevès, Marseille.

351 *bis* Intérieur. — 1.000 fr.
351 *ter* Les châtaigniers. — 800 fr.

BOUCHE (George), né à Lyon). — 19, rue du Bac, Ablon-sur-Seine
(Seine-et-Oise).

352 Allongée. — 1.200 fr.
353 Fruits. — 800 fr.

BOUCHERY (Robert), né à Lille. — 93, av. Pottier, Lambersart,
par Lille.

354 Portrait de Mme C. — Propriété de M. et Mme C.
355 Etude. — Propriété particulière.

BOUDUQUET (Oscar), né à Paris. — 31, quai Bourbon, 4e.

356 La lune prie. — 500 fr.
357 Clairière. — 500 fr.

BOUGUET (Fernand-Eugène), né à Neuilly-sur-Seine. — 8, rue Pas-
tourelle, 3e.

358 Bords de Marne au Parc. — 150 fr.
359 Bords de Marne à Champigny. — 150 fr.

BOULAD (Michel), né à Alexandrie. — Egyptien. — 233, Faub. Saint-
Honoré, 8e.

360 Paysage. — 1.000 fr.
361 Paysage. — 1.000 fr.

BOULANGER (Cam^r), née à Paris. — 48, rue des Marais, 10e.

362 Chats. — 200 fr.
363 Chats. — 200 fr.

BOULARD DE VILLENEUVE (Maxime), né à Paris. — 54, boul.
du Mont-Boron, Nice.

364 Les débardeurs. — 600 fr.
365 Navire marchand, Nice. — 500 fr.

BOULIER (Lucien), né à Verdun. — 1, rue d'Orchampt, 18e.

366 Volupté. — 6.000 fr.
367 Jeune fille au collier. — 2.500 fr.

BOULLAND (Gabriel), né à Paris. — 134, av. Pereire, Asnières.

368 Nature morte. — 800 fr.
369 Nature morte. — 800 fr.

BOUNATTIAN (Leonardo), né à Kagismane. — Russe. — Hôtel Panorama, place de la Gare, Meudon (Seine-et-Oise).

370 Peinture. — 1.500 fr.
371 Peinture. — 1.000 fr.

BOURG (Jules-Emile), né à Metz. — 17, rue de Draveil, Juvisy (Seine-et-Oise).

372 Les deux pêcheurs. — 250 fr.
373 Bords de la Seine à Ris-Orangis. — 150 fr.

BOURGAT (Mlle Alice), née à Narbonne. — 47, av. de la Motte-Picquet, 15e.

374 Peinture. — 1.600 fr.
375 Peinture. — 1.300 fr.

BOURGEOIS (Alfred), né à Paris. — Chemin des Fourches, Pierre-fitte (Seine).

376 Paysage. — 800 fr.
377 Paysage. — 800 fr.

BOURIELLO (Mme Blanche), née à Gap. — 15, rue Hégésippe-Moreau, 18e.

378 La Madone de la Fontanella (peinture). — 8.000 fr.

BOURLY (Henri), né à Paris. — 9, rue Duperré, 9e.

379 Peinture. — 950 fr.
380 Village dans la montagne. — 600 fr.

BOUSFIELD (Miss Evelyn), née à Londres. — Anglaise. — 326 Fulham Road, London S. W. 10.

381 Portrait relief Mrs A. Millest (bronze, plâtre).

BOUSSINGAULT (Jean-Louis), né à Paris. — 63, rue Saint-Didier, 16e.

382 Peinture.

BOUTAREL (Simone), née à Paris. — 4, rue de Savoie, 6e.

383 Nature morte. — 150 fr.
384 Paysage. — 150 fr.

BOUVILLE (Octave de), né à Neuvizy. — 180, rue Ordener, 18e.

385 Presqu'île de Quiberon. — 1.500 fr.
386 Hameau breton. — 600 fr.

BOYD (Elisabeth-Frances), née à Skelmorlée. — Ecossaise. — 38, Harrington Gardens, Londres S. W. 7.

387 La digue (gravure sur bois). — 200 fr.
388 Les pilotis jaunes et blancs (gravure sur bois). — 200 fr.

BRABO (Albert), né à Alais. — 25, rue Victor-Massé, 9e.

389 Nu au livre. — 2.600 fr.
390 Paysage languedocien. — 1.800 fr.

BRAUN (Georges-Charles), né à Paris. — 110, av. d'Orléans, 14e.

391 Peinture. — 800 fr.
392 Illustrations. — 300 fr.

BRAYER-LEFRANC, né à Paris. — 69, rue Lemercier, 17e.

393 Portrait (en largeur).
394 Paysage.

BREMOND (Jean-Louis), né à Paris. — 5, Grande-Rue, Bellevue (Seine-et-Oise).

395 Un cadre gravures originales, comportant trois gravures. — 25 fr. chaque sans cadre.
396 Un cadre gravure originale. — 50 fr. sans cadre; 75 fr. avec cadre.

BRÉMOND (Jean-Nicolas), né à Maussanne. — Maussanne (B.-du-R.).

397 Le mas des Flandrins. — 600 fr.
398 Le mas d'Astre. — 600 fr.

BRÉMOND (Marie-Jeanne), née à Paris. — 5, Grande-Rue, Bellevue (Seine-et-Oise).

399 Portrait.
400 Froidure.

BREWSTER (E.-H.), né aux États-Unis. — Américain. — Paris-American Art Co, 125, boul. du Montparnasse, 6e.

401 Le Bouddha au cygne. — 2.000 fr.
402 A Mahintale (Ceylan). — 2.000 fr.

BRIARD (Maurice), né à Paris. — 24, rue Mayet, 6e.

403 Le collier vert. — 400 fr.
404 Bacchante. — 400 fr.

BRIAUDEAU (Paul-Charles), né à Nantes. — 37, rue Denfert-Rochereau, 5e.

405 Peinture. — 1.500 fr.
406 Peinture. — 800 fr.

BRICARD (Mlle Gertrude), née à Angers. — 9, rue Bochart-de-Saron, 9e.

407 Matin d'été. — 800 fr.
408 A Martigues. — 700 fr.

BRIGGS (Nicol), né à Paris. — 61, rue Mathurin-Régnier, 15e.

409 Peinture. — 1.000 fr.
410 Peinture. — 1.500 fr.

BROCHET (Henri), né à Paris. — 25, rue du Montparnasse, 6e.

411 Saint Mathieu. — 3.000 fr.

BROAD (Frank-Joseph), né à Merrow. — Anglais. — 96, Bouverie Road West, Folkestone (Angleterre).

412 Cueillette. — Appartient à l'auteur.
413 Dans le parc Baumont, Pau (B.-P.). — Appartient à l'auteur.

BRON (Achille), né à Crazannes. — Taillebourg (Charente-Inf.).

    414 La rivière le matin. — 800 fr.
    415 Bords de rivière. — 800 fr.

BRONCOURT (René), né à Fays-Billot. — 68, rue d'Alésia, 14e.

    416 Peinture. — 400 fr.
    417 Peinture. — 400 fr.

BROWNE (Mme Alice), née en Angleterre. — Anglaise. — 10, rue Vavin, 6e.

    418 Nature morte. — 300 fr.
    419 Portrait. — 300 fr.

BROYE (Roger de la), né à Elbeuf. — 26, rue Galvani, 17e.

    420 Paysage. — 900 fr.
    421 Paysage. — 900 fr.

BRULLER (Jean), né à Paris. — 19, rue Servandoni, 6e.

    422 Portrait de l'auteur.
    423 Etude. — Appartient à M. P. F.

BRUNEL (Henri-Pierre), né à Rennes. — 2, rue Alphonse-Daudet, 14e.

    424 Lustre. — 400 fr.
        (en collaboration avec Poigny-Dechareaux, 11, rue de Bellevue, 19e.)
    425 Lustre. — 350 fr.

BRUNET (Jean), né à Mézières-en-Brenne. — 17, rue du Retrait, 20e.

    426 Allée du Moulin neuf, Mézières (Indre). — 150 fr.
    427 Entrée de village, Paulnay (Indre). — 150 fr.

BRUNET (Pierre), né à Montauban. — Av. d'Auvergne, Caussade (Tarn-et-Garonne).

    428 Etude. — 350 fr.
    429 Etude. — 350 fr.

BRUN-THURNEYSSEN (Hélène), née à Paris. — 70, r. Demours, 17e.

    430 Landes et pins (Bretagne). — 800 fr.
    431 Tapisserie (paysage). — 500 fr.

BUCAS (Julien), né à Paris. — 367, rue des Pyrénées, 20°.

    432 Vision psychique : l'Éternelle épreuve. — Panneau
    pour la décoration d'un temple dédié au culte
    universel de la justice et de l'amour.

BUCHANAN (Minda), né au Canada. — Canadien. — 1, rue de la
Grande-Chaumière, 6°.

    433 Jardin du Luxembourg. — 1.200 fr.
    434 Peinture. — 1.200 fr.

BUCHET (Gustave), né à Etoy. — Suisse. — 84, avenue de Versailles, 16°.

    435 Marine (peinture). — 6.000 fr.
    436 Paysage (sculpto-peinture, plâtre). — 2.500 fr.

BUFFIN (Louis), né à Tarbes. — Villa Beaulieu, allée Maintenon,
Bagnères-de-Bigorre (Hautes-Pyrénées).

    437 Paysage à Bagnères-de-Bigorre. — 800 fr.
    438 Paysage pyrénéen. — 800 fr.

BUISSON (Mme Catherine), née à Paris. — 47, rue de Passy, 16°.

    439 Nature morte (peinture). — 500 fr.
    440 Fleurs d'automne (peinture). — 500 fr.

BULLIO (Eugène), né à Marseille. — 10, rue de Turbigo, 1er.

    441 Paysage. — 700 fr.
    442 Paysage. — 700 fr.

BUNOUST (Madeleine), née à Paris. — 139, boul. Malesherbes, 17°.

    443 Nature morte.
    444 Paysage.

BURDEAU (Mme Clémence-Louise), née à Paris. — 2, rue Cham-
biges, 8°.

    445 La table dans le jardin. — 650 fr.
    446 Coin de village (Loiret). — 450 fr.

BUREAU (Camille), né à Brétigny-sur-Orge. — 21, rue de la Barrière-Saint-Marc, Les Aydes (Loiret).

447 Eclaircie dans la nuit. — 500 fr.
448 Le soir, dans la vallée. — 500 fr.

BURGARD (Marie), née à Paris. — 29, boul. de Grenelle, 15°.

449 Nature morte. — 250 fr.
450 Fleurs. — 250 fr.

BURGIN (Ella), née à Bâle. — Suisse. — 69, rue Froidevaux, 14°.

451 Peinture.
452 Peinture.

BURGUN (Georges-Marcel), né à Paris. — 42, route de Clamart, Issy-les-Moulineaux (Seine).

453 Paysage.
454 Nature morte.

BURKHALTER (Jean), né à Auxerre. — 9, rue Campagne-Première, 14°.

455 Paysage (Dauphiné). — 300 fr.
456 Paysage (Dauphiné). — 300 fr.

BURLIN (Paul), né à New-York City. — Américain. — 31 *bis*, rue Campagne-Première, 14°.

457 Le souvenir du Dôme (peinture). — 15.000 fr.
458 Portrait de E. B. (peinture). — 6.000 fr.

BURNSIDE (Cameron), né à Londres. — Américain. — 86, rue Notre-Dame-des-Champs, 6°.

459 Notre-Dame. — 1.500 fr.
460 Pont Marie. — 2.000 fr.

BUSSET (Maurice), né à Clermont-Ferrand. — 3, rue Racine, 6° et 14, avenue du Puy-de-Dôme, Clermont-Ferrand.

461 L'attelage (Auvergne) (peinture). — 1.500 fr.
462 La vierge noire (Auvergne) (peinture). — 800 fr.

BUSSIÈRE (Lucien-Jean-Alexandre), né à Paris. — 22, av. des Canadiens, Saint-Maurice (Seine).

463 La Creuse, au Pin. — 350 fr.
464 Coin de sablière. — 150 fr.

BUTLER (James), né à Giverny. — Américain. — Giverny, par Vernon (Eure).

465 Batik. — 500 fr.
466 Au bassin. — 1.000 fr.

BUTLER (Theodore-Earl), né aux États-Unis. — Américain. — Giverny, par Vernon (Eure).

467 Un vieux cerisier. — 10.000 fr.
468 Printemps. — 10.000 fr.

BUTY (Louis de), né à Paris. — 34, rue des Petits-Hôtels, 10e.

469 Paysage (panneau décoratif) (peinture). — 300 fr.
470 Les fossés et l'église de Crémieu (Isère) (fusain rehaussé. — 175 fr.

BERGERY (Mlle Germaine), née à Paris. — 13, boul. Berthier, 17e.

470 *bis* Étude de nu. — 500 fr.
470 *ter* Bouddha. — 150 fr.

Au premier étage :

EXPOSITION et VENTE de REPRODUCTIONS

" Les Artistes Indépendants "

Leurs Portraits et leurs Œuvres

par MANUEL Frères et ROSEMAN

1924 - CATALOGUE - 1924

SERVICE DES VENTES

A L'EXPOSITION

Tous les ouvrages mentionnés au présent catalogue sont offerts au public aux prix désignés par les artistes **sans interposition d'aucun intermédiaire.**

Ces prix ne subissent aucune majoration. Les acquisitions sont **exemptes de tous droits, taxes ou impôts.**

MM. les visiteurs trouveront au Secrétariat de l'Exposition tous renseignements concernant la vente des œuvres exposées.

L'Administration de la Société se charge d'aviser les artistes des ventes effectuées ainsi que de la transmission des offres qui pourraient être faites en vue de la réalisation de commandes ou de l'acquisition des ouvrages exposés.

**Les bureaux du Secrétariat de l'Exposition
se trouvent au rez-de-chaussée,
au fond de la Galerie Victor-Emmanuel
(côté Cours la Reine)**

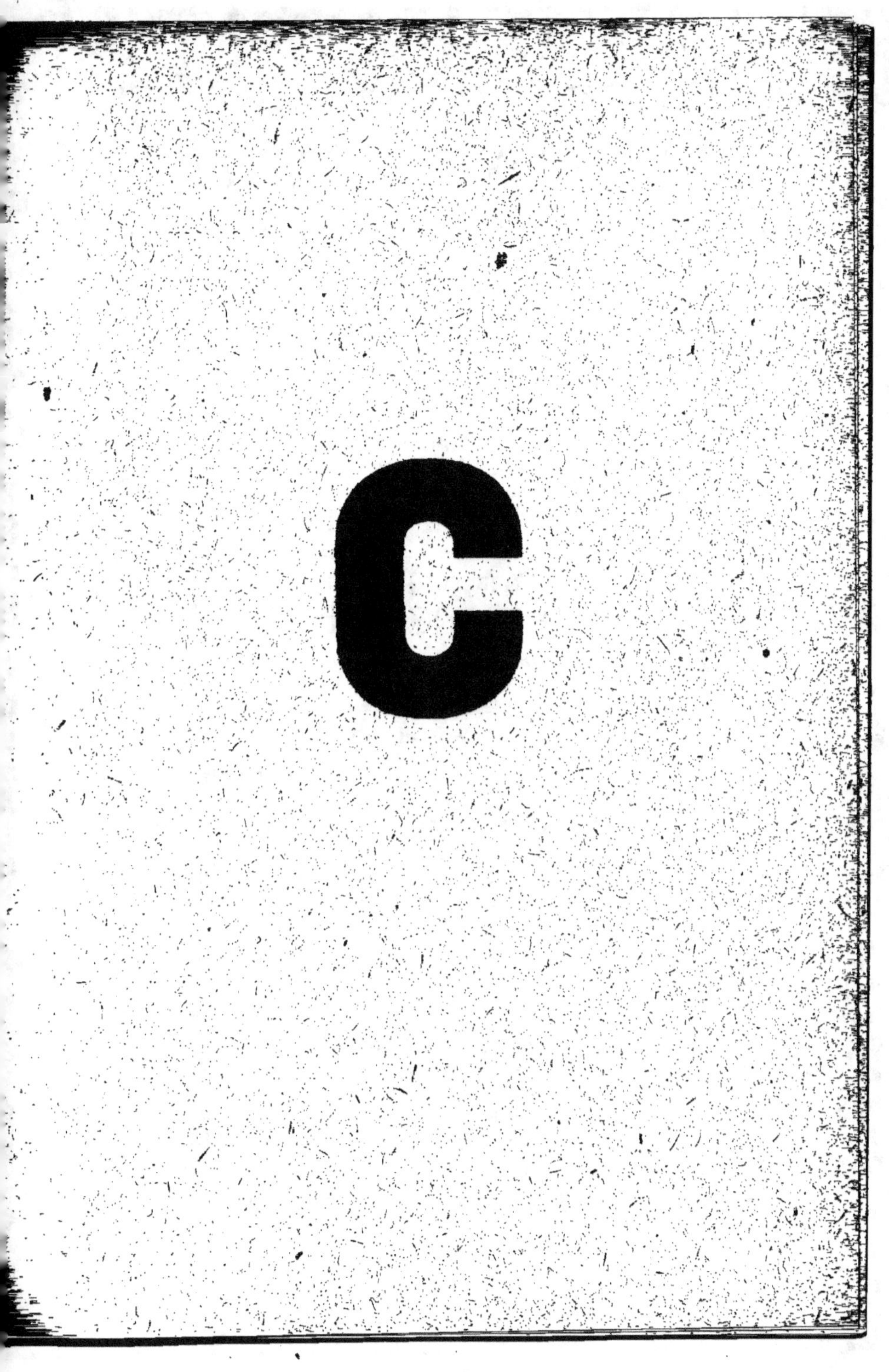

C

CAGNET (Maurice-André), né à Paris. — 14, rue de Chabrol, 10°.

471 Portrait de S. H. feu Saïd-Ali, sultan des Iles Comores. — 1.500 fr.
472 En vacances (Portrait de Mlle E. C.). — 3.000 fr.

CAHEN-MICHEL (Lucien), né à Paris. — 60, boul. de Clichy, 18°.

473 Femme nue. — 2.000 fr.
474 Etude de nu. — 1.200 fr.

CAHOURS (Henry-Maurice), né à Paris. — 21, rue Berthe, 18°.

475 Les joueurs de boules. — 500 fr.
476 Procession. — 2.000 fr.

CAHOUT (Alice-France), née à Vanves. — 5, r. François-Guibert, 15°.

477 Nature morte. — 700 fr.
478 Nature morte. — 500 fr.

CALLAME (Mlle Madeleine), née à Bourges. — 20, rue du Regard, 6°.

479 Soir à Martigues. — 500 fr.
480 Boulouris. — 650 fr.

CALMON (Camille-Vincent-Léandre), né à Collioure. — 68, rue Didot, 14°.

481 L'église. — 150 fr.
482 Lac, Saint-Mandé. — 150 fr.

CALOENESCO (Mme Aurélia), née à Bucarest. — Roumaine.

483 Peinture. — 2.000 fr.
484 Peinture. — 1.500 fr.

CALVELLI (Félix-André), né à Ajaccio. — 77, route de Coutances, Granville (Manche).

485 Pâturage. — 1.200 fr.
486 La mare. — 1.000 fr.

CAMARROQUE (Louis), né à Paris. — Privas (Ardèche). S'adresser à M. Gatte, 9, rue Bachaumont, 2°.

487 La Gloire (Du sang, des larmes). — 10.000 fr.

CAMAX-ZOEGGER (Marie-Anne), née à Paris. — 18, rue Erlanger, 16e.

    488 Myriam. — 3.000 fr.

CAMBIER (Mme Juliette), née à Bruxelles. — Belge. — 28, rue Devergnies, Ixelles-Bruxelles.

    489 Fleurs et fruits. — 600 fr.
    490 La coupe bleue. — 600 fr.

CAMBIER (Louis-Gustave), né à Bruxelles. — Belge. — 28, rue Devergnies, Ixelles-Bruxelles.

    491 Jeune fille à l'anémone. — 3.000 fr.

CAMOIN (Charles), né à Marseille. — 46, rue Lepic, 18e.

    492 Antoinette. — 3.000 fr.
    493 Nature morte. — 2.500 fr.

CANTON (Emile), né à Beaujeu. — 2, rue de l'Egalité, Vincennes (Seine).

    494 Scène du port. — 3.000 fr.
    495 Le viaduc. — 2.000 fr.

CANU (Alexandre-Paul), né à Paris. — 45, rue Vandamme, 14e.

    496 Peinture. — 1.500 fr.
    497 Détrempe. — 2.000 fr.

CARDENAC-ALBARRACIN (Joseph-Michel de), né au Pérou. — Péruvien. — 191, rue Saint-Honoré, 1er.

    498 Le portrait de S. A. R. le Prince d'Italie. — Appartient à M. I. D...
    499 Illusion de grandeur. — Appartient à l'auteur.

CARETTE (Georges), né à Paris. — 6, rue Edouard-Detaille, 17e.

    500 Notre-Dame. — 600 fr.
    501 Trocadéro. — 600 fr.

CARIO (Marcel-Louis), né au Havre. — 1, rue de la Chapelle, Montléry.

  502 Tour de Montléry de « Les Sauvages ». — 3.500 francs.
  503 A Vendegies-au-Bois (Nord). — Appartient à Mme Canion.

CARLONI (Alexandre-Gabriel), né à Paris. — 111, rue d'Alésia, 14e.

  504 Paysage (Seine-et-Oise).
  505 Cour de ferme (Seine-et-Oise).

CARPENTIER (Marguerite-Jeanne), née à Paris. — 23, boulevard Gouvion-Saint Cyr, 17e.

  506 Femme au miroir. — 800 fr.
  507 Nu. — 600 fr.

CARPIO (Mme Elena-B. del), née à New-York. — Américaine. — 47, boul. Saint-Marcel, 13e.

  508 Etude de caractère. — 5.000 fr.
  509 Espagnole. — 3.000 fr.

CARR...BEL... (Clément), né à Paris. — 4, rue des Hauts-Tillets, Sèvres (Seine-et-Oise).

  510 Soir tranquille. — 1.000 fr.
  511 Vieilles maisons. — 800 fr.

CARRÉ (Raoul), né à Montmorillon. — 39, rue Victor-Massé, 9e.

  512 Les aiguilles rouges de Péonne. — 2.500 fr.
  513 Après l'orage, sur le lac d'Annecy. — 2.000 fr.

CASSALETTE (Félix), né à Aix-la-Chapelle. — 93, rue de Longchamp, 16e.

  514 Boyau de communication. — 50 fr.
  515 La belle histoire. — Appartient à Mme C.

CASSIN-SAINT-LOUIS (Charles), né à l'Ile Nou. — 61, rue de Lévis, 17e.

  516 Orgueil. — 700 fr.
  517 La roseraie. — 1.100 fr.

CASTELLI (Clément), né à Varzo. — Italien. — 4, Faub. du Temple, 11ᵉ.

518   Intérieur, Musée du Louvre. — 550 fr.
519   « Paris », de Bartholomé, aux Tuileries. — 550 fr.

CASTELUCHO (Claudio), né à Barcelone. — Espagnol. — 84, rue d'Assas, 6ᵉ.

520   Au café-concert (soir). — 1.000 fr.
521   Au café-concert (après-midi). — 860 fr.

CATH (Mˡˡᵉ), née à Cahors. — 5, rue des Filles-Saint-Thomas, 2ᵉ.

522   Une vitrine contenant des émaux à froid.

CATINAT (Maurice), né à Quiers. — 5, av. d'Aligre, Chatou (S.-et-O.).

523   Portrait. — 1.200 fr.
524   Contre-jour. — 1.200 fr.

CAUCHIE (Paul), né à Ath. — Belge. — 5, rue des Francs.

525   Dans l'attente. — 5.000 fr.

CAUDRELIER (Gérard), né à Lille. — 2, rue Aumont-Thiéville, 17ᵉ.

526   Chrysanthème. — 3.000 fr.
527   Soucis. — 2.000 fr.

CELLERIN (Fernand), né à Paris. — 6, boul. Beaumarchais, 11ᵉ.

528   Roches. — 1.200 fr.
529   Vignes. — 1.500 fr.

CÉNAC (Raoul), né à Londres. — 7, rue Nouvelle, 9ᵉ.

530   Guerrier peau-rouge. — Appartient à l'auteur.

CERA (Reine-Sylvie), née à Nice. — 26 bis, rue Nansouty, 14ᵉ.

531   Portrait de Mˡˡᵉ D... — Appartient à l'auteur.
532   Portrait de Mˡˡᵉ B... — Appartient à l'auteur.

CERNY (Charles), né à Prague. — Tchèque. — 59, rue de Rennes, 6ᵉ.

533 Paysage. — 450 fr.
534 Dans le vieux Fez. — 800 fr.

CHABAS (Marcel), né Brest. — 11, impasse Ronsin, 15ᵉ.

535 Paysage. — 2.500 fr.
536 Peinture.

CHABAUD (Auguste), né à Nîmes. — Graveson (B.-du-R.).

537 L'enterrement sort de l'église. — 2.500 fr.
538 Communiantes vers l'église. — 2.500 fr.

CHABOD (Mᵐᵉ Jeanne), née à Paris. — 23, boul. Bessières, 17ᵉ.

539 L'enfant à l'ombrelle. — 1.200 fr.
540 Nature morte.

CHAFFIOL-DEBILLEMONT (Fernand-Jean), né à Paris. — 140, rue Lamarck, 18ᵉ.

541 Paysage, Touraine. — 400 fr.
542 Clairière. — 300 fr.

CHAFFRAIX (Henri), né à Aiguebelle. — Chez M. Ducros, Moulins-sur-Allier.

543 Etude. — 600 fr.
544 Paysage. — 300 fr.

CHALLULAU (Marcel-Henry-Emile), né à Montpellier. — 8, rue Gramme, 15ᵉ.

545 Etude de rhododendrons en contre-jour. — 500 fr.
546 Village languedocien, Le Pouget (Hérault). — 900 fr.

CHAMERON (Andrée), née à Saint-Maur. — 53, av. de la République, Saint-Maur (Seine).

547 Fantaisie japonaise. — 5.000 fr.
548 Les pavots. — 1.500 fr.

CHAMPENOIS - SCHARFF (Gustave-Charles), né à Chatou. — 31, rue de Saint-Germain, Chatou (Seine-et-Oise).

549 Bord de l'eau à Bougival. — 100 fr.
550 Bouquet de fleurs. — Appartient à Mᵐᵉ Piccolati.

CHANAS (Jacques-Albert), né à Grenoble. — 5, rue Amédée, Marseille.

551 Paysage. — 600 fr.
552 Nu. — 500 fr.

CHANOT (Albert), né à Paris. — 59, avenue de Saxe, 7e.

553 « Poésie ». — 10.000 fr.

CHANTERANNE (Roger-Joseph), né à Paris. — 68, rue Croix-Nivert, 15e.

554 Misère. — 500 fr.

CHANTEROU (Raphaël), né à Liége. — Belge. — 22, rue Desnouettes, 15e.

555 Portrait de Mme Claude France.
556 Portrait du poète R. Verboom.

CHAPELLIER (Paul), né à Paris. — 15, rue du Louvre, 1er.

557 La baie de St-M., marée montante. — 300 fr.
558 L'embouchure. — 400 fr.

CHAPIN (Jean), né à Paris. — 6, rue de Steinkerque, 18e.

559 Le bailleur. — 1.500 fr.
560 Nu. — 1.800 fr.

CHAPNAUD (Marie). — Voir page 56, nos 786 bis et ter.

CHAPPÉE (Julien), né au Mans. — 2, route de Rouillon, Le Mans (Sarthe).

561 Paysage.
562 Paysage.

CHAPUIS (Germaine-Madeleine), née à Paris. — 10, allée de la Paix, Saint-Leu-la-Forêt (S.-et-O.).

563 Le retour du marché (panneau pour salle à manger). — 300 fr.
564 Les papavers. — 250 fr.

CHAPUY (André), né à Paris. — 22, rue Boissonade, 14e.

565 Paysage. — 3.000 fr.
566 Intérieur. — 2.000 fr.

CHARASSON (Eugène), né à Aigurande. — Aigurande (Indre).

567 Parade de cirque. — 900 fr.
568 Paysage, Creuse. — 900 fr.

CHARBONNIER (Pierre), né à Vienne. — 169, boul. Malesherbes, 17°.

569 Peinture. — 800 fr.
570 Peinture. — 500 fr.

CHARLES (André), né à Suresnes. — 16, rue de Verdun, Suresnes.

571 L'étang. — 450 fr.
572 La châtaigneraie. — 450 fr.

CHARLES (Madeleine), née à Verdun. — 17, rue Campagne-Première, 14°.

573 Paysage. — 200 fr.
574 Paysage. — 200 fr.

CHARLET (Albert), né à Xermaménil. — 7, rue du Dôme, 16°.

575 Après le bain. — 900 fr.
576 Paysage fleuri. — 700 fr.

CHARON (Luc), né à Paris. — 33, rue Jacob, 6°.

577 Etude. — Appartient à l'auteur.

CHARPAUX (Marcel-Louis), né à Paris. — 8, rue Pruvot, Vanves.

578 En Corrèze. — 1.000 fr.
579 Après une nuit d'orage. — 600 fr.

CHARRIER (Daniel), né à Monségur. — 47, rue du Département, 18°.

580 Debout les morts ! — 600 fr.

CHARTIER (Paul-Louis), né à Neuilly-Saint-Front. — 9, rue Campagne-Première, 14°.

581 Peinture. — 1.800 fr.
582 Peinture. — 1.800 fr.

CHASSAGNE-GROSSE (Mme Lœtitia-D. de la), née à Henrichemont.
— 6, rue de Siam, 16°.

583 Chrysanthèmes (huile).
584 Chevrier breton (pastel).

CHAUMARD (Henri), né à Vichy. — 36, rue du Mont-Thabor, 1er.

585 Gargantua à Picrochole (aquarelle, image sous verre). — 900 fr.
586 Village bourguignon. — 1.500 fr.

CHAURAND (N.-J.-R.), né à Lyon. — 89, rue de Vaugirard, 6°.

587 Peinture.
588 Peinture. — 1.200 fr.

CHAUVEL (Georges), né à Elbeuf. — 54, rue Lhomond, 5°.

589 Jongleuse (plâtre). — 30.000 fr. en bronze. (Il existe une réduction de 80 cent. de hauteur, au prix de 4.000 fr., en bronze.)

CHAUVELON (Gabriel), né à Nantes. — 8, square Moncey, 9°.

590 Le port clos de Bréhat (Côtes-du-Nord). — 350 fr.
591 Les Eyzies (Dordogne). — 250 fr.

CHAUVET (Florentin), né à Béziers. — 8 *bis*, rue François-Guibert, 15°.

592 La mer. — 4.000 fr.
593 L'odalisque de Montparnasse. — 5.000 fr.

CHAUVIN (Jean), né à Rochefort-sur-Mer. — 9, rue du Châlet, Malakoff (Seine).

594 Sculpture.

CHAUVIN (Maurice-Raymond-Jean), né à Paris. — 115, r. Broca, 13°.

595 Pont des Arts. — 800 fr.
596 Symphonie. — 1.000 fr.

CHAVENON (Roland), né à Paris. — 33, rue du Champ-de-Mars, 7°.

597 Portrait. — 1.200 fr.
598 Intérieur d'atelier. — 1.800 fr.

— 45 —

CHAZALVIEL (Albert-Edouard), né à Paris. — 344, r. St-Jacques, 5°.

599 Les falaises du Palus. — 1.000 fr.
600 Les falaises de Port-Goret. — 1.000 fr.

CHEPPY (Henri-Julien), né à Paris. — 46, rue de la Bidassoa, 20°.

601 Roses (aquarelle). — 750 fr.
602 Reines-marguerites (aquarelle). — 750 fr.

CHÉREAU (Claude), né à Paris. — 3, boul. Suchet, 16°.

603 Portrait de Mme Robert Gheusi. — Appartient à Mme Robert Gheusi.
604 Portrait de l'artiste. — Appartient à l'auteur.

CHÉRIANE (Mme), née à Paris. — 20, rue Ernest-Cresson, 14°.

605 Peinture. — 800 fr.
606 Nu. — 1.000 fr.

CHERVIN (Louis), né à Paris. — 42, rue de la Jonquière, 17°.

607 Eglise Saint-Pierre-de-Montmartre.
608 Place Jean-Baptiste-Clément. — Appartient à M. S.

CHESNEAU (Georgette-Marthe), née à Nantes. — 9, rue Campagne-Première, 14°.

609 Nu. — 1.000 fr.
610 Paysage. — Appartient à l'auteur.

CHEVALIER (Emile), né à Briare. — 34, boul. de Charonne, 20°.

611 L'Armançon près de Tonnerre. — 600 fr.
612 Vieux saules. — 450 fr.

CHEVALIER (Georges), né à Ivry-sur-Seine. — 88, boul. Lamouroux, Vitry-sur-Seine.

613 Village en Auvergne. — 800 fr.
614 Paysage aux cyprès. — 500 fr.

CHEVRET (Jules), né à Marseille. — 15, av. Galliéni, à Bagnolet (Seine).

615 Route d'Alauch (B.-du-R.). — 600 fr.
616 Le Brusc (Var). — 600 fr.

CHICHMANIAN (Raphaël), né à Lidik. — Arménien. — 2, passage de Dantzig, 15°.

617 Eclaircie après la pluie (St-Jean-Pied-de-Port). — 800 fr.

618 La citadelle (St-Jean-Pied-de-Port). — 800 fr.

CHIVU (Hascal), né à Tirgu Ocna. — Roumain. — 9, rue de Montholon, 9°.

619 La Celle-les-Bordes. — 400 fr.

620 Eglise de Saint-Prix. — 200 fr.

CHOLLET (Marcel), né à Genève. — Suisse. — 17, rue Victor-Massé, 9°.

621 Coin de table (fleurs). — 1.200 fr.

622 Fruits. — 900 fr.

CHOPIN (Pierre), né à Paris. — 6, villa Longchamp, 16°.

623 Jardin du Trocadéro (aquarelle). — 225 fr.

624 Matin au Luxembourg (aquarelle). — 225 fr.

CHOTIAU (Max), né à Tongres. — 58, rue de Maubeuge, 9°.

625 La Naze (paysage). — 1.500 fr.

626 La Naze (paysage). — 1.500 fr.

CHOTIN (Marcel), né à Paris. — 119, avenue de Neuilly à Neuilly-sur-Seine (Seine).

627 Nature morte. — 500 fr.

628 Paysage. — 500 fr.

CHOUKHAEFF (Vassili), né à Moscou. — Russe. — 7, rue Alfred-Stevens, 9°.

622 La femme de Putiphar. — 15.000 fr.

CHOUMANOVITCH (Sava), né à Zagreb. — Yougoslave. — Chez M. Carrau, 48, rue Vavin, 6°.

630 Pastorale. — 5.000 fr.

631 Femme nue. — 2.000 fr.

CHRÉTIEN (Paul), né à Paris. — 7, rue des Saules, 18e.

632 Notre-Dame-de-Paris (neige). — 1.500 fr.
633 Figure de femme. — 2.000 fr.

CHRISTEN (Mlle Jeanne), née à Paris. — 233, Faub. Saint-Honoré, 8e.

634 Portrait de Mme C... — Appartient à l'auteur.
635 Vieilles prisons d'Annecy. — 450 fr.

CHRISTOFLOUR (Raymond), né à Paris. — Les Rochers, chemin de Barou, Auch (Gers).

636 Ferme en Gascogne. — 100. fr.
637 Les côtes de la Creuse au Bourg d'Hem. — 100 fr.

CHRISTAUFLOUR (Solange), née à Issoudun. — 3, rue de l'Estrapade, 5e.

638 Le Maupuy. — 800 fr.
639 Pont romain en Corrèze. — 600 fr.

CHRISTOPHE (Pierre). — 16 bis, rue du Saint-Gothard, 14e.

640 Bas-relief (plâtre).
641 Hérons (bronze). — 3.600 fr.

CIEUTA (Marcel), né à Saulieu. — 28, rue Lafontaine, 16e.

642 La tentation. — 200 fr.
643 Coucher de soleil. — 250 fr.

CINGRIA (Alexandre). — Suisse. — Locarno (Suisse).

644 Intimité. — 4.000 fr.

CIOLKOWSKI, né à Paris. — 26, rue Jacob, 6e.

645 Andromède. — 2.500 fr.
646 Dessin.

CLAIRET (M.-M.-Félix), né à Mérinchal. — 11, rue de Montessuy, 7e.

647 Fleurs. — 800 fr.
648 Fruits. — 700 fr.

CLAIRIN (Pierre-Eugène), né à Cambrai. — 7, rue Dutot, 15ᵉ.

    649 Nature morte.
    650 Peinture.

CLARIL (Suzanne), née à Paris. — 16, rue Perceval, 14ᵉ.

    651 Peinture. — 800 fr.
    652 Peinture. — 400 fr.

CLARY-BAROUX (Adolphe), né à Paris. — 14, boul. Edgar-Quinet, 14ᵉ.

    653 Port Saint-Goustan, à Auray. — 800 fr.
    654 Les péniches, Ile Saint-Denis. — 800 fr.

CLAUDOT (André), né à Dijon. — 2, passage Dantzig, 15ᵉ.

    655 Le peintre Battaglia. — 2.500 fr.
    656 La cité des chiffonniers. — 700 fr.

CLAUZEL (Gabrielle), née à Bergerac. — 9, rue Falguière, 15ᵉ.

    657 A l'atelier. — 800 fr.

CLAYBROOKE (Edouard de). — Le Plessiel, par Abbeville (Somme).

    658 Figure nue. — 5.000 fr.

CLÉMENCE-MAGNIN (Mᵐᵉ Marie-Louise), née à Pantin. — 6, rue de la Maison-Neuve, Maisons-Laffitte (Seine-et-Oise).

    659 Libation. — 800 fr.
    660 La révérence. — 500 fr.

CLÉMENT (Thérèse), née à Paris. — 23, rue d'Orléans, Neuilly-sur-Seine.

    661 L'Aiguille verte et le Dru. — 800 fr.
    662 Le Lavancher (Haute-Savoie). — 550 fr.

CLÉMENT-RENÉ (Paul-Henri), né à Paris. — 14 *bis*, hameau Boileau, 38, rue Boileau, 16ᵉ.

    663 Le malfaiteur. — 1.100 fr.
    664 Les deux familles. — 600 fr.

CLERGÉ (Auguste), né à Troyes. — 171, boulevard Montparnasse et 26, rue du faubourg Saint-Jacques.

    665 Les ouvriers sur le toit. — 5.000 fr.
    666 Fillettes nues à la fenêtre. — 3.000 fr.

CLUZEAU (Jean-Arthur), né à Coulaures (Dordogne). — 67, avenue de l'Hippodrome, Champigny (Seine).

    667 Paysage. — 800 fr.
    668 Nature morte. — 500 fr.

CLUZEAU (Pierre-Antoine, né à Saint-Mandé. — 21, avenue de l'Etoile, Le Parc-Saint-Maur (Seine).

    669 Pivoines. — 500 fr.
    670 La Marne à Champigny. — 650 fr.

COCHEVELOU (Georges-Lucien-Pierre), né à Paris. — 20, boulevard de Belleville, 20°.

    671 Au Val-André (effet de brume sur la plage des Vallées). — 200 fr.
    672 A Sesson (Rennes), le petit jour. — 200 fr.

COCHET (Gérard-Paul), né à Avranche (Manche). — 13, rue d'Arcole, 4°.

    673 Peinture. — 3.000 fr.
    674 Nature morte. — 2.000 fr.

COCHET (Gustave), né à Rosario (République Argentine). — Villa Bel-Air, rue Confland, Herblay (S.-et-O.).

    675 Figure. — 500 fr.
    676 Paysage. — 650 fr.

COCKBURN-MERCER (Marie), née à Hobkirk (Ecosse). — Anglaise. — 235, faubourg Saint-Honoré, 8°.

    677 Nu. — 450 fr.
    678 Mendiants arabes. — 450 fr.

CŒURET (Alfred-Léon), né à Paris. — 72, rue de Clamart, Châtillon.

    679 Printemps. — 500 fr.
    680 Bord de l'eau. — 500 fr.

CODONI (Gaston), né à Paris. — 54, boulevard Voltaire, 11e.

681 Intérieur, salon. — 350 fr.
682 Sospel (une place). — 500 fr.

COFFIN (Fernand), né à Paris. — 23, rue de la Roquette, 11e.

683 Buste de M. Coffin, par lui-même.
684 Le Tennis (statuette). — M. Pronteau, éditeur,
12, quai de la Mégisserie.

COGNIAM (Mme Henriette-Marie), née à Yvetot. — 3, rue César-
Franck, 15e.

685 Chrysanthèmes. — 150 fr.
686 Paysage de Bretagne. — 200 fr.

COIGNET (Francis), né à Lyon. — 93, rue de la Mare, 20e.

687 Paysage.
688 Portrait.

COLATO (Arduino), né à Vérone. — Italien. — 26, rue de Fleurus, 6e.

689 Intérieur (femme nue). — 1.500 fr.
690 Homme nu. — 1.000 fr.

COLIN (Fernand), né à Rouvray (Côte-d'Or). — 22, rue de l'Echau
dé, 6e.

691 Portrait.
692 Notre-Dame. — 500 fr.

COLIN (Paul-Emile), né à Lunéville (M.-et-M.). — 24, rue du Colonel-
Candelot (ancien chemin latéral), Bourg-la-Reine (Seine).

693 Sur le chemin des temples grecs (Sicile). — 1.500
francs.
694 Vendetta sicilienne. — 1.500 fr.

COLIN (Roberto-Augusto), né à Saint-Luiz-de-Maranhrão. — Brésilien. — 70, rue Damrémont, 18e.

695 Salle hypostyle. — 1.000 fr.
696 Le ravin. — 1.000 fr.

COLLE (Jean), né à Marseille. — 22, rue de Brest, Quimper.

697 Tempête (marine). — 1.500 fr.
698 Orage (marine). — 1.500 fr.

COLLEU (Aimé-Marie-Joseph), né à Saint-Jacut-du-Mené (Côtes-du-Nord). — 26, boulevard Poissonnière, 9ᵉ.

699 Étude d'intérieur. — Appartient à l'auteur.
700 Fruits. — 600 fr.

COLLOT (Charles-Georges), né à Nancy. — 31, avenue d'Eylau, 16ᵉ.

701 Baigneuse. — 1.200 fr.
702 Soir d'été. — 1.000 fr.

COMBALUZIER (Juliette-Magdeleine), née à Beaulieu-Berrias (Ardèche). — 18, boulevard Arago, 13ᵉ.

703 Paysage (Garrigues). — 250 fr.
704 Paysage. — 250 fr.

COMMAUCHE (Jean-François), né à Paris. — 35, boulevard Bonne-Nouvelle, 2ᵉ.

705 Retour de pêche à Cancale. — 750 fr.
706 Jour de marché à Paimpol. — 350 fr.

CONDÉ (Georges-Jean), né à Frouard (M.-et-M.). — 46, boulevard Godefroy-de-Bouillon, Nancy.

707 Paysage à Liverdun. — 1.500 fr.

CONINCK (Robert de), né à Bolbec (Seine-Inférieure). — 40, rue de Mimont, Cannes (Alpes-Maritimes).

708 Sérénade. — 300 fr.
709 Epicerie fine. — 300 fr.

CONTRERAS (Andrée), née à Ribérac (Dordogne). — 23, rue Le Verrier, 6ᵉ.

710 Le thé. — 4.000 fr.
711 Jeune fille. — 600 fr.

CONVERSE (Lilly). — Américaine. — 10, rue Desbordes-Valmore.

712 Le monastère. — 1.500 fr.
713 Forêt mexicaine. — 1.800 fr.

COQ (Honoré), né à Bois-le-Roi (S.-et-M.). — 5, rue Emile, à Stains (Seine).

714 Une rue à Auvers-sur-Oise. — 900 fr.
715 Nature morte. — 450 fr.

COQUARD (Louis), né à Ambrault. — 17, avenue de Paris, Auxerre.

716 Vue de l'Yonne. — 900 fr.
717 Vue de Vézelay (Yonne). — 900 fr.

COPIN (Fernand), né à Paris. — 3, square Pétrelle, 9°.

718 Le Tréport (Seine-Inférieure). — 700 fr.
719 Iles Borromées (lac Majeur, Italie). — 650 fr.

CORDIER (M.-L.), né à Lyon. — 36, rue de Fleurus, 6°.

720 Peinture. — 1.000 fr.
721 Peinture. — 1.000 fr.

CORIN (Edwin-P.), né à Londres. — Anglais. — 21, rue Washington, 8°.

722 L'Abbaye de Westminster, Londres. Le tombeau du Soldat inconnu. — 1.000 fr.
723 L'Abbaye de Westminster, Londres. L'abside et l'entrée de la chapelle d'Henri VII. — 900 fr.

CORNEAU (Eugène), né à Vouzeron (Cher). — 4, square Desnouettes, 15°.

724 Peinture. — 2.000 fr.
725 Peinture. — 2.000 fr.

COROT (Etienne), né à Paris. — 31, rue de la Tour, 16°.

726 Un coin de Passy, vers le soir. — 800 fr.
727 L'approche du mauvais temps. — 600 fr.

CORNILLEAU (Raymond), né à Paris. — 1, rue Vercingétorix, 14°.

728 Paysage. — 900 fr.
729 Paysage.

CORNILLON-BARNAVE (Joseph), né à Marseille. — Saillans (Drôme).

730 Poste téléphonique en Champagne, 1915. — 300 fr.
731 Chien (croquis). — Appartient à M. R. de M...

CORPET (Etienne), né à Paris. — 158, rue de Charonne, 11°.

732 Nature morte (livres). — 500 fr.
733 Nature morte (fruits). — 400 fr.

CORRELLEAU (Ernest-Pierre-Joseph), né à Pont-Aven. — Pont-Aven (Finistère).

734 Les vaches à Lézaven. — 400 fr.
735 Les batteurs à Bourgneuf. — 300 fr.

CORTES (Edouard), né à Lagny. — 22, rue Macherel, Lagny (S.-et-M.)

736 Coin de Paris, le soir. — 900 fr.
737 Coin de Paris, crépuscule. — 900 fr.

COSYNS (François-Antoine), né à Malines. — Belge. — 22, rue Monsieur-le-Prince, 6°.

738 Peinture.
739 Peinture.

COUBERTIN (Marie-Marcelle de), née à Saint-Rémy-les-Chevreuse. — 9, rue Campagne-Première, 14°.

740 Peinture. — 800 fr.
741 Peinture. — 600 fr.

COUDARD (Emile-Elie-Edouard), né à Brienne-la-Vieille (Aube). — 31, rue des Dames, 17°.

742 La passerelle en ruines (environs de la Ville-aux-Clercs). — 1.200 fr.
743 Nature morte. — 700 fr.

COUDERC (Emile-Eugène-Philippe), né à Paris. — 13, rue du Dragon, 6°.

744 Le château de Saint-Briac (I.-et-V.) (gravure en taille-douce). — 100 fr.
745 Types bretons (dessin à la plume). — 500 fr.

COUDERC (Gabriel-Emile-Antoine), né à Cette. — Cité Doumet, maison Rieu, Cette.

746 Portrait de M. C. — Appartient à M. C.
747 Portrait de l'auteur. — Appartient à l'auteur.

COUEZ (Jules), né à Valenciennes. — 77 bis, rue Michel-Ange, 16e.

748 Soirée familiale. — 1.200 fr.
749 Farandole champêtre. — 3.000 fr.

COULET (Léon-Gabriel-Louis), né à Montpellier. — 12, rue de l'Echiquier, 10e.

750 Portrait. — Appartient à l'auteur.

COULON (Henri), né à Paris. — 37, rue de Châteaudun, 9e.

751 La Vienne (soleil levant). — 2.000 fr.
752 Moulin sur la Creuse. — 2.000 fr.

COURPON (Sophie-Marie-Charlotte de), née à Meudon. — 43, rue de Clichy, 9e.

753 Gerbe d'automne. — 500 fr.
754 Chou d'Alsace. — 350 fr.

COURTNEY (Mme Dolorès), née à Pétrograd. — Américaine. — 29, rue Boulard, 14e.

755 La famille. — 2.000 fr.
756 Intérieur. — 800 fr.

COUSSEDIERE (Charles-Jean), né à Paris. — Baville, par Saint-Chéron (S.-et-O.).

757 Environs de Clermont-Ferrand. — 600 fr.
758 L'île de la Jatte (1903). — 350 fr.

COUTTY (Marcel-Louis), né à Paris. — 69, rue Nollet (17e).

759 Bords du Tarn. — 150 fr.
760 A Villeneuve-l'Etang. — 150 fr.

COYTEUX-THIERY (Mme Marie), née à Paris. — 12, rue Berthier, Pantin.

761 Quai aux Fleurs. — 500 fr.
762 Chrysanthèmes. — 500 fr.

COZE (Paul-Jean), né à Beyrouth (Syrie). — 7, rue Lalo, 16e.

    763 On a souvent peur d'un plus petit que soi. — 500 fr.
    764 Dans la cage de « Pouny ». — 500 fr.

CREEFT (José de), né à Guadalajara. — Espagnol. — 145, rue Lourmel, 15e.

    765 Taille directe. — 10.000 fr.
    766 Taille directe. — 7.000 fr.

CRISSAY (Mme Marguerite), née à Mirecourt. — 7, rue Belloni, 15e.

    767 Le gros bouquet. — 2.500 fr.
    768 Le nu au divan noir. — 3.500 fr.

CROCHET (Mlle Suzanne), née à Genouilly (Cher). — 13, boulevard Henri-IV, 4e.

    769 Nu. — 100 fr.
    770 Intérieur d'atelier. — 500 fr.

CROZET (Maurice), né à Paris. — 44, rue des Pyrénées, 20e.

    771 Ma fenêtre. — 1.000 fr.
    772 Ma lampe. — 1.000 fr.

CRUVEILHIER (Jenny), née à Paris. — 7, rue de la Pompe, 16e.

    773 Etude.
    774 Etude.

CUGNIÈRES (André-Jacques de), né à Paris. — 7, rue des Ternes.

    775 Le chemin des Quatre-Vents (Othis). — 5500 fr.
    776 Fin de jour à Othis. — 500 fr.

CUGUEN (Victor-Louis), né à Pontorson (Manche). — 2, rue Peiresc, Toulon (Var).

    777 Marché aux fleurs. — 400 fr.
    778 Nature morte. — 400 fr.

CUINAT (Edith), née à Fraisses (Loire). — 57, rue Manin, 19e.

    779 Portrait sans titre. — 1.000 fr.
    780 Jetée d'eau. — 500 fr.

CUYER (Ludovic), né à Saint-Ursin. — 7, rue d'Abbeville, 10ᵉ.

781 Nature morte. — 1.000 fr.
782 Marais salants de Roffia (Loire-Inf.). — 800 fr.

CZEDEKOWSKI (Boleslaw), né à Wojnilow. — Polonais. — 63, avenue de Breteuil, 7ᵉ.

783 Portrait de Mˡˡᵉ X...
784 Portrait de M. Antoin (dans son costume au bal de l'Opéra, à Paris). — Appartient à M. Antoin.

CZYZEWSKI (Titus), né en Pologne. — Polonais. — 171, rue de Rennes, 6ᵉ.

785 Un esclave. — 500 fr.
786 Madone à la nature morte. — 500 fr.

CHAPNAUD (Marie), née à Paris. — 82, rue Lauriston, 16ᵉ.

786 *bis* Printemps. — 500 fr.
786 *ter* Eglise d'Auxerre. — 300 fr.

Au premier étage :

EXPOSITION et VENTE de REPRODUCTIONS

" *Les Artistes Indépendants* "

Leurs Portraits et leurs Œuvres

par MANUEL Frères et ROSEMAN

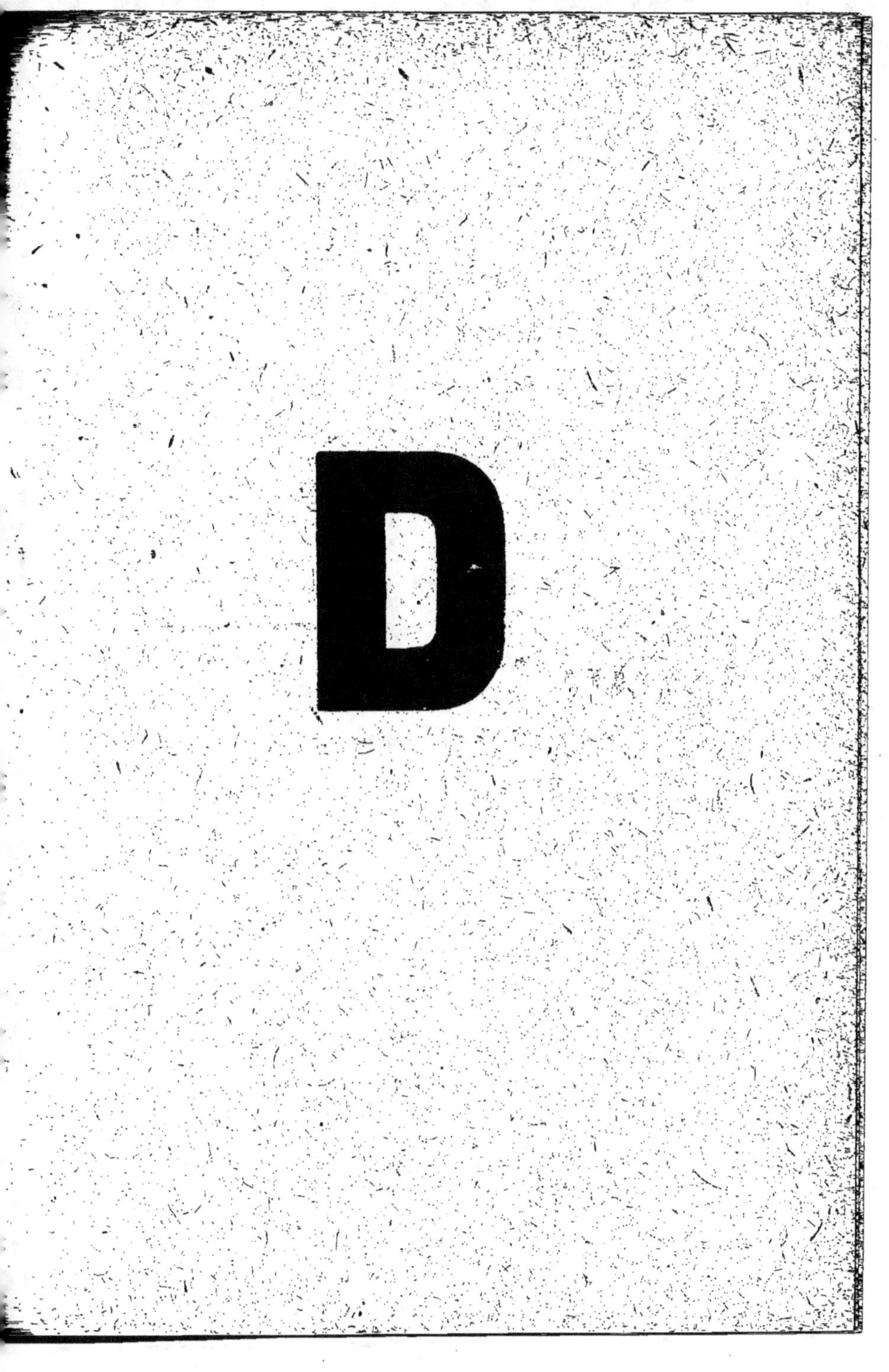

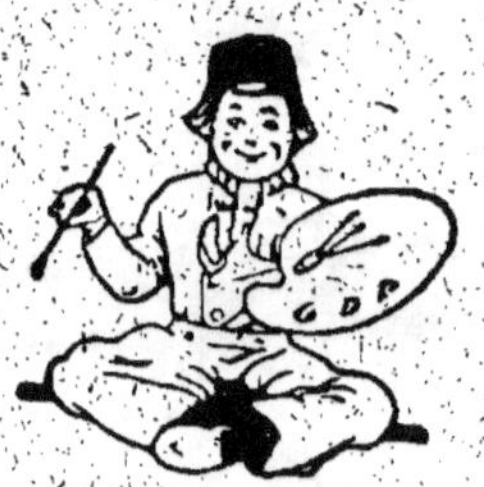

DABROWA (Eugeniusz), né à Przywitowo (Pologne). — Polonais. —
34, rue de Buci, 6e.

787 Un virtuose. — 10.000 fr.
788 Mausolée de Napoléon Ier. — 5.000 fr.

DACTY (Jeanne), née à Londres. — 7, boulevard de Clichy, 9e.

789 Marine. — 400 fr.
790 Sous-bois. — 500 fr.

DAGOT (Louise-Amélie), née à Aurillac. — 7, rue de l'Ouest, Neuilly-
sur-Seine.

791 Portrait. — Non à vendre.
792 Avril en Auvergne. — 300 fr. (Le cadre n'est pas
à vendre.)

DAGRON (Maurice-Henri), né à Fontainebleau. — 135, rue de
Belleville, 19e.

793 La Poterne (Moret-sur-Loing). — 600 fr.
794 Vieilles maisons (Moret-sur-Loing). — 750 fr.

DANIS (Georges-Jean-Baptiste), né à Bapaume. — 28, rue de Neuilly,
Rosny-sous-Bois (Seine).

795 Floréal. — 1.000 fr.
796 Etude. — 700 fr.

DANNENBERG (Alice), née à Riga. — Lettone. — 84, rue d'Assas, 6e.

797 Nature morte (fleurs jaunes). — 600 fr.
798 Paysage. — 600 fr.

DANNET (Henry), né à Gassicourt. — Route de Lisieux-Saint-
Germain, Pont-Audemer (Eure).

799 Petite place à Epaignes (Eure). — 800 fr.
800 La Risle, à Manneville (Eure). — 400 fr.

DANSON (Mlle Elsa), née à Stockholm. — Suédoise. — 137, boulevard Raspail, 6e.

801 Sidsel (tête en bronze). — 2.500 fr.
802 Angélique (statuette en bronze). — 3.000 fr.

DAPOIGNY (Albert-Louis), né à Montesson. — 35, rue Singer, 16e.

803 Baigneuse. — 1.100 fr.

DARCHE (Thérèse), née à Bussières-les-Belmont (Haute-Marne). — 60, rue Saint-Placide, 6e.

804 Rien de sensationnel, aujourd'hui! (pastel). — 2.500 fr.
805 Derrière le vieux moulin (dessin à la plume rehaussé de sépia). — 300 fr.

DARRASSE (Raymond-Etienne-Jules), né à Paris. — 35, rue Spontini, 16e.

806 Intérieur. — 450 fr.
807 Tête d'enfant. — Appartient à M. P. V...

DAYNES (Victor-Jean), né à Colmar. — 115, rue Bolivar, 19e.

808 Les Images. — 1.800 fr.

DAYNES-GRASSOT-SOLIN (Suzanne), née à Paris. — 17, chemin des Longues-Raies, Nanterre.

809 La danseuse. — 1.200 fr.
810 Le modèle (nu). — 1.000 fr.

DAVENTURE (Henri), né à Libourne. — 137, rue de Tolbiac, 13e.

811 Débardeurs à Cannes. — 1.000 fr.
812 Paysage à Bagnères-de-Bigorre. — 500 fr.

DAVID (Jean), né à Saint-Nazaire. — 44, rue des Moines, 17e.

813 Piments rouges (nature morte). — 200 fr.
814 Madone au faubourg. — 500 fr.

DAVIS (Mlle Mary-Marshall), née aux Etats-Unis. — Américaine.

814 *bis*, Nature morte. — 1.000 fr.
814 *ter* Nature morte. — 400 fr.

DEBOURG (Edouard), né à Versailles. — Gargilesse (Indre).

815 Peinture. — 1.500 fr.
816 Peinture. — 1.500 fr.

DEDINA (Vaclar), né en République tchécoslovaque. — Français. —
15, rue Payenne, 3°.

817 Eté (paysage au sable). — 500 fr.
818 L'hiver (paysage). — 500 fr.

DEFAIS (Marie-Denise), née au Pré-Saint-Gervais. — 11, rue de la
Gare, Levallois-Perret (Seine).

819 Une chambre à coucher (broderie Louis XV sur
moire ancienne. — 3 pièces : 1 fond de lit ;
1 dessus de lit ; 1 paire rideaux). — 6.000 fr.

DEGLESNE (Emilie), née à Paris. — 11, rue d'Orchampt, 18°.

820 Vieux Paris, rue Galande. — 350 fr.
821 Vieux Paris, rue St-Julien-le-Pauvre. — 350 fr.

DEGRUELLE (Gabriel-Hermann), né à Messas (Loiret). — 48, rue
d'Ossel, 18°.

822 Nature morte. — 500 fr.
823 La mare aux vaches. — 500 fr.

DEGUÉRET (Yvonne), née à Paris. — 125, rue Legendre, 17°.

824 La dame au plumet. — 1.000 fr.
825 Le marchand de tableaux. — 1.000 fr.

DELABARRE-HENRY (Henriette), née à Paris. — 148, rue de
Grenelle, 7°.

826 Portrait de Mlle X.
827 Dunes du Touquet. — 500 fr.

DELACROIX (Paul), né à Paris. — rue de Villiers-le-Sec, à Vil-
laines-sous-Bois, par Moisselles (S.-et-O.).

828 Jardin à la française. — 1.000 fr.
829 La fin du jardin. — 500 fr.

DELATOUSCHE (Germain), né à Chatillon (E.-et-L.). — 20, rue de
Médéah, 14°.

830 Chartres. — 3.500 fr.
831 Vieux Chartres. — 1.600 fr.

DELCOUSTAL (Robert-François), né à Paris. — 14 bis, avenue
Bosquet, 7e.

832 Le château de Bonaguil (M. H.). — 300 fr.
833 Les Fargues. — Appartient à M. Cheymol-Fraytet.

DELEY (Jeanne), née au Creusot. — 17, rue Saint-Senoch, 17e.

834 Danseuse kuchouha.
835 Portrait.

DELFOSSE (Joseph), né à Bellaire. — Belge. — 6, rue Grandval,
Reims (Marne).

836 Un cadre renfermant plusieurs eaux-fortes. —
100 fr. l'épreuve.
837 Un cadre renfermant plusieurs eaux-fortes. —
100 fr. l'épreuve.

DELHOMME (Albert-Pierre), né à Paris. — 24, avenue Denfert-
Rochereau, La Varenne (Seine).

838 La pergola fleurie. — 600 fr.
839 Canal à Bruges. — 600 fr.

DELHUMEAU (René-Camille), né à Cholet. — 35, avenue Desgrées-
du-Loû, Nantes (Loire-Inférieure).

840 Lumière du soir sur le port (Ile d'Yeu). — 600 fr.
841 Rue aux maisons blanches. — 600 fr.

DELORME (René-Edouard), né à Paris. — 83, rue Joseph-Gaillard,
Vincennes.

842 Furie (sculpture). — 1.800 fr.

DELTOMBE (Paul), né à Catillon. — 30, rue Lamartine, Nantes.

843 La rencontre. — 6.000 fr.
844 Nature morte. — 2.800 fr.

DELVIGNE (Julien), né à Garches. — 11 bis, boulevard de la Sta-
tion, Garches (S.-et-O.).

845 Bagatelle (roseraie). — 850 fr.
846 Saint-Cloud (terrasse). — 750 fr.

DELVILLE (Louis-Alexandre), né à Charolles. — 14, rue de Tournon, 6°.

    847 Charolles : le château de Montessus. — 1.000 fr.
    848 Le château de Bendzin (Pologne). — 1.000 fr.

DEMARIA (Pierre-Jean), né à Paris. — 173, quai Valmy, 10°.

    849 Les meules (Rolleboise). — 1.000 fr.
    850 Le pont du canal. — 800 fr.

DEMEURISSE (René), 10, impasse du Mont-Tonnerre, 15°.

    851 L'inondation (paysage). — 1.000 fr.
    852 M. Ed. Renoir. — Appartient à M. R...

DENAIN (Léon), né à Paris. — 35, rue Pascal, 13°.

    853 Bords de la Blaise (Dreux). — 1.000 fr.
    854 Nature morte (violon). — 500 fr.

DENAYER (Félix). — Belge. — 33, rue du Dragon, 6°.

    855 Paysage. — 2.000 fr.
    856 Paysage.

DENEUVILLE (Henry-Edmond), né à Paris. — 32, rue Fontaine-au-Roi, 11°.

    857 Sur la plage (pierre, taille directe). — 6.000 fr.
    858 Le nouveau (statuette plâtre). — En bronze : 600 fr.

DENIER (Jacques), né à Paris. — Villa Abd-el-Tif, Alger.

    859 Pointe du Petit Mousse, à Port-Navalo (Morbihan). — 2.000 fr.

DENIS (Jean), né à Champniers. — Bures, par Orsay (S.-et-O.).

    860 Vieilles murailles à Fez. — Appartient à l'auteur.
    861 Etude. — Appartient à l'auteur.

DENIS-VALVÉRANE (Louis), né à Manosque. — 6, impasse la Lauzière, Asnières (Seine).

    862 Baigneuses. — 800 fr.
    863 Paysan provençal. — 800 fr.

DÉON (Georges), né à Montargis. — 1, rue Jeannin, Dijon.

864 Paysage. — 800 fr.
865 Matin d'été. — 2.000 fr.

DERLEN (Armand-Eugène Van), né à Paris. — 102, rue d'Arcueil,
Bagneux (Seine).

866 Soir d'été. — 1.500 fr.
867 Le vieux four à pain. — 1.200 fr.

DESBUISSONS (Léon), né à Paris. — 58, rue de Monceau, 8e.

868 Bords de l'Aude à Axat. — 500 fr.
869 Vieille église à Domfront (Orne) (eau-forte). —
100 fr. (non encadrée).

DESCH (Théodore-Auguste), né à Nancy. — Laxou, près Nancy.

870 Reflets. — 6.000 fr.

DESCHLY (Mlle Irène), née à Bucarest. — Roumaine. — 40, rue
Desaix, 15e.

871 Femme en bleu. — 1.000 fr.
872 Les Catalans (Marseille). — 800 fr.

DESCOSSY (Cam-René-Ferréol), né à Céret. — Chez M. Rivère,
6, rue Meissonier, 17e.

873 Paysage. — 2.500 fr.

DESEVRE (Maurice-Henri-Victor), né à La Bove. — 23, rue Leconte-
de-l'Isle, 16e.

874 Portrait de M. F... — Appartient à M. F...
875 Étude de portrait.

DESHAYES (Frédéric-Léon), né à Paris. — 110 bis, r. Marcadet, 18e.

876 Nature morte. — 1.200 fr.
877 Village corse. — 1.300 fr.

DESLIGNÈRES (André), né à Nevers. — 6, boulevard de Clichy, 18e.

878 Nu. — 1.800 fr.

DESNOYERS (François), né à Montauban. — 49, rue Montorgueil, 2°.

879 Blanchisserie de Meudon. — 850 fr.
880 Paysanne du Quercy. — 900 fr.

DESPORTES (Yvonne-Berthe-Melitta), née à Paris. — 24, rue Desnouettes, 15°.

881 Portrait de M. H. E...
882 Dans les nuages. — 800 fr.

DESPUJOLS (Jean), né à Salles (Gironde). — Domaine de Chaulet, Rions (Gironde).

882 *bis* Maternité. — 32.100 fr.

DESTREM (Antoinette), née à Paris. — 12, boulevard Péreire, 17°.

883 Rue de Vence. — 700 fr.
884 Fleurs. — 550 fr.

DETRAUX (Mme Yvonne-Marcelle), née à Saint-Aubin-sur-Mer. — 83, rue N.-D.-des-Champs, 6°; atelier, 13, rue Boissonade, 14°.

885 Paysage (tempéra). — 2.000 fr.
886 Paysage (tempéra). — 2.000 fr.

DEVERIN (Roger), né à Paris. — 7, rue Daguerre, 14°.

887 Paysage. — 800 fr.
888 Paysage. — 1.200 fr.

DEVEZE (Fernand), né à Avignon. — 43, rue Four-de-la-Terre, Avignon (Vaucluse).

889 Fermes. — 500 fr.
890 Composition. — 500 fr.

DEVILLAIRE (Mlle Antoinette), née à Montereau. — 57, Grande-Rue, Montereau (S.-et-M.).

891 Marché aux fleurs. — 1.400 fr.
892 Panneau décoratif. — 900 fr.

DEVILLE (Jean), né à Charleville. — 101, cours d'Orléans, Charleville.

893 Paysage (lac du Bourget, matin). — 900 fr.
894 Composition. — 300 fr.

DEWIS (Louis), né à Liége. — Belge. — 28, rue Chaptal, 9e.

895 Paysage. — 2.000 fr.
896 Paysage. — 800 fr.

DEYDIER (René), né à Avignon. — 87, rue Denfert-Rochereau, 14e.

897 Portrait de Mme B... — Appartient à Mme B...
898 Eté. — 5.000 fr.

DEYNIÈS (Mme Marie-Félicité-Camille), née à Montauban. — 126, rue du Cherche-Midi, 6e, et 35, rue de la République, Montauban.

899 Paysage. — 800 fr.
900 Nature morte. — 800 fr.

DICH (Anton), né à Copenhague. — Danois. — Route de Castellar, Menton, et 3, sentier des Jardies, Bellevue (S.-et-O.).

901 Nu. — 2.000 fr.
902 Nu. — 2.000 fr.

DIGNIMONT (André), né à Paris. — 16, rue du Débarcadère, 17e.

903 Dessin. — 700 fr.
904 Dessin. — 700 fr.

DILIGENT (Louis-Raphaël), né à Flize. — « Le Pressoir », Orgerus (S.-et-O.).

905 Pigri, chat noir (bois, ébène macassar). — 1.800 fr.
906 Bidigli (plâtre). — 1.800 fr.

DODEL-FAURE (Mme Elisabeth), née à Issoire. — La Sauvetat (Puy-de-Dôme).

907 Iris en fleurs. — 1.200 fr.
908 Effet d'automne (vigne-vierge). — 1.200 fr.

DOILLON-TOULOUSE (Mme Magdeleine), née à Vesoul. — 7, rue Beethoven, 16e.

909 Vallée des Vosges (automne). — 800 fr.
910 Saint-Cloud. — 400 fr.

DOLLEY (Pierre), né à Pauillac. — 27, quai Bourbon, 4e.

911 La légende. — 2.000 fr.
912 Composition décorative. — 6.000 fr.

DOLLIAC (Henri-Émile), né à Paris. — 83, rue de Bagnolet, 20e.

913 Le vieux mendiant. — 500 fr.
914 La bonne pipe. — 400 fr.

DOLLIAN (Guy-Louis), né à Paris. — 29, rue Caulaincourt, 18e.

915 L'éléphant vert. — 700 fr.
916 La vierge au sommeil. — 2.000 fr.

DOMERGUE (François-Auguste), né à Paris. — 153, rue de Charenton, 12e.

917 Paysage. — 150 fr.
918 Paysage. — 150 fr.

DOMERGUE-LAGARDE (Édouard), né à Valence-d'Agen. — 13, rue du Dragon, 6e.

919 Peinture. — 3.000 fr.
920 Nature morte. — 1.500 fr.

DOMINGO (Francesc), né à Barcelone. — Catalan. — 16, rue de Montreuil, Vincennes.

921 Peinture. — 1.000 fr.
922 Peinture. — 700 fr. (cadre non compris).

DONAS (Mme T.), née à Anvers. — Belge. — Ittre (Belgique).

923 Chrysanthèmes. — 800 fr.
924 Peinture. — 800 fr.

DONGEN (Mme Guus Van). — Hollandaise. — 30, rue Montholon, 9e.

915 Saint-Moritz. — 700 fr.
926 Venezia. — 700 fr.

DORÉ (Constant), né à Auvers-le-Hamon. — 83, rue de Maubeuge, 10ᵉ

927 Nature morte. — 550 fr.
928 Roses. — 300 fr.

DORÉ (Geneviève), née à Paris. — 107, avenue Henri-Martin, 16ᵉ

929 Le phare, à Cannes. — 350 fr.
930 La barrière, à Cannes. — 500 fr.

DORICE (Marcel), né à Tours. — 5, rue Voltaire, Montmorency (Seine-et-Oise).

931 Marché à Lannion. — 500 fr.
932 Le hameau breton. — 300 fr.

DOSPEUX (Jean), né à Paris. — 106, rue des Dames, 17ᵉ

933 Le déclin. — 850 fr.
934 Vieux Paris (rue romentel). — 300 fr.

DOUARD (Fernand), né à Caen. — Ker Viviane, Bourg-de-Batz.

935 Port en Bretagne (nuit claire). — 800 fr.
936 Effet de vague au Bourg-de-Batz. — 500 fr.

DOUCET (Jules-Amédée-Jean), né à Paris. — 10, rue Saint-Luc, 18ᵉ

937 Honfleur, clocher de Sainte-Catherine. — 350 fr.
938 Orgues de Bort (Corrèze). — 350 fr.

DOUROUZE (Daniel-Urbain), sociétaire décédé. — S'adresser à M. Jean Dourouze, 6, chemin de la Muette, 16ᵉ

939 EXPOSITION POSTHUME

Appartiennent à M. Jules Joëts :

1 Lyon (aquarelle).
2 Saint-Omer (aquarelle).
3 Cathédrale, Saint-Omer (lithographie).

Appartient à M. Paul Poiret :

4 Vue du port du Havre.

Appartiennent à M. L. Bachellier :

5 Genemon, près Marseille.
6 Bassin de Marseille.
7 Port du Havre.
8 Le Havre, bassin de l'Eure.
9 Le Havre (marine).

Appartiennent à M. Adolphe Aynaud :

10 Saint-Omer.
11 Albert Bridge, Londres.
12 Charing Cross, Londres.
13 Lyon, pont de Serin.
14 Port-Navalo.
15 Port-Navalo.
16 Le printemps.
17 Le Trocadéro, Paris.
18 Pont Royal, Paris.
19 Pont Marie.
20 Cathédrale de Chartres.
21 Sanary (Var).
22 Agay.
23 Pont des Arts.
24 Panorama de Montmartre.
25 Bordeaux.
26 Bordeaux.
27 Monticello (Corse).
28 Saint-Aignan.
29 Paris, le pont Mirabeau (dessin).
30 En Provence (dessin).
31 La montagne.
32 La montagne.

} Aquarelles

Appartiennent à M. Saudemont :

33 Marseille, flotte de pêche.
34 Pont Alexandre III.
35 Arbre (étude).
36 Marseille, le port.
37 Le Havre (15 mai 1922).
38 Paysage sombre.
39 Environs d'Amiens.
40 Pont Mirabeau.
41 Jonage.
42 Paris.

DREYFUS (Clément), né à Neuf-Brisach. — 46, rue Cardinet, 17ᵉ.

939 *bis* Parc Monceau (effet du matin). — 350 fr.
939 *ter* Le canal Saint-Denis à Aubervilliers. — 600 fr.

DREYFUS-STERN (Jean), né à Paris. — 22, rue St-Ferdinand, 17ᵉ.

940 Peinture. — Appartient à M. A. W...
941 Peinture.

DROIN (Jacques), né à Joigny. — 91, rue de Longchamp, 16ᵉ.

942 Peinture. — 2.400 fr.

DROUART (Raphaël-Maurice), né à Choisy-le-Roi. — Chez Marcel Guiot, 4, rue Volney, 2ᵉ.

943 La ronde (monotype). — 600 fr.
944 Actéon (monotype). — 500 fr.

DROUET-CORDIER (Mˡˡᵉ Suzanne), née à Paris. — 24, rue de la Folie-Méricourt, 11ᵉ.

945 Une oasis. — 800 fr.
946 Etude. — 400 fr.

DRUILHET (Marie-Louise), née à Paris. — 18, rue Denfert-Rochereau, 5ᵉ.

947 Etude.
948 Etude.

DUBAUT (Jane), née à Paris. — 75, avenue des Ternes, 17ᵉ.

949 Nature morte. — 800 fr.
950 Nature morte. — 400 fr.

DUBAUT (Pierre-Olivier), né à Paris. — 75, avenue des Ternes, 17ᵉ.

951 Composition. — 800 fr.
952 Etude. — 400 fr.

DUBOIS-AMIOT (Louis), né à Paris. — 6, avenue de Messine, 8ᵉ.

953 Espagnole. — Appartient à M. X...
954 L'heure du thé. — Appartient à Mᵐᵉ X...

DUBREUIL (Ginch), né à Saint-Cloud. — 2 bis, rue Coysevox, 18ᵉ.

955 Ballet au Pôle Nord. — 2.500 fr.

DUBREUIL (Pierre), né à Quimper. — Galerie Barbazanges, 109, faubourg Saint-Honoré, 8ᵉ.

956 Impression de moisson. — 6.000 fr.

DUCHAUFFOUR (Charles), né à Paris. — 20, rue Piat, 20ᵉ.

957 Le paon (panneau décoratif). — 2.000 fr.
958 La baignade au Tréport. — 500 fr.

DUCRUET (Pierre), né à Paris. — 6, rue Chanzy (parc de Cœuilly), Champigny-sur-Marne (Seine).

959 Place du vieux Cœuilly. — Appartient à l'auteur.
960 Fleurs. — Appartient à l'auteur.

DUFAUT (Gustave-Charles), né à Paris. — 26, rue de la Mairie, Boulogne-sur-Seine.

961 Le « baou » de Saint-Jeannet. — 450 fr.
962 Mère et enfant. — 600 fr.

DUFOUR (Eugène-François), né à Paris. — 6, rue de la Michodière, 2ᵉ.

963 Rozoy-en-Brie (Seine-et-Marne). — 350 fr.
964 Bernay (Eure). — 125 fr.

DUFRÈNE (Michel), sociétaire décédé. — S'adresser à Mᵐᵉ Dufrène, 7, rue Campagne-Première, 14ᵉ.

965 EXPOSITION POSTHUME :

    1 La rencontre.
    2 Béatrix.
    3 Le départ en exil.
    4 Le visage penché.
    5 La barque de Dante.

    (Partie de 5 panneaux sur la vie du Dante.)

    6 Au Jardin du Luxembourg.
    7 Au Jardin du Luxembourg.
    8 Traversée de Paris à la nage.

9 Le héros mort.
10 Voiles de Bagdad.
11 Composition.
12 La géométrie.
13 L'arithmétique.
14 Jouissance interne.
15 La danse.
16 Etude pour portrait.
17 et 18 Deux panneaux de croquis.

DUHAUPAS (Maurice), né à Paris. — A Combault, par Pontault (Seine-et-Marne).

966 Provins : la Tour de César. — 300 fr.
967 Paysage. — 300 fr.

DUJARDIN-BAUMETZ (Mlle Rose), née à Paris. — 12 *bis*, rue Pergolèse, 16e.

968 Panneau décoratif. — 4.000 fr.

DUMANOIR (Catherine), née à Luxembourg-ville. — Luxembourgeoise. — 22, rue de Grammont, 2e.

969 Portrait de M. le pasteur C. S. P. — Appartient à M. le pasteur C. S. P.
970 Chienne infirme et son maître. — 600 fr.

DU MARBORE, né à Paris. — 164, rue Saint-Maur, 11e.

971 Portrait de Mlle Gisèle Banville d'Hostel.
972 Fleurs.

DUMAS (Jean-Baptiste), né à Lyon. — 64, rue des Vignes, 16e.

973 La canardière (paysage). — 1.200 fr.
974 Nature morte. — 800 fr.

DUMONT (Elie-Henri), né à Bordeaux. — 17, Faug. Montmartre, 9e.

975 Le matin au lac d'Aiguebelette (Savoie). — 1.000 fr.
976 Le soir au lac d'Aiguebelette (Savoie). — 800 fr.

DUMOULIN (Georges), né à Vitteau. — 8, rue Alphonse-Daudet, 14e.

977 Paysage. — 500 fr.
978 Paysage. — 500 fr.

DUNCAN (Raymond), né à San-Francisco. — Américain. — 34, rue
du Colisée, 8°.

979 La chair. — 20.000 fr.

DUNET (Alfred), né à Rouen. — 5, rue Norvins, 18°.

980 Nu. — Appartient à M. R...

DUPLAIN (Ami-Ferdinand), né à la Chaux-de-Fonds. — Suisse. —
8, chemin de Pouillerel, La Chaux-de-Fonds (Suisse).

981 Le rêve, le cauchemar (dyptique). — 2.000 fr.

DUPONT (Gaston), né à Château-Thierry. — 13, av. Jousseaume-
Latour, Château-Thierry.

982 Paysage (aquarelle). — 350 fr.
983 Paysage (aquarelle). — 350 fr.

DUPONT (Victor), né à Boulogne-sur-Mer. — 2, passage de Dantzig, 15°.

984 Matelots (port de Boulogne-sur-Mer). — 4.500 fr.
985 Nature morte (les trois bustes). — 3.500 fr.

DUPRÉ (Frédéric), né à Paris. — 4, rue Honoré-Chevalier, 6°.

986 Illustration pour « Daphnis et Chloé ». — Appartient à l'auteur.
987 Illustration pour « La Ville rose ». — Appartient
à l'auteur.

DURAND-ROSE (Auguste), né à Marseille. — 17, rue Cherchell,
Marseille.

988 Et demain?
989 Domination.

DUREL (Gaston-Jules-Louis), né à Gaillac. — 5, rue Paul-Déroulède, Neuilly-sur-Seine (Seine).

990 Intérieur marocain du peintre. — 1.100 fr.
991 L'andalouse Disetta del Cagnat. — 1.100 fr.

DURENNE (Antoine-Eugène), né à Paris. — Saint-Pierre-du-Vauvray (Eure), et chez MM. Durand-Ruel, 16, rue Laffitte, 9ᵉ.

991 *bis*   Vieille femme (1923). — 3.500 fr.
991 *ter*   Les moissons (1923). — 3.000 fr.

DUREY (René), né à Paris. — 4, square Desnouettes, 15ᵉ.

992   Peinture. — 2.500 fr.
993   Peinture. — 650 fr.

DURIEZ (Maurice), né à Paris. — 41, rue La Bruyère, 9ᵉ.

994   Nature morte. — 225 fr.
995   Nature morte. — 200 fr.

DURIEZ-MARUEL (Mᵐᵉ Marcelle), née à Rueil. — 110, rue Ordener, 18ᵉ.

996   Anémones (aquarelle). — 280 fr.
997   Dahlias (aquarelle). — 150 fr.

DURIF (Henri), né à Paris. — 5 bis, rue Fessard, 19ᵉ.

998   Coin de forêt. — 300 fr.
999   Vieilles maisons et vieux moulin. — 500 fr.

DURUPT (Juliette), née à Paris. — 12, rue Jolly, Saint-Mandé (Seine).

1000   Lever de soleil sur la Meuse à Dordrecht. — 150 fr.
1001   Coucher de soleil sur le lac Léman. — 150 fr.

DUVAL (Henri), né à Varsovie. — Polonais. — 88, rue Daguerre, 14ᵉ.

1002   Vasque. Décor : femme et pivoine (céramique grès). — 800 fr.
1003   Coupe. Décor : glycine (céramique grès). — 400 fr.

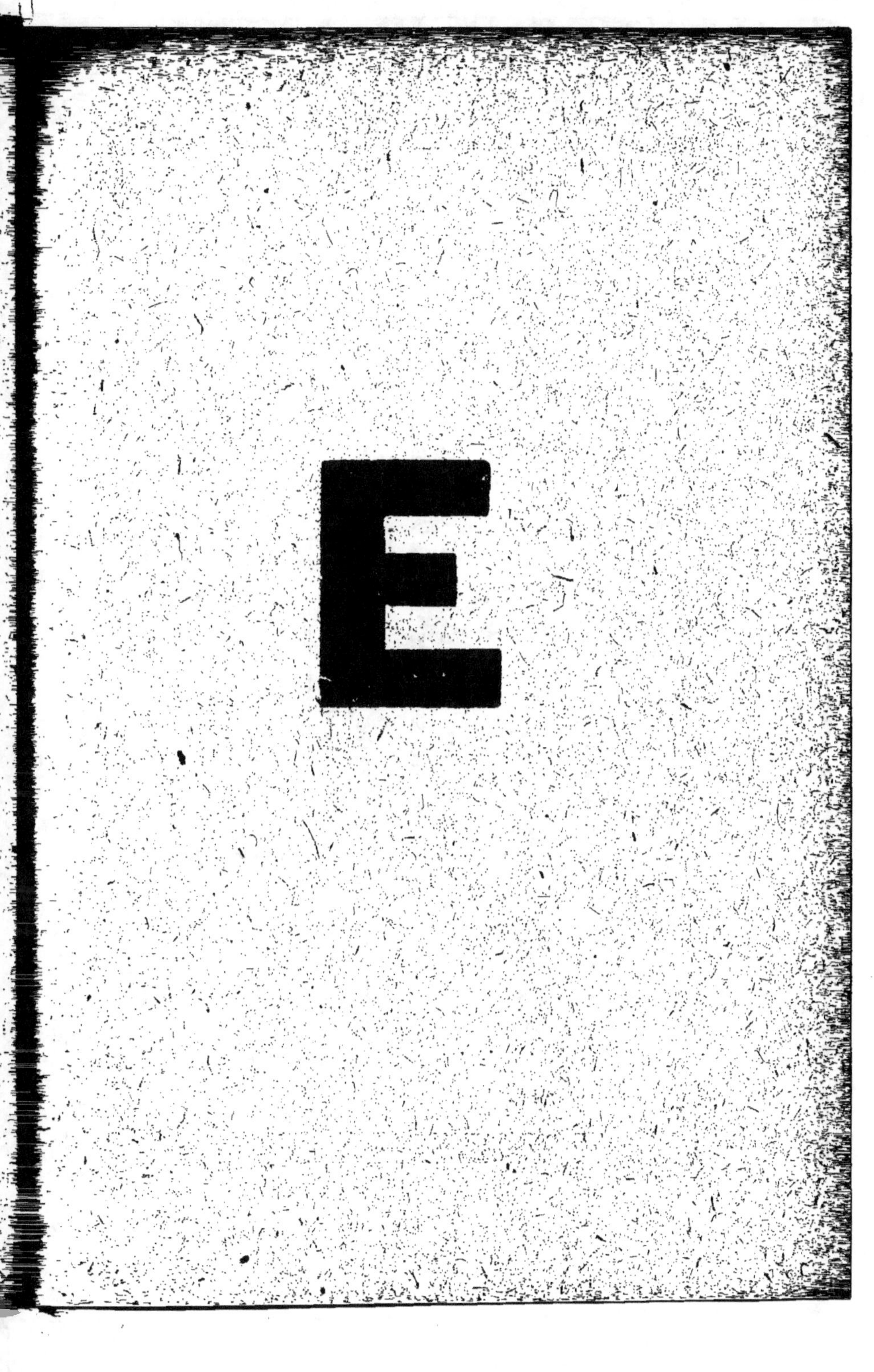
E

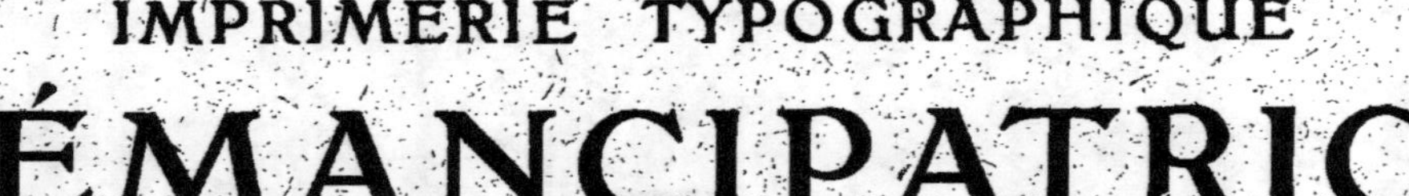

IMPRIMERIE TYPOGRAPHIQUE
L'ÉMANCIPATRICE
SOCIÉTÉ ANONYME COOPÉRATIVE DE PRODUCTION
A CAPITAL ET PERSONNEL VARIABLES
Siège social : 3, rue de Pondichéry - PARIS-XVe
TÉLÉPHONE : SÉGUR 15-77
TRAVAUX POUR LE COMMERCE
ET L'INDUSTRIE
Prix-Courants, Brochures, Catalogues, Journaux, etc.
R. C. Seine 34789

EBIHARA (Kinosouké), né au Japon. — Japonais. — 29, rue Bouland, 14e.

1004 Dimanche.
1005 Dimanche.

ECREMENT (Odon-Louis), né à Paris. — 39 *bis*, rue de Verrières, Antony (Seine).

1006 Figure de jeune femme. — 150 fr.
1007 Oranges. — 150 fr.

EFFIE, né à Paris. — 9 *bis*, rue de la Sellette, Clermont-Ferrand.

1008 Plateau de Say au clair de lune (Puy-de-Dôme). — 800 fr.
1009 Plateau de Say après la moisson. — 500 fr.

EINAR, né en Danemark. — Danois. — 33, r. du Champ-de-Mars, 7e.

1010 Capri. — 1.000 fr.
1011 Beaugency. — 1.000 fr.

EISENMANN (Mme Germaine), née à Paris. — 18, avenue des Sycomores, 16e.

1012 Portrait de ma mère. — Appartient à l'artiste.
1013 Nu au livre. — 900 fr.

EINSENSCHITZ (Willy), né à Vienne. — Autrichien. — 8, rue de Tournon, 6e.

1014 Paysage. — 1.000 fr.
1015 Paysage. — 1.000 fr.

ELLAIVAL (Jean), né à Montpellier. — 29, rue de Londres, 9e.

1016 Etude.
1017 Peinture.

EMBER (Oscar), né à Nowawes. — Tchécoslovaque. — 8, rue d'Orchampt, 18e.

1018 L'hirondelle. — 2.000 fr.
1019 Annonciation. — 1.500 fr.

ENGELBACH (Jacques), né au Havre. — 17, rue des Thermes, Enghien-les-Bains (S.-et-O.).

1020 La Sarthe à Saint-Léonard-des-Bois. — 600 fr.
1021 Peinture. — 650 fr.

ENGLINGER (Gabriel), né à Paris. — 51 *bis*, av. de Saint-Mandé, 12e.

1022 Portrait. — 1.000 fr.

ERAZME (Auguste-Pierre-Alexis), né à Marigné. — 41, rue des Martyrs, 9e.

1023 Au bord du Loing. — 800 fr.
1024 Près du pont. — 800 fr.

ERCEVILLE (Wenceslas d'), né en Pologne. — Polonais. — 16 *bis*, boul. Saint-Jacques, 14e.

1025 Le puits.
1026 Fleurs.

ERICHSEN (Viggo-A.), né en Danemark. — Danois. — 55, rue de Vaugirard, 6e.

1027 Nu. — 500 fr.

ERICSON (Henry), né à Saint-Michel (Finlande). — Finlandais. — 42, av. du Parc-Montsouris, 14e.

1028 Peinture.
1029 Peinture.

ERNST (Max), né à Cologne. — Allemand. — 3, rue Ordener, 18e.

1030 La belle jardinière. — 6.000 fr.
1031 Sainte Cécile. — 5.000 fr.

ESTREL (Auguste), né à Paris. — 6, rue Choron, 9e.

1032 Five o'clock tea. — 500 fr.
1033 Chaudenay-le-Château (Côte-d'Or). — Appartient à Mme R...

ETERNOD (Marcel-Victor d'), né à Genève. — Suisse. — 3, chemin du Square, Genève (Suisse).

1034 Le port de Soller (Baléares). — 4.000 fr.
1035 Printemps (Espagne). — 3.000 fr.

ETEVE (Raoul-Félix-Forlis), né à Montmorillon. — 9, rue de Clignancourt, 18e.

1036 Du jardin de la ville de Mayence (rêverie). — Appartient au capitaine Réchard.
1037 Perspective de Salzbach et de Bretzenheim, près Mayence (souvenir d'occupation). — 550 fr.

ETHORÉ (Amédée-Jean), né à Paris. — 7, villa Schutz, Bois-Colombes (Seine).

1038 Peinture. — 400 fr.
1039 Peinture. — 800 fr.

ETTERAC (Marcelle), née à Paris. — 112, boul. Malesherbes, 17°.

1040 Chrysanthèmes. — 600 fr.
1041 Narcisses et renoncules. — 500 fr.

EUBERLOT (Mme Dominique), née à Ploërmel. — 36, rue Croix-de-Régnier, Marseille.

1042 Peinture. — 600 fr.
1043 Peinture. — 600 fr.

EUSTACHE (André-François), né à La Coucourde. — 159, rue de l'Université, 7°.

1044 Matin sur le Rhône (La Coucourde, Drôme). — 1.000 fr.
1045 La vieille rue de Derbières (Drôme). — 800 fr.

EVERART (Marthe), née à Paris. — 233, Faub. Saint-Honoré, 8°.

1046 La danseuse au voile. — 400 fr.
1047 L'ami. — 800 fr.

EYRE DE LANUX (Eyre), née à New-York. — 126, boul. de Montparnasse, 14°.

1048 Figure d'Adrienne Monnier. — 800 fr.
1049 Essai. — 800 fr.

EYROLLES (Paul), né à Neuilly-sur-Seine. — 37, rue du Rocher, 8°.

1050 Peinture. — 2.000 fr.
1051 Peinture. — 700 fr.

EWALD (Pierre-Albert), né à Paris. — 4, rue Edmond-Valentin, 7°.

1052 Port de Saint-Jean-de-Luz. — 1.000 fr.
1053 L'étang. — 800 fr.

F

NOTES

FABIAN (Henri-Adolphe-Paulin), né à Étampes (S.-et-O.). — 38, rue de Saintonge, 3°.

1054 Fin d'orage. — 1.000 fr.
1055 La mare. — 300 fr.

FABIENNE, né à Moret-sur-Loing. — 1, boulevard de Bercy, 12°.

1056 Petite maison limousine. — 200 fr.
1057 Vieilles maisons (ébauche).

FABRE (Auguste-Victor), né à Montpellier. — 20, rue Miromesnil, 8°.

1058 Le Port. — 1.800 fr.

FABRY (Élysée), né à Liége. — Belge. — 23, rue de Spa, à Liége.

1059 Village ardennais. — 3.000 fr.
1060 Canal sous la neige. — 4.000 fr.

FALKNER (Anne-L.), née à Dorchester, Dorset. — Anglaise. — chez M. Charbo, 96, boulevard Montparnasse, 6°.

1061 Les sillons. — 1.500 fr.
1062 Le rouleau. — 1.000 fr.

FALTER (Marcel), né à Dieuze. — 6, rue des Écoles, 5°.

1063 Bœuf égorgé.

FARDEL (Robert), né à Besançon. — 30, rue Belgrand, 20°.

1064 Campanile de la Fierte-Rouen. — 700 fr.
1065 Uzerches (Corrèze). — 650 fr.

FAROUX (Charles), né à Compiègne. — St-Ouen-l'Aumône (S.-et-O.).

1066 Matin au bord de l'Oise. — 250 fr.
1067 Coin de parc. — 400 fr.

FAUCHET (Mme Charlotte), née à Paris. — 97, rue Jouffroy, 17°.

1068 Peinture. — 2.000 fr.
1069 Peinture. — 1.500 fr.

FAURE (Mme Alphonsine), née à Buxières. — 15, route de Maisons, à Chatou (S.-et-O.).

1070 Fruits. — 1.200 fr.
1071 Œillets et violettes (aquarelle). — 800 fr.

FAURE (Léon), né à Bayonne. — 18, impasse du Maine, 15e.

1072 Femme (étude).

FAUREAU (Henri), né à Aubusson. — rue de Clermont, Aubusson.

1073 Aumône. — 1.000 fr.
1074 Le soir. — 500 fr.

FAVIER (Pierre-Marie-Augustin), né à Saint-Just-sur-Loire. — 104, avenue de Choisy, 13e.

1075 Vieux Turc (dessin à la plume). — 80 fr.
1076 Vieux moine (dessin à la plume). — 50 fr.

FAVRE (Pierre), né à Paris. — 24, passage Verdeau, 9e.

1077 Nature morte. — 300 fr.
1078 Paysage en Provence. — 800 fr.

FEBRARI (Raphaël), né à Venise. — Italien. — 18, impasse du Maine, 15e.

1079 Midi tragique (tremblement de terre au Japon) (maquette plâtre).
1080 Le Club du Faubourg (maquette plâtre).

FEGDAL (Suzanne), née à Paris. — 4, avenue Victoria, 1er.

1081 Porteuse de thons. — 800 fr.
1082 Fleurs. — 800 fr.

FELDOR (Marguerite), née à Huy. — Belge. — 6, place Charles-Fillion, 17e.

1083 Coucher de soleil sur la neige. — 450 fr.
1084 Peinture. — 200 fr.

FERNAND-TROCHAIN (Jean), né à Rueil. — 4, rue Camille Tahan, 18e.

1085 En vue de Douarnenez. — 1.200 fr.
1086 Tréboul. — 1.000 fr.

FERNEL (Fernand), né à Bruxelles. — Belge. — 20, avenue du Chemin-de-fer, Rueil (S.-et-O.).

1087 Parade foraine. — 400 fr.
1088 Cirque. — 600 fr.

FERON (Julien-Hippolyte), né à Saint-Jean-du-Cardonnay. — Le Houlme (Seine-Inférieure).

1089 Paysage, Dauphiné. — 800 fr.
1090 Paysage, Dauphiné. — 800 fr.

FERRACI (Antoine), né à Bonifacio. — 182, rue Legendre, 17e.

1091 Bohémienne. — 3.000 fr. sans le cadre.
1092 Femme à la perruche. — 1.800 fr. sans le cadre.

FERRIER (Maurice-Henry-Franck), né à Mustapha. — Pointe de Faverolles, Montdidier (Somme).

1093 Paysage sud-algérien. — 300 fr.
1094 Une nuit dans le sud-algérien. — 300 fr.

FIALIN (Georges), né à Moulins. — 15, rue de Maubeuge, 9e.

1095 Paysage. — 450 fr.
1096 Coucher de soleil sur mer d'Orient. — 850 fr.

FILASTRE-DUMONT (Gérard), né à Cussac. — 121, rue St-Lazare, 8e.

1097 Village du Midi. — 1.500 fr.
1098 La rue Ravignan (Montmartre). — 1.500 fr.

FILLON (Arthur), né à Lorris. — 9, rue Campagne-Première, 14e.

1099 Nature morte. — 1.800 fr.
1100 Composition. — 2.000 fr.

FLAMENT (Roger-Alex.), né à Bourg-la-Reine. — 23, rue du Départ, Meudon.

1101 Pont des trous, Tournai (Belgique) (gravure bois). — Appartient à l'auteur.
1102 Etude (gravure bois). — Appartient à l'auteur.

FLAUBERT (Louis-Eugène-Marie), né à Paris. — 44, r. Daguerre, 14e.

> **1103** Les pierres s'animent, décoration pour une pièce
> d'eau (haut-relief plâtre). — 2.500 fr.
> **1104** Chloë (statuette plâtre). — 200 fr.

FLEURY (Charles-Léon), né à Saint-Satur. — 17, avenue de Gennevilliers, Colombes.

> **1105** Panier de pommes. — 600 fr.
> **1106** Villa Beauséjour, à Saint-Brévin. — 500 fr.

FLEURY (Louise-Andrée), née à Paris. — Villa Sainte-Catherine à Vaudry, près Vire (Calvados).

> **1107** Le vieux châtaignier (Ille-et-Vilaine).
> **1108** Nuées d'orage sur le cap Fréhel (pris des Ébihens).
> 1.200 fr.

FLEURY (Pierre), né à Boulogne-sur-Seine. — 94, avenue du Roule, Neuilly (Seine).

> **1109** Crépuscule d'orage. — 2.000 fr.
> **1110** Côte sauvage. — 4.000 fr.

FLORIAS (Tin), né à Corfou. — Grec. — 27, rue Tholozé, 18e.

> **1111** Moulin de la Galette. — 2.000 fr.
> **1112** Portrait de M. Perdriel. — Appartient à M. P.

FLOURENS (Renée), née à Paris. — 49, rue de Passy, 16e.

> **1113** Musique. — 1.000 fr.
> **1114** Versailles. 500 fr.

FONSECA (Gaston de), né à Rio-de-Janeiro. — Français. — 53, rue Beaunier, 14e.

> **1115** Portrait de Mme de R.

FONSECA (Solange de), née à Paris. — 53, rue Beaunier, 14e.

> **1116** Portrait de R.-S. de F.

FONTAINAS (Andrée), née à Paris. — 54, avenue de Saxe, 15e.

> **1117** Le supplice de Tantale. — 800 fr.
> **1118** Paysage. — 600 fr.

FONTAINAS (Marguerite), née à Bruxelles. — 21, avenue Mozart, 16e.

    1119 Paysage (pastel).
    1120 Nature morte (pastel).

FONTAINE (Gaston-Maurice), né à Tours. — 81, avenue de Livry, Sevran.

    1121 Portrait d'Espagnole. — 500 fr.
    1122 Paysage.

FONTINELLE (Jean de la), né à Londres. — 150, avenue du Roule, Neuilly-sur-Seine.

    1123 Nature morte (pastel). — 700 fr.
    1124 Nature morte (pastel). — 500 fr.

FOREST (Flavien), né à Paris. — 15, rue de Marignan, 8e.

    1125 Vallée de Crozant (Creuse). — 5.000 fr.
    1126 Vieilles maisons à St-Benoît-du-Saut. — 1.000 fr.

FORNEROD (Rodolphe), né à Lausanne. — Suisse. — 40, avenue Junot, 18e.

    1127 Figure. 3.000 fr.
    1128 Paysage. — 3.000 fr.

FOSTER (Leona-Adelaïde), née à Boston, Massachusets. — Américaine. — Chez Mme Dodel Faure, La Sauvetat (Puy-de-Dôme).

    1129 Rue à La Sauvetat. — 800 fr.
    1130 Le jardin dans l'automne. — 600 fr.

FOUCAULT (Georges), né à Montereau. — 22 bis, avenue Carnot, Villeneuve-Saint-Georges (S.-et-O.).

    1131 Nature morte. — 300 fr.
    1132 Nature morte. — 300 fr.

FOUGÈRE (Germaine), née à Paris. — 38, rue Falguière, 15e.

    1133 Motif décoratif pour le hall d'une auberge en Provence. — 4.000 fr.

FOULET (Louis), né à Montluçon. — 54, rue Lamartine, 9e.

    1134 Térénez, baie de Morlaix. — 500 fr.
    1135 Herbilly, la tour. — 300 fr.

FOURNIER (Anaïs-Marie), née à Paris. — Hôtel, 19, quai Voltaire, 7ᵉ.

1136 Le pont Neuf. — Appartient à l'auteur.
1137 Le pont Marie. — Appartient à l'auteur.

FOURNIER (Gabriel-Francisque), né à Grenoble. — 5, impasse de Guelma, 18ᵉ.

1138 Paysage d'automne. — 2.800 fr.
1139 Figure.

FOY (Roger), né à Paris. — 71, avenue de Villiers, 17ᵉ.

1140 Une vitrine contenant des bijoux et des pommeaux de canne, ivoire.

FRACNEL (Emile), né à Paris. — 67, boulevard Beauséjour, 16ᵉ.

1140 *bis* Fleurs des champs. — 300 fr.
1140 *ter* Petite femme angevine.

FRAGNAUD (Georges-Jean), né à Tonnay-Charente. — 3, rue Vercingétorix, 14ᵉ.

1141 Nus dans un paysage.
1142 Baigneuse.

FRAISSE (Mᵐᵉ Suzanne), née à Paris. — 19, avenue de la Tourelle, Saint-Mandé (Seine).

1143 Le batelier amateur. — 5.000 fr.
1144 Chrysanthèmes. 600 fr.

FRANC (Pierre), né à Fontenay-aux-Roses. — 24, rue Fabert, 7ᵉ.

1145 Les roses blanches. — 400 fr.
1146 Les roses rouges. — 400 fr.

FRANCK (Arthur), né aux Etats-Unis. — Américain. — 50, rue Vercingétorix, 14ᵉ.

1147 Dans l'atelier.
1148 Etude de femme. — 2.000 fr.

FRANCK (Henri), né à Grenoble. — Chez M. François Flandrin, 38, rue Lépante, Nice.

1149 Nature morte au raisin bleu. — 500 fr.
1150 Un coin de Falicon, 1923. — 400 fr.

FRANÇOIS (Georges), né à Saint-Gourgon. — 4, rue Aumont-Thiéville, 17°.

1151 Baigneuses. — 1.000 fr.
1152 Paysage. — 1.000 fr.

FRANÇOIS (Léon-Marius), né à Lyon. — 1, rue St-Éleuthère, 18°.

1153 Montmartre, rue Saint-Éleuthère. — 900 fr.
1154 Montmartre, r. du Chevalier-de-la-Barre. — 850 fr.

FRÉMONT (Pierre), né à Paris. — 79, rue du Temple, 3°.

1155 Femme et paons (bois peint). — 2.000 fr.
1156 Vénus et canards. — 1.500 fr.

FRENKEL (Alexandre), né à Odessa. — Russe. — 17, boulevard Garibaldi, 15°.

1157 Composition A. — 1.000 fr.
1158 Composition B. — 1.000 fr.

FRENNE (Ernest-F. de), né à Bruxelles. — Belge. — 4, allée Maurice, Le Raincy (S.-et-O.).

1159 Fleurs. — 800 fr.
1160 Intérieur. — 800 fr.

FROLICH (Charles), né à Paris. — Suisse. — 17, avenue Trudaine, 9°.

1161 Mon jardin. — 700 fr.
1162 Église de Criquebœuf. — 600 fr.

FROMENT (Mme Jeanne), née à Lagny. — 72, rue Rochechouart, 9°.

1163 Capucines. — 550 fr.
1164 Fleurs. — 600 fr.

FRY (Mlle E.-M.), née en Angleterre. — Australienne. — 31, Carlingford Road, London N. W. 3.

1164 *bis* Dans l'atelier. — 7.500 fr.

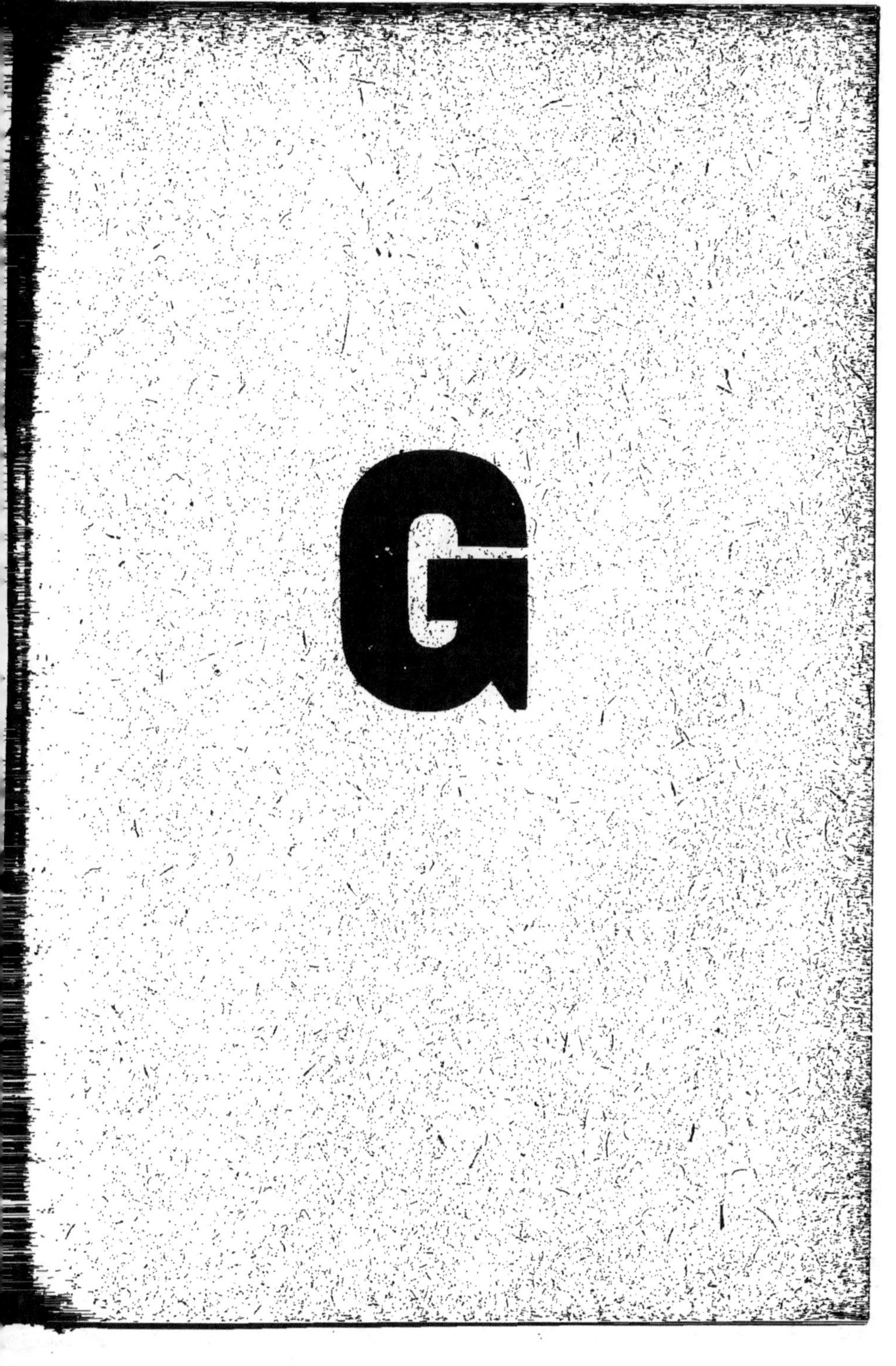
G

GABORIAUD (Josué), né à Paris. — La Faisanderie, par Achères, (S.-et-O.).

1165 Nu. — Appartient à M. A. G.
1166 Etude. — Appartient à M. B.

GABRIEL-BELOT, né à Paris. — 46, rue Hippolyte-Maindron, 14°.

1167 Le moulin. — 1.500 fr.
1168 La gerbe de fleurs. — 1.500 fr.

GAI (Stano), né à Pétrograd. — Polonais. — 6, rue Ponchet, 17°.

1169 Avanti. — 10.000 fr.
1170 Touf-touf.

GAIGNERON (Jean de), né à Paris. — 3, pl. du Palais-Bourbon, 7°.

1171 Portrait de M. François Mauriac. — 3.000 fr.
1172 Nu. — 4.000 fr.

GAILLARD (Paul-Benoit), né à Langres. — 7, r. Edouard-Jacques, 14°.

1173 La tentation. — 1.500 fr.
1174 Paysage. — 600 fr.

GAILLIARD (Jean-Jacques), né à Bruxelles. — Belge. — 41, rue Royale, Bruxelles.

1175 Igor Stravinsky. — 2.500 fr.
1176 Portrait. — 2.500 fr.

GALANIS (Démétrius), né à Athènes. — Français. — 12, rue Cortot, 18°.

1177 Nu. — 3.000 fr.

GALEANI (Jean), né à Montpellier. — 74, rue de Turenne, 3°.

1177 bis L'Œuvre du Capital (la Victoire, la Défaite).
1177 ter Club sportif (maquette plâtre), (projet pour béton armé).

GALLINA (Eugène), né à Paris. — 6, rue de la Sablière, 14°.

1178 Bords du Loir. — 900 fr.
1179 Nature morte. — 800 fr.

GALLOY (Emile), né à Ligny-en-Barrois. — 73, boul. Magenta, 10°.

    1180 Le nuage (appartient à l'auteur. — 1.000 fr.
    1181 Les cyprès de la Turbie. — 800 fr.

GARBAN (André), né à Saint-Amand-Mont-Rond. — 3, rue Alfred-Stevens, 9°.

    1182 Crozant, les bords de la Sedelle. — 450 fr.
    1183 Soir d'automne sur le Cher. — 300 fr.

GARDINER (Anna), née en Angleterre. — Anglaise. — 8 bis, rue Campagne-Première, 14°.

    1184 Intérieur, le fauteuil blanc. — 1.500 fr.
    1185 Petite ferme à Romsey (Angleterre. — 500 fr.

GARDNER (Mabel), née à Providence. — Américaine. — 36, avenue de Châtillon, 14°.

    1186 Figure (plâtre).
    1187 Tête (terre cuite).

GARIN (Paul-Jean-Pierre), né à Nice. — 7, rue Delille, Nice.

    1188 Etude de vieille femme. — 2.000 fr.
    1189 Paysage (Biot). — 600 fr.

GARLAND (Ida), née à Annapolis. — Américaine. — 155, boulevard Montparnasse, 14°.

    1190 Le fils de Mohamed. — 3.000 fr.
    1191 La fille de la forêt. — 1.000 fr.

GARNIER (Maurice), né à Royan. — 18, rue Vineuse, 16°.

    1192 Paysage. — 600 fr.
    1193 Etude. — 600 fr.

GARNOT (André-Sainte-Fare), né à Paris. — 23, boulevard Gouvion-Saint-Cyr, 17°.

    1194 Théâtre. — 400 fr.
    1195 Paysage. — 400 fr.

GARREAU (Georges-Raoul-Emile), né à Paris. — 143, avenue Félix-Faure, 15°.

    1196 Volendam, le retour. — 800 fr.
    1197 Ouessant, après la tempête. — 400 fr.

GARY (Lucien), né à Vichy. — 10, rue de l'Eglise, Asnières.

    1198 Paysage. — 500 fr.
    1199 Peinture. — 500 fr.

GASPARD-MAILLOL, né à Barcelone. — Français. — 39, rue de Tascher, Le Mans.

    1200 Après-midi d'été à Banyuls. — 1.500 fr.
    1201 Petite ferme sarthoise. — 800 fr.

GASSE (Christian), né à Maintenon. — 39, rue d'Asnières, La Garenne-Colombes (Seine).

    1202 Mimosas (pastel). — 500 fr.
    1203 Lilas (pastel). — 500 fr.

GASSET-OUSSET (Hélène), née à Cazarilh. — 22, rue Peyras, Toulouse.

    1204 Plumes de paon (tapis point noué main). — 2.500 fr.
    1205 Pavots (tapis point noué main). — 1.800 fr.

GATIER (Pierre-Louis-Antoine), né à Toulon. — Chez Marcel Guiot et C¹ᵉ, 4, rue Volney, 2°.

    1206 Paysage. — 1.500 fr.
    1207 Paysage. — 1.500 fr.

GAUCHON (Ernest-François), né à Saint-Coutant. — 75, boulevard de Grenelle, 15°.

    1208 Falaise. — 1.000 fr.
    1209 Paysage. — 1.000 fr.

GAUDEAUX (Léon), né à Blâmont. — 45, rue Vandamme, 14°.

    1210 Nature morte. — Appartient à M. X.
    1211 Paysage. — Appartient à M. X.

GAUDET (Raymond), né à Grenoble. — Cagnes-sur-Mer (A. M.).

> 1212 Vinay (Isère). — 600 fr.
> 1213 Cagnes. — 600 fr.

GAUDINOT (Henri-Auguste), né à Neuilly-sur-Seine. — 59, rue Chardon-Lagache, 16°.

> 1214 Paysage breton. — 800 fr.
> 1215 Paysage breton. — 1.000 fr.

GAUDION (Georges), né à Toulouse. — 19, rue du Taur, Toulouse.

> 1216 Vieilles maisons à Rabastens. — 600 fr.
> 1217 La petite place (penne du Tarn). — 600 fr.

GAULET (Henry), né à Paris. — 84, chaussée de l'Etang, Saint-Mandé (Seine).

> 1218 L'Anier. — 600 fr.
> 1219 Printemps aux environs de Paris. — 500 fr.

GAUTHIER (Alfred), né à Bricey-lès-Gy. — 32, boulevard de la Courtille, Chartres.

> 1220 Soleil couchant à Saint-Guénolé. — 700 fr.
> 1221 Port de pêche en Bretagne, Audierne. — 1.200 fr.

GELIN-BERGE (Mme Alice), née à Toulon. — 14, rue de l'Armorique, 15°.

> 1222 Cadmiums et cobalts. — 850 fr.

GÉLOT (Raymonde), née à Levallois-Perret. — 23, rue Jouffroy, 17°.

> 1222 bis Chrysanthèmes. — 300 fr.
> 1222 ter Cygne et anémones. — 300 fr.

GEN (Sébastien), né à Maréville. — 94, boul. de Port-Royal, 5°.

> 1223 Portrait du poète Révérand. — Appartient à E. Révérand.
> 1224 Les quais de la Seine. — Appartient à Me Boiteux.

GENEVRAY (Louis), né à Dijon. — 4, avenue de Ségur, 7°.

> 1225 Route de Provence. — 1.000 fr.
> 1226 Marée montante, Bretagne (paysage. — 600 fr.

GENNARO (Gaëtan de), né à Naples. — Italien. — 18, avenue Rachel, 18e.

    1227 Noël à Val de Pompéi. — 10.000 fr.
    1228 La rue des Sépulcres, Pompéi. — 4.000 fr.

GENTA (Hyacinthe), né à Turin. — Italien. — Artistic-villa, 48, rue Etienne-Marcy, 20e.

    1229 Les pommes. — 1.350 fr.
    1230 Joies maternelles. — 1.350 fr.

GENTIL (Alphonse), né à Metz. — 60, boulevard de Clichy, 18e.

    1231 Portrait de jeune fille (ma cousine). — Appartient à l'auteur.
    1232 Toile décorative. — 1.000 fr.

GENTILS-CAMBY (Edouard), né à Dax. — 9, rue Campagne-Première, 14e.

    1233 Poésie. — 4.000 fr.

GEOBELOUET (Lyka), née à Paris. — 1, rue Madame, 6e.

    1234 Jonquilles. — 500 fr.
    1235 Roses. — 500 fr.

GEORGE (J.-A.), né à Baccarat. — 3, rue Brodelet, Gagny (S.-et-O.)

    1236 Jeune fille à la source. — 400 fr.
    1237 La vallée de la Marne à Château-Thierry. — 400 f.

GEORGÉLISE. — né à Oran. — 19, rue de Tournon, 6e.

    1238 Pierrot, pierrette. — 250 fr.

GEORGESON (Mme Christine), née à Paris. — Américaine. — 10, rue Neuve, Versailles.

    1239 Scènes d'enfants. — 300 fr.
    1240 Scènes d'enfants. — 300 fr.

GÉRARDIN (Emile-Edmond), né à Paris. — 34, rue de Vouillé, 15e.

    1241 Portrait de M. le lieutenant Maujonnet. — Appartient à M. Maujonnet.
    1242 Paysage. — 500 fr.

GÉRAUD (Marguerite), née à Saint-Brieuc. — 57, boulevard' Beauséjour, 16°.

    1243 Les chrysanthèmes. — 700 fr.
    1244 Les zinnias. — 550 fr.

GERBAUD (Abel), né à Paris. — 38 bis, rue Pierre-Guérin, 16°.

    1245 Le petit port dans la fenêtre. — 3.500 fr.
    1246 Les tartanes. — 1.500 fr.

GERBER (Pierre), né à Paris. — 2, rue de Ponthieu, 8°.

    1247 Nu aux coussins bleus. — 3.500 fr.
    1248 Etude. — 2.000 fr.

GERBER (Yvonne), née à Marseille. — 214, boul. Raspail, 14°.

    1249 Paravent en batig. — 600 fr.

GERHARDT (Louis-Charles-Victor), né à Saumur. — 36, rue de
l'Arcade, 8°.

    1250 La Seine monte. — 600 fr.
    1251 Ile Saint-Honorat. — 500 fr.

GERMANAZ (Maximilien), né à Paris. — 9, rue Jean-Jaurès, Rosny-
sous-Bois (Seine).

    1252 Chryanthèmes. — 550 fr.
    1253 Etude de lilas. — 250 fr.

GERNEZ (Paul-Elie), né à Valenciennes. — Le Châlet, Honfleur
(Calvados).

    1254 Peinture.
    1255 Peinture.

GERSHON (Léon), né à Londres. — Anglais. — 3, rue Rodier, 9°.

    1256 Paysage. — 700 fr.

GHAZAR (Dora), née à Constantinople. — Française. — 33, rue
George-Sand, 16°.

    1257 Eucalyptus. — 1.000 fr.

GHELARDUCCI (Guilio), né à Livorno. — Italien. — Chez M. C. Bouchard, 14, rue Bidel, Asnières (Seine).

1258 Raggio di Sole. — 1.200 fr.
1259 Passegiata. — 500 fr.

GHYS (Magdeleine-Gabrielle), née à Paris. — 79, rue des Martyrs, 18e.

1260 Nu. — 650 fr.
1261 Paysage. — 125 fr.

GIBERT (Lucien-Louis), né à Saint-Étienne. — Dernière Villa, avenue Benoît-Charvet, Saint-Étienne.

1262 Un poilu à l'attaque (sculpture, statuette en tilleul). — 5.000 fr.
1263 Buste de Mme G. (sculpture plâtre). — Appartient à Mme G.

GIL BAER, né à Strasbourg. — 13, boulevard Saint-Michel, 5e.

1264 Au tombeau de Rodin. — 1.500 fr.
1265 Portrait de Georges de la Fouchardière. — Appartient à l'auteur.

GILBERT (René), né à Chantelle. — 11, rue Boinot, 18e.

1265 *bis* Danseuse. — 3.000 fr.

GILDAS (G.), née à Marseille. — 7 *bis*, rue Lalo, 16e.

1266 Compiègne. — 2.000 fr.
1267 Salins. — 2.000 fr.

GILLES (Yvonne), née à Paris. — 4 *bis*, avenue J.-B.-Clément, Boulogne-sur-Seine.

1268 Baigneuses. — 3.000 fr.
1269 Portrait. — Appartient à Mme B.

GIL-MARCHEX (Jeanne), née à Tulle. — 4, rue Michel-Ange, 16e.

1270 Portrait. — 800 fr.
1271 Etude. — 800 fr.

GILOT (Charles-Claude), né à Paris. — 5, avenue Baudoin, Asnières.

1272 Paysage. — 600 fr.
1273 Paysage. — 600 fr.

GIBSON (Bessie), née en Queensland (Australie). — Ecossaise. — 8 bis, rue Campagne-Première, 14e.

1274 Portrait. — 2.000 fr.
1275 Le dessert. — 1.000 fr.

GIMOND (Marcel), né à Tournon. — 25, rue Turgot, 9e.

1276 Figure nue (bronze). — 6.000 fr.

GIORDANO DI PALMA (Léon-Jean), né à Marseille. — 28, faubourg Saint-Honoré, 8e.

1277 Rue à Rabat. — 3.500 fr.
1278 Rue à Casablanca. — 6.000 fr.

GIOT (Henri), né à Paris. — Carolles (Manche).

1279 Paysage. — 1.000 fr.
1280 Paysage. — 1.000 fr.

GIR (Charles-P.-Félix), né à Tours. — 17, rue La Rochefoucauld, 9e.

1281 Danse. — 2.000 fr.
1282 Music-hall. — 2.000 fr.

GIRAN-MAX (Léon), né à Paris. — 6, rue Coustou, 18e.

1283 Peinture. — 3.000 fr.
1284 Peinture. — 3.000 fr.

GIRARD (Louis), né à Dourdan. — Imprimerie Viale, 131, rue de Vaugirard, 15e.

1285 En Bigorre. — 800 fr.
1286 Vue vers Notre-Dame de Paris. — 400 fr.

GIRARD (Pierre), né à Dijon. — 2, rue Antoine-Dubois, 6e.

1287 Au bord de la Vézère, Uzerche. — 600 fr.
1288 Vieille rue à Uzerche. — 500 fr.

GIRONDE (Gabriel de), né à Rodez. — 46, rue de Tolbiac, 13e.

1289 Brumes sur la Dordogne. — 800 fr.
1290 Crépuscule (pastel-. — 400 fr.

GIVRY (Jean-Raphaël de), né à Paris. — 180, quai d'Auteuil, 16e.

1291 Courses à Auteuil, le tournant de Passy. — 400 fr.
1292 Auteuil, le chat du pesage. — 200 fr.

GLASSER (Louis-Eugène), né à Belfort. — 37, boulev. Henri-IV, 4e.

1293 Marine, Saint-Tropez. — 500 fr.
1294 Paysage, Saint-Tropez. — 600 fr.

GLATZER (Simon), né à Dribine. — Russe. — 3, rue Vercingétorix, 14e.

1295 Le panier à salade. — 6.000 fr.
1296 Noce russe. — 4.000 fr.

GLEASON (Helen-Baldwin), née à Philadelphie. — Américaine. — 2033, Chestnut street, Philadelphie, Pensylvanie, U. S. A.

1296 *bis* Palmiers au soleil, La Floride. — 50 fr.
1296 *ter* Le cours de la rivière, La Floride. — 50 fr.

GODET (Maurice), né à Saint-Saturnin. — 25, avenue Pasteur, Montreuil-sous-Bois (Seine).

1297 Les oudaïas, à Rabat (Maroc). — 275 fr.
1298 Porte de Chellah, à Rabat (Maroc). — 375 fr.

GOERG (Edouard), né à Sydney. — Français. — 5, rue José-Maria-de-Hérédia, 7e.

1299 Les boulevards.
1300 Le gourmand.

GOICHOT (Mme Louise), née à Paris. — 30, rue Caulaincourt, 18e.

1301 Goûter au jardin. — 600 fr.
1302 Dessus de porte. — 350 fr.

GOLDNER (Edouard), né à Paris. — 7, rue Cardinet, 17e.

1303 La petite chaumière (Normandie). — 500 fr.
1304 Le barrage de Samois (Seine-et-Marne). — 700 fr.

GONDOUIN (Emmanuel), né à Versailles. — 51, rue de Passy, 16e.

1305 Portrait d'Albert Josipovici. — Vendu.
1306 Palmeraie. — 9.000 fr.

GOODSIR (Agnes-Noyes), née en Australie. — Anglaise. — 18, rue de l'Odéon, 6e.

1307 Le salon bleu. — 1.200 fr.
1308 Le petit déjeuner. — 1.200 fr.

GOOSSENS (Marcel), né à Liège. — Belge. — 51, rue des Arts, Levallois-Perret (Seine).

1309 Peinture (paysage). — 500 fr.
1310 Peinture. — 300 fr.

GOSSELIN-CIZALETTI (Emilie), née à Paris. — 18, r. Tronchet, 8e.

1311 Vitrine comprenant :

1. Face à main. — 150 fr.
2. Chaîne avec motifs sculptés anneaux or. — 230 fr.
3. Bracelet argent (marguerite). — 200 fr.
4. Bracelet égyptien. — 225 fr.
5. Boucles d'oreilles argent doré (grosses topazes). — 175 fr.
6. Boucles d'oreilles céramique (roses). — 75 fr.
7. Boucles d'oreilles céramique (argent). — 75 fr.
8. Boucles d'oreilles égyptiennes, argent doré. — 150 fr.
9. Broche argent (soufflure). — 75 fr.
10. Broche argent (soufflure). — 75 fr.
11. Agrafe cuivre argenté. — 35 fr.
12. Agrafe cuivre argenté. — 35 fr.
13. Bague argent (corail). — 60 fr.
14. Bague longue, argent (turquoise). — 80 fr.
15. Bague tête, argent. — 60 fr.
16. Bague tête, argent. — 60 fr.
17. Couverture livre fil d'argent. — 80 fr.
18. Bracelet, corne sculptée. — 100 fr.
19. Chaise, bois sculpté. — 350 fr.

GOSSELIN (Marie-Josèphe), née à Châtillon-Colligny. — 214, boulevard Raspail, 14e.

1312 Château de Murols sous la neige (Auvergne) (paysage). — 350 fr.
1313 Maisons sous la neige, Auvergne (paysage). — 350 fr.

GOTLIB (Henri), né à Cracovie. — Polonais. — 54, rue Vavin, 6e.

1314 Les montagnes dans le soleil. — 1.500 fr.
1315 L'église de Sainte-Marie, à Cracovie. — 1.500 fr.

GOUEY (Mlle Henriette), née à Paris. — 20, avenue de la Reine, Boulogne-sur-Seine.

1316 Roses rouges. — 700 fr.
1317 Soucis. — 600 fr.

GOUJON (Roland), né à Avranches. — 14, avenue de la Providence, Antony (Seine).

1318 L'église de Vauhallan. — 1.200 fr.
1319 Vauhallan. — 1.000 fr.

GOUMOIS (William de), né à Bâle. — Suisse. — Riehen, près Bâle.

1320 Méditerranée. — 3.000 fr.
1321 Pêcheur grec. — 600 fr.

GOUNAROPOULOS (Georges), né à Athènes. — Hellène. — 95, rue de Vaugirard, 6e.

1322 Portrait de Mlle L. L. — Appartient à Mlle L. L.
1323 Le baiser. — 4.000 fr.

GOURMAUD (François), né à La Châtaigneraie. — 18, rue d'Orléans, 14e.

1324 Paysage. — 200 fr.
1325 Paysage. — 200 fr.

GOUTS (Henriette), née à Paris. — 68, boulevard de Lorraine, Clichy (Seine).

1326 Clocher de Sainte-Catherine, à Honfleur. — 300 fr.
— 300 fr.
1327 Le vieil hôpital et le vieux phare à Honfleur 300 fr.

GOZARE (Léon), né à Vilna. — 20, rue de la Gaîté, 14°.

1328 Fête de village.
1329 Retour de cérémonie.

GRAFF (Yvonne), née à Montreuil-sous-Bois. — 86, boulevard Diderot, 12°.

1330 Une nature morte. — 400 fr.
1331 Paysage. — 400 fr.

GRANCHET (André), né à Mende. — 38, rue Ramey, 18°.

1332 Peinture.
1333 Peinture.

GRANGER-DONILO (Geneviève), née à Tulle. — 22, rue Denfert-Rochereau, 5°.

1334 Une vitrine contenant des statuettes en plâtre.

GRANDJEAN (Henri-Etienne), né à Paris. — 246, rue des Pyrénées, 20°.

1335 Effet du soir (paysage). — 500 fr.
1336 Paysage de printemps. — 400 fr.

GRASSET (Albert), né à Rambouillet. — 17, rue Desfossez, Saint-Cloud (S.-et-O.).

1337 Printemps. — 600 fr.
1338 Après-midi, été. — 700 fr.

GRAUX (Louis-William), né à Saint-Denis. — 10, rue Vauquelin, 5°.

1339 La vallée de l'Ouche, près Dijon. — 900 fr.
1340 Les peupliers au bord de l'eau. — 1.400 fr.

GRAY (Félix de), né à Bar. — 57 *bis*, rue de Varenne, 7°.

1341 Portrait de Mme F. de G. — Appartient à l'auteur.
1342 Portrait de Mlle G. M. — Appartient à l'auteur.

GRAY (Una), née au Canada. — Canadienne. — 16, rue de la Grande-Chaumière, 6°.

1343 Au Nord-Sud. — 1.500 fr.
1344 Etude. — 800 fr.

GREBEL (Alphonse), né à Hirson. — 40, avenue Junot, 18°.

1345 Rue de l'Abreuvoir (Montmartre). — 3,000 fr.
1346 Buste de M. A.-D. G. (sculpture). — Vendu.

GRÉGOIRE (Jeanne-Aline-Maria), née à Vincennes. — 18, rue de la Fraternité, Arnouville-les-Gonesse (S. et O.).

1347 Les Chalets, Samoëns (Haute-Savoie). — 500 fr.
1348 Vue sur la vallée, Samoëns. — 450 fr.

GRÉGOIRE (Mme Martha-Henriette), née à Paris. — 18, rue de Médéah, 14°.

1349 Roses et livre. — 200 fr.
1350 Bouquet d'anémones (médaillon). — 150 fr.

GRELIAT (René), né à Saint-Jean-d'Angély. — 35, rue Boulard, 14°.

1351 Les petites baigneuses. — 500 fr.
1352 La première baignade. — 1,500 fr.

GRENIER (Albert), né à Neuilly-sur-Seine. — Montaigu-Villiers-sur-Morin (S.-et-M.).

1353 Les poupées. — 1,200 fr.
1354 Vieux moulin sur le Grand-Morin. — 800 fr.

GRENIER (Henry), né à Chambon. — 18, rue d'Orléans, Neuilly-sur-Seine.

1355 Le fort de Penthièvre, Quiberon. — 200 fr.
1356 Lande de bruyères (Morbihan). — 200 fr.

GREUILLET (Mme Marie), née à Paris. — 47, rue Blomet, 15°.

1357 Etude de jeune femme. — 600 fr.
1358 Etude de coquillages. — 200 fr.

GRIBOUVAL (Auguste-Jean), né à Liége. — Français. — 105, avenue d'Orléans, 14°.

1359 Portrait.
1360 Luzency-sur-Marne.

GRIERSON (Mlle Margaret), née en Angleterre. — Anglaise. — Tillingo, Surrey (Angleterre).

1361 Arbres gris. — 200 fr.
1362 L'église rouge. — 700 fr.

GROGNET (Amédée), né à Woincourt. — 18, rue Ernest-Cresson, 14e.

1363 La place de l'Eglise à Friville (Somme). — 600 fr.
1364 Le vieux moulin (Picardie). — 500 fr.

GRÖLL (Mlle Henriette), née à Grenoble. — 1, avenue d'Alsace-Lorraine, Grenoble (Isère).

1365 Paysage, la vasque. — 500 fr.
1366 Jacqueline dans l'herbe. — 500 fr.

GROMAIRE (Marcel), né à Noyelles-sur-Sambre. — 30, rue Delambre, 14e.

1367 La loterie foraine.

GRUET (Mlle Simone), née à Saint-Dié. — 9, rue Campagne-Première, 14e.

1368 Fleurs. — 1.000 fr.
1369 Peinture. — 1.200 fr.

GRUZEWSKA (A.), née en Pologne. — Française. — 90, rue d'Assas, 6e.

1370 Une petite bergère (en bronze). — 3.000 fr.
1371 Une jeune fille (en bronze). — 3.000 fr.

GSELL (Albert), né à Paris. — 6, rue des Mortes-Fontaines, Chaville (S.-et-O.).

1372 Le bois de Meudon. — Appartient à M. J. G.
1373 La maison carrée. — Appartient à Mme O.

GUASTALLA (Pierre), né à Saint-Cloud. — 27, rue Vital, 16e.

1374 Saint-Jean-de-Luz (B.-P.), le port. — 1.500 fr.
1375 Un village en Bretagne, près de Crozon (Finistère). — 1.500 fr.

GUÉGUEN (Suzanne), née à Morlaix. — 19, rue Racine, 6°.

1376 Tulipes et oranges. — 500 fr.
1377 Près de Paris. — 500 fr.

GUELDRY (Charles-Albert), né à Amiens. — 10, rue François-Guibert, 15°.

1378 Amour maternel (pastel). — 4.000 fr. sans cadre.
1379 Bords de la Seine. — 2.000 fr.

GUELLIER (Henri), né à Mazangé. — 63, avenue Mozart, 16°.

1380 Bœufs au labour, Tillard (Oise). — 500 fr.
1381 La chevrière, Cernay-la-ville. — 350 fr.

GUÉNOT (Auguste), né à Toulouse. — 68, boulevard Edgar-Quinet, 14°.

1382 Torse de jeune fille (bois citron du Congo).

GUÉRIN (Charles), né à Sens. — 1, rue Leclerc, 14°.

1383 Dames au chien blanc.
1384 Baigneuses.

GUÉRIN LE GUAY (André), né à Paris. — 29, rue Gabrielle, 18°.

1385 Venise, la Salute. — 1.200 fr.
1386 Venise, arrivée de Mussolini, le 2 juin 1923. — 1.200 fr.

GUERRIER (Pierre), né à Clamecy. — 20, rue des Martyrs, 9°.

1387 Le hameau de la reine (la laiterie), Versailles. — 500 fr.
1388 La leçon de danse dans un parc. — 250 fr.

GUGGENBÜHL (Walter-Théodore), né à Zurich. — Suisse. — 11, rue du Commandeur, 14°.

1389 Composition. — 2.000 fr.
1390 Peinture. — 700 fr.

GUICHARD (Laure), née à Angoulême. — 59, avenue Wilson, Angoulême (Charente).

1391 En Corse. — 500 fr.

GUIGNARD (Georges), né à Paris. — 2, rue Aumont-Thiéville, 17e.

1392 Défunt Pernod. — 4.000 fr.
1393 Portrait de Mme Lucie Wolsfeld. — Appartient
à Mme X.

GUILLAIN (Marthe), née à Charleroi. — 3, av. de la Mésange,
Nogent-sur-Marne (Seine).

1394 Peinture. — 2.500 fr.
1395 Peinture. — 1.000 fr.

GUILLAUME (Georges-Charles), né à Paris. — 37, boul. de la
Liberté, Le Perreux (Seine).

1396 Route de Saint-Nectaire. — 800 fr.
1397 Ile d'Yeu. — 800 fr.

GUILLAUMET (Yvonne), née à Paris. — 47, rue de Passy, 16e.

1398 Vendanges. — 2.800 fr.

GUILLEMONT (Michel-Georges), né à Châteauroux. — 73, av. des
Poilus, Châteauroux (Indre).

1399 Cimetière de Gabès (Tunisie). — 250 fr.
1400 Portrait du sous-lieutenant Taif. — Appartient
au sous-lieutenant Taif.

GUILLON (Paul), né à Paris. — 20, boul. de Port-Royal, 5e.

1401 Coin de marché (Midi-. — 700 fr.
1402 Figures. — 400 fr.

GUILLOUX (Charles), né à Paris. — 26, r. de la Cour-des-Noues, 20e.

1403 Canal. — 600 fr.
1404 Les peupliers. — 600 fr.

GUINHALD (Bernard de), né à Saint-Calais. — Villa Léopold, La
Turbie (Alpes-Maritimes).

1404 *bis* Un jardin sous la neige. — 800 fr.
1404 *ter* Une pergola sur la Riviera. — 800 fr.

GUINNESS (Mary), née à Tibradden (Dublin). — Irlandaise. —
Hôtel de la Haute-Loire, 203, boul. Raspail, 14e.

1405 Paysannes irlandaises. — 1.000 fr.
1406 Nature morte. — 1.000 fr.

GUIRAUD (Madeleine), née à Paris. — 11, rue de l'Arc-de-Triomphe, 17e.

1407 Paysage du Lauraguais. — Appartient à M. S. G.
1408 Portrait.

GUIRAUD (Mme Suzanne-Noémie), née à Caramès. — Le Presbytère,
Val Thoré, Saint-Amans-Soult (Tarn).

1409 Etude de vieille femme du pays castrais.
1410 Impression de voyage (aquarelle).

GUSHCHIN (Nicolas), né à Viatca. — Russe. — 40, rue de Rochechouart, 9e.

1411 Peinture. — 10.000 fr.
1412 Printemps.

GUY-LOE (Maurice), né à Lyon. — 14, rue La Fontaine, Fontenay-aux-Roses (Seine).

1413 Eté.

GUYOT (Georges-Lucien), né à Paris. — 13, place Emile-Goudeau, 18e.

1414 Jouy-le-Moûtier (S.-et-O.) (paysage). — 1.000 fr.
1415 Orang-outang (sculpture).

GUYOT (Georges-Marie), né à Stainville. — 9, rue Chasseloup-Laubat, 15e.

1416 Bandol (Var), Graviers et l'île Rousse. — 400 fr.
1417 Bandol, le vieux quartier. — 250 fr.

GYANINY (Geo), né à Paris. — 19, rue d'Orsel, 18e.

1418 La rue droite à Najac. — 500 fr.
1419 Vieilles maisons à Najac. — 500 fr.

1924 - CATALOGUE - 1924

SERVICE DES VENTES
A L'EXPOSITION

Tous les ouvrages mentionnés au présent catalogue sont offerts au public aux prix désignés par les artistes sans interposition d'aucun intermédiaire.

Ces prix ne subissent aucune majoration. Les acquisitions sont exemptes de tous droits, taxes ou impôts.

MM. les visiteurs trouveront au Secrétariat de l'Exposition tous renseignements concernant la vente des œuvres exposées.

L'Administration de la Société se charge d'aviser les artistes des ventes effectuées ainsi que de la transmission des offres qui pourraient être faites en vue de la réalisation de commandes ou de l'acquisition des ouvrages exposés.

Les bureaux du Secrétariat de l'Exposition
se trouvent au rez-de-chaussée,
au fond de la Galerie Victor-Emmanuel
(côté Cours la Reine)

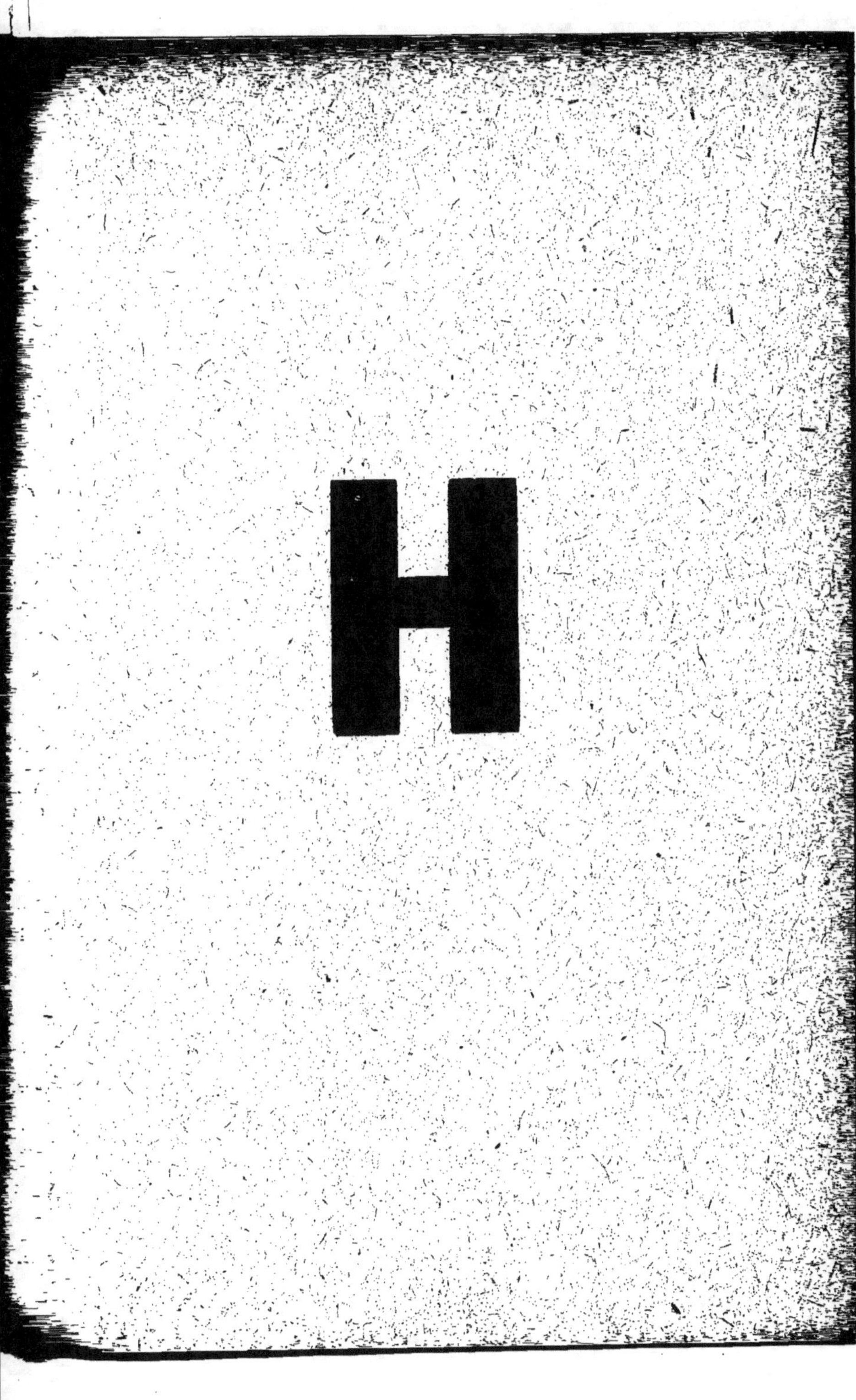

NOTES

HAARDT (Robert), né à Naples. — Italien. — 38, rue Boileau, 16ᵉ.

1419 *bis* Le Rialto, Venise. — 2.000 fr.
1419 *ter* Le quai des Esclaves, Venise. — 2.000 fr.

HAAS (Lisette), née à Paris. — 12 *bis*, rue Pergolèse, 16ᵉ.

1420 Etude. — 900 fr.
1421 Etude. — 900 fr.

HAGNAUER (Georges), né à Paris. — 67, av. Malakoff, 16ᵉ.

1422 Entre 4 et 7. — 300 fr.
1423 Projet de décors. — 300 fr.

HALLEZ (Paul), né à Lille. — 24, rue Duhem, Lille.

1424 Belle journée. — 700 fr.
1425 Bourgade le soir en Limousin. — 750 fr.

HANDFORTH (Thomas). — Américain. — c/o Morgan Harjes, — chez M. Lefebvre-Foinet, 19, rue Vavin, 6ᵉ.

1426 La fenaison (aquarelle). — 600 fr.
1427 Le labourage (aquarelle). — 600 fr.

HANNAIS (André), né à Paris. — 237, rue Saint-Denis, 2ᵉ.

1428 Peinture. — 500 fr.
1429 Peinture. — 750 fr.

HANRIOT (Eugène), né à Montreuil-sous-Bois. — 10, rue Saigne, Montreuil-sous-Bois (Seine).

1430 Sous-bois (forêt de Vincennes).
1431 Sous-bois (forêt de Vincennes).

HANRIOT (Jules-Armand), né à Arpajon (S.-et-O.). — 16, rue Choron, 9ᵉ.

1432 Huguette. — 1.000 fr.
1433 L'initiatrice. — 4.000 fr.

HARBOE (René), né à Bordeaux. — 3, rue Vercingétorix, 14ᵉ.

1434 Peinture. — 1.500 fr.
1435 Peinture. — 1.500 fr.

HARDY (Maurice-Paul), né à Sancoins. — 85, rue Danton, Levallois-Perret (Seine).

1436 Peinture.

HARRISON (Bernard), né à Londres. — Anglais. — 89, rue de Vaugirard, 6°.

1437 Vérone. — 2.500 fr.
1438 Lac de Garde. — 2.500 fr.

HASEGAWA (Kiyoshi), né à Tokio. — Japonais. — 7, rue Montcalm, 18°.

1439 Femme se coiffant (gravure). — 350 fr.
1440 Femme au livre (gravure). — 350 fr.

HASEGAWA (Luc), né à Tokio. — Japonais. — 103, rue de Vaugirard, 6°.

1441 La cuisine de la noce. — 500 fr.
1442 Orgue de Barbarie. — 300 fr.

HASSELT (Willem Van), né à Rotterdam. — Hollandais. — 1, rue Gaillard, 9°.

1443 Intérieur. — 6.000 fr.

HAUTRIVE (Mathilde-Marguerite), née à Lille. — 66, rue Rodier, 9°.

1444 Canal à Venise. — 550 fr.
1445 Tête de jeune femme de Meknès (Maroc). — 500 fr.

HAVARD (Alfred), né à Mâcon. — 69, rue de Bagneux, Montrouge (Seine).

1446 Volupté. — 2.500 fr.
1447 Le solitaire. — 1.200 fr.

HAY (Eléanord-S.), né à Portland, Maine. — Américain. — Chez Mme Dodel, La Sauvetat (Puy-de-Dôme).

1448 Le village, Murols. — 800 fr.
1449 L'ancienne rue, Murols. — 2.000 fr.

HAYNON (Paul), né à Paris. — 7, rue des Dames, 17°.

1450 L'Orne à Clécy (Calvados). — 300 fr.
1451 Le Spitzmauer vu de la vallée du Stoder (Tyrol)
(paysage pastel). — 200 fr.

HEBERT (Charles), né à Genève. — Suisse. — 132, rue de Rennes, 6° —

1452 Bormes (Var). — 1.000 fr.
1453 Bormes (Var). — 1.000 fr.

HEBUTERNE (André), né à Meaux. — 12, rue de Seine, 6°.

1454 Etude. — 800 fr.
1455 Paysage corse. — 700 fr.

HECHT (Joseph), né à Lodz. — Polonais. — 14, cité Falguière, 15°.

1456 Freignac. — 1.000 fr.
1457 Paysage béarnais. — 900 fr.

HELENE-LEBASQUE (Hélène), né à Montévrain. — 15, av. Perrichont, 16°.

1458 Nature morte. — 600 fr.
1459 Canards. — 500 fr.

HELLESEN (Thorvald), né à Christiania. — Norvégien. — 8, impasse Ronsin, 15°.

1460 Peinture. — 1.500 fr.
1461 Peinture. — 4.000 fr.

HENG (Auguste), né à La Chaux-de-Fonds. — Suisse. — 14, av. du Maine, 15°.

1462 Danseuse (plâtre). — 10.000 fr. en marbre.
1463 Buste de Mme H. (pierre de Chauvigny)

HENNESSY (Richard), né à Paris. — Anglais. — Chemin de Bagnolet, Cognac (Charente).

1464 Bois de l'étang, Bagnolet.
1465 En printemps, Bagnolet.

HENON-RISCH (Léon), né à Paris. — 28, rue Montcalm, 18e.

1466 Nature morte. — 500 fr.
1467 Paysage. — 500 fr.

HENRIA (Mme Cécile), née à Pontfavergel. — 161, boul. Montparnasse, 14e.

1468 Fleurs. — 400 fr.
1469 Pivoines. — 300 fr.

HERAULT (Madeleine), née à Versailles. — 52, rue Royale, Versailles.

1470 Versailles, l'automne au jardin du roi. — 450 fr.
1471 Trianon (pastel). — 300 fr.

HERLAUT (Alexandre), né à Paris. — 19, av. Saint-Sylvestre, Bois-Colombes (Seine).

1472 Peinture. — 100 fr.

HERLY (Georges), né à Viroflay. — 3, rue Alexis-Fourcault, Versailles.

1473 Les toits. — 1.800 fr.
1474 Les hommages. — 1.200 fr.

HERMITE (Mlle Jeanne), née à Valence. — 6, place Victor-Hugo, Grenoble (Isère).

1475 Bateaux. — 1.000 fr.
1476 Roses. — 600 fr.

HERPIN (Robert), né aux Andelys. — 403 bis, rue de Vaugirard, 15e.

1477 Coin de grenier. — 350 fr.
1478 Reflets. — 100 fr.

HERNANDEZ (Mateo), né à Bejar. — Espagnol. — 11, r. Larrey, 5e.

1479 Une vitrine contenant des tailles directes d'après nature en granit noir, porphyre, bois d'ébène et d'acajou. — Appartient à l'auteur.
1480 Bas-relief de lions, taille directe d'après nature. — Appartient à l'auteur.

HERNANDEZ-GIRO (Juan-Emilio), né à Santiago-de-Cuba. — Cubain. — 32, rue La Fontaine, 16e.

1481 Portrait de Mlle Dulce-Maria Serret (aquarelle pure).
1482 Portrait de Mlle M. Le Blanc (aquarelle pure).

HERRY (Maurice), né à Bléneau. — 53, rue Lhomond, 5e.

1483 Paysage, Seine. — 400 fr.
1484 Paysage, Seine. — 400 fr.

HERVEY (Leslie), née en Yorkshire. — Anglaise. — Chez Mme Charbo, 96, boulevard Montparnasse, 6e.

1485 Chênes-liège. — 700 fr.
1486 Grimaud. — 700 fr.

HESSENS (Marcel), né à Paris. — 142, rue Oberkampf, 11e.

1486 bis Pointe de Bihit (Bretagne). — 1.000 fr.

HEWITT (Helen), née en Angleterre. — Anglaise. — 52, boul. Montparnasse, 15e.

1487 Etude. — 600 fr.
1488 Etude. — 400 fr.

HILLAIRET (Anatole-Eugène), né à Chay. — 23, rue Turgot, 9e.

1489 Route de Saujon (Charente-Inférieure). — 1.200 fr.
1490 Marine de Cabourg. — 1.000 fr.

HIRT (Marthe), née à Liége. — Suisse. — 83, boul. Montparnasse, 6e.

1491 Nature morte.
1492 Paysage.

HITT (Mme Lucile), née en Amérique. — Américaine. — 86, rue Notre-Dame-des-Champs, 6e.

1493 Pivoines. — 1.500 fr.
1494 Pois de senteur. — 600 fr.

HOFER (André), né à Autun. — Suisse. — 12, cité Riverin, 10e.

1495 Peinture.
1496 Peinture.

HOLY (Adrien), né à St-Imier. — Suisse. — 20, av. Félix-Faure, 15°.

1497 Nu. — 3.000 fr.
1498 Débardeurs. — 1.500 fr.

HOMBERG (Louis), né à Paris. — 6, rue Cernuschi, 17°.

1499 Un ancien type disparu du Paris moderne : le joueur d'orgue qui se prenait pour un artiste. — 800 fr.
1500 Marée montante à la couche du Chay, à Royan. — 600 fr.

HOMMET (Mme Maud-Leone du), née à Châtillon. — 14, place Fillion, 17°.

1501 Fleurs. — 300 fr.
1502 Fleurs (paysage). — 300 fr.

HOMMET (Théophile-Paul du), né à Cherbourg. — 14, place Charles-Fillion, 17°.

1503 Paysage, coucher de soleil. — 500 fr.
1504 Paysage, coucher de soleil. — 500 fr.

HONE (Evie-Sydney), né à Dublin. — Hôtel de l'Univers, 10, rue Croix-des-Petits-Champs, 1er.

1505 Peinture. — 500 fr.
1506 Peinture. — 500 fr.

HONTA (Henriette-Renée), née à Pau. — 243, boul. Raspail, 14°.

1507 Peinture. — 300 fr.
1508 Peinture. — 500 fr.

HOOG (Birger), né à Stockholm. — Suédois. — Hôtel Unic, 151, rue de Rennes, 6°.

1509 La femme triste.
1510 Ivresse.

HOREL (Eugène-Albert), né à Aubevoye. — 58, r. du Montet, Nancy.

1511 Cathédrale de Rouen. — 3.000 fr.
1512 Moisson lorraine. — 1.500 fr.

HOUETTE (Louis), né à Melun. — 62, rue Truffaut, 17°.

    1513 Soir d'été à Agay. — 400 fr.
    1514 Villa Claudine à Agay. — 400 fr.

HOURMANS (Henri), né à Vitry-sur-Seine. — 33, av. Bosquet, 7°.

    1515 Souvenir d'Orient. — 450 fr.
    1516 La Cère, à Laroquebrou (Cantal). — 428 fr.

HOURTAL (Henri), né à Carcassonne. — 7, rue de Bourbon-le-Château, 6°.

    1517 La ville. — 1.200 fr.
    1518 La rivière. — 1.200 fr.

HOUTEN (Georges Van), né à Anvers. — Belge. — 19, boul. Berthier, 17°.

    1519 Portraits.
    1520 Nu. — 2.000 fr.

HRUSKA (Jaroslav), né à Plzen. — Tchécoslovaque. — 25, rue Humboldt, 14°.

    1521 Femme à l'éventail (terre cuite).
    1522 Femme qui se peigne (pierre).

HUET DE FROBERVILLE (Henri), né à Paris. — 240, boul. Raspail, 14°.

    1523 Fin d'automne. — 1.000 fr.
    1524 Chemin ensoleillé. — 1.000 fr.

HUGARD (Salvator), né à Paris. — 52, rue La Condamine, 17°.

    1525 Le bouquet d'iris. — 800 fr.
    1526 La fille du marin. — 400 fr.

HUGUET (Numa), né à Nogent-en-Bassigny. — 8, rue de la Vacquerie, 11°.

    1527 Vue de Quiberon. — 2.000 fr.
    1528 Groupe de pêcheurs à Quiberon. — 2.000 fr.

HURARD (Joseph), né à Avignon. — 24, rue des Trois-Colombes, Avignon (Vaucluse).

1529 Martigues. — 1.000 fr.
1530 Route en Provence. — 600 fr.

HURTADO (Enrique), né à Bilbao. — Espagnol. — 11, passage de l'Elysée-des-Beaux-Arts, 18e.

1531 Peinture. — 1.000 fr.
1532 Peinture. — 1.000 fr.

HUTIN (Henri-Eugène), né à Paris. — Rue Racine, Palaiseau (Seine-et-Oise).

1533 Etude de fleurs. — Appartient à M. X.

HUYOT (Albert-Etienne-Marie), né à Paris. — 31, rue Jeanne, 15e.

1536 Village au printemps. — 650 fr.
1537 Après-midi d'été. — 850 fr.

HYDE (Mlle Lucy-Eliza), née à Gravesend Kent. — Anglaise). — 9, rue Campagne-Première, 14e.

1534 Paysage, automne. — 500 fr.
1535 Roses. — 250 fr.

Au premier étage :

EXPOSITION et VENTE de REPRODUCTIONS

"Les Artistes Indépendants"

Leurs Portraits et leurs Œuvres

par MANUEL FRÈRES et ROSEMAN

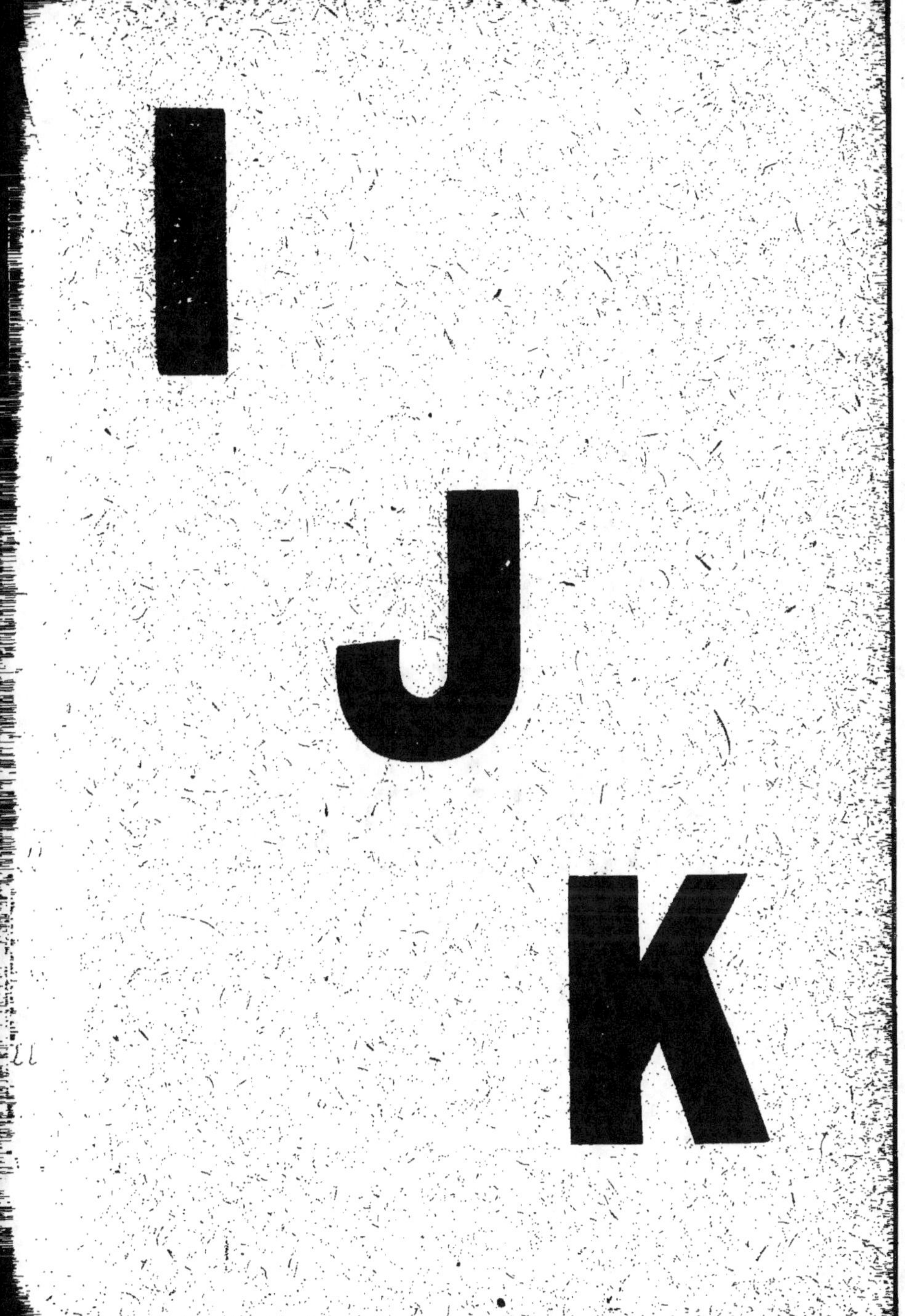
I
J
K

IASSUNINSKY (Nadine), née à Moscou. — Russe. — 43, rue de Seine, 6°.

    1538 Peinture. — 600 fr.
    1539 Peinture. — 500 fr.

IBELS (Henri-Gabriel), né à Paris. — 66, rue du Cardinal-Lemoine, 5°.

    1540 Clowns musicaux. — 1.200 fr.
    1541 Trapézistes. — 1.200 fr.

IBELS (Louise-Catherine), née à Nogent-sur-Marne. — 27, rue Monge, 5°.

    1542 Scènes du Quercy, suite d'eaux-fortes originales. — 600 fr. — Chaque eau-forte épreuve d'artiste) peut se vendre séparément 100 fr.
    1543 Nos gars bretons (deux dessins). — 500 fr.

ICHANSON (Mme Marie-Anne), née à Albi. — 1, rue Weinemer, Colmar (Haut-Rhin):

    1544 Etude.
    1545 Albi, jardin de l'archevêché. — 500 fr.

ICHÉ (René), né à Sallèles-d'Aude. — 33, rue Dutot, 15°.

    1546 Homme lisant (pierre). — 1.200 fr.
    1547 Etude de taille directe (pierre). — 600 fr.

IGOUNET DE VILLERS (Charles-André), né à Paris. — 77, rue Dareau, 14°.

    1548 D'une fenêtre du quai des Orfèvres. — 1.500 fr.
    1549 Le Pont-Neuf. — 1.500 fr.

IMBERT (Louis-Frédéric-Adrien), né à Cette. — 23, rue de Cléry, 2°.

    1550 Masque d'homme (sculpture).
    1551 Etude (sculpture).

INOUE (Fusachiro), né à Takasaki. — Japonais. — 22, rue de Tourlaque, 18e.

1552 Peinture.
1553 Peinture.

ISAAC (Laure), née à Paris. — 20, av. du Petit-Chambord, Bourg-la-Reine (Seine).

1554 Pêcheur breton. — 800 fr.
1555 Portrait de la mère de Péguy. — Appartient à l'auteur.

JACOB-HIANS (Paul), né à Paris. — 117, boul. Montparnasse, 6e.

1556 Peinture. — 1.800 fr.
1557 Peinture. — 1.800 fr.

JACQUEMOT (Charles), né à Tours. — 10, rue Seveste, 18e.

1558 La jardinière. — 4.000 fr.
1559 Œufs et poivrons. — 700 fr.

JAGER (Mlle Mary), née à Paris. — 154, rue Cardinet, 17e.

1560 Plateau à servir, paysage japonais. — 200 fr.
1561 Coussin en fustanelle, pyrogravé et peint. — 230 fr.

JACOU (Jules), né à Brest. — 43, rue Vital, 16e.

1562 Dans l'atelier. — 800 fr.
1563 Rochers de la Dilanne (Batz). — 700 fr.

JANDRON (Françoise-Louise), née à Lyon. — 35, rue de Lorraine, Saint-Germain-en-Laye (S.-et-O.).

1564 Panneau décoratif. — 1.000 fr.
1565 Le port. — 500 fr.

JANIN (Jean-François), né à Genève. — Français. — 102, avenue Victor-Hugo, 16e.

1566 Les usines. — 400 fr.
1567 Le lac. — 400 fr.

JANSSAUD (Mathurin), né à Manosque. — 15, impasse du Mont-Tonnerre (127, rue de Vaugirard), 15°.

1568 L'arrière-port, Concarneau. — 1.500 fr.
1569 Rayons du couchant, Concarneau. — 1.500 fr.

JANUSZEWSKI (Janus), né à Kolbuszowa. — Polonais. — 86, boul. des Batignolles, 17°.

1570 Porto.
1571 Luna.

JAROSZ (Romain), né à Rawa. — Polonais. — 7, rue Corneille, 6°.

1572 Notre-Dame de Paris. — 700 fr.
1573 Peinture. — 500 fr.

JAUDIN (Henri) (Membre fondateur), né à Paris. — 35, rue des Arts, Levallois (Seine).

1574 Environs de Gavarnie (Hautes-Pyrénées). — 500 fr.
1575 Landry (Savoie). — 500 fr.

JEANDENANS (Georges), né à Besançon. — 128, Faub. Saint-Martin, 10°.

1576 La roche creuse (bords de la Loue) — 700 fr.
1577 Vallée de la Loue, environs de Quingey. — 700 fr.

JEANDON (Edouard-Julien), né à Paris. — 5, rue d'Amboise, 2°.

1578 Matin de juin. — 750 fr.
1579 Etang de Villeneuve. — 700 fr.

JEANNE-ROSOY (Charlotte), née à Nancy. — 4, rue Belloni, 15°.

1580 Jeune femme et ses enfants. — 2.200 fr.

JEANNEAU (Fernand), né à Lorient. — 22, rue Jeanne-d'Arc, Cherbourg (Manche).

1581 Matinée d'hiver à Quimperlé (confluent de l'Ellé et de l'Isole). — 1.000 fr.
1582 Pont sur la Divette à Cherbourg. — 1.000 fr.

JEAN-PIERRE (Henri-Georges-Armand), né à Bayonne. — Mousserolles (Lassus), Bayonne (Basses-Pyrénées).

1583 Fandango.

JEAN-ROMAN, né à Ekaterinoslaf. — Français. — 229, boulevard Raspail, 14°.

1584 Le bouquet d'arbres (Savoie). — 1.000 fr.
1585 Montagne d'Aiguebelette (Savoie). — 600 fr.

JEAN-SOPENA (Adolphe), né à Marseille. — 49, boul. Latour-Maubourg, 7°.

1586 Baigneuse. — 500 fr.
1587 Paysage. — 300 fr.

JELLETT (Mainie-H.), née à Dublin. — Irlandaise. — 36, Fitzwilliam Sq, Dublin (Irlande).

1588 Peinture (tempera). — 300 fr.
1589 Peinture (tempera). — 700 fr.

JELSTRUP (Mme Emilie). — Danoise. — 32, rue de la République, Meudon (S.-et-O.).

1590 Baigneuses, Le Lavandou (Var), 1923. — 1.000 fr.
1591 Vieille femme. — 1.000 fr.

JENKINS (Stuart), né à Baltimore. — Américain. — 82, rue Vaneau, 7°.

1592 Nature morte (chrysanthèmes). — 2.500 fr.

JERMONT (Maurice de), né à Paris. — 49, rue de Douai, 9°.

1593 Torse de femme (plâtre), exécuté en marbre blanc. — 8.000 fr.
1594 Buste de femme (plâtre), exécuté en granit noir. 4.000 fr.

JIMENEZ (Max), né à Costa-Rica. — Costaricien. — 3, rue Vercingétorix, 14°.

1595 Sculpture granit.
1596 Sculpture bois.

JOBBÉ-DUVAL (Andrée-Marie), née à Paris. — 43, avenue de La Bourdonnais, 7e.

    1597 Fille d'Espagne. — 600 fr.
    1598 Fleurs. — 700 fr.

JOETS (Jules), né à Saint-Omer. — 97, rue de Dunkerque, St-Omer (Pas-de-Calais).

    1599 Le peintre Daniel Dourouze. — 10.000 fr.

JOHNSON (Robert-Ward), né aux Etats-Unis. — Américain. — 194, av. Michel-Bizot, 12e.

    1600 Peinture.
    1601 Composition.

JOLIVET (Lucien-Pierre). — 132, rue Réaumur, 2e.

    1602 Soir en Beauce (les chaumiers). — 500 fr.
    1603 Les peupliers. — 650 fr.

JOLLY (André), né à Charleville. — Port-Manech, par Névez (Finistère), et Galerie Balzac, 16, rue Balzac, 8e.

    1604 Peinture. — 2.000 fr.
    1605 Peinture. — 2.000 fr.

JONCHERY (Charles-Emile), né à Paris. — 3, villa Brune, 14e.

    1606 Etude (plâtre patiné).
    1607 Madone (pierre directe). — 1.800 fr.

JONES (Ernest-Yarrow), né à Liverpool. — Gallois. — 50, rue Vavin, 6e.

    1608 Le fondouk. — 3.000 fr.
    1609 Arbre fleuri. — 1.600 fr.

JONVAL (Fernand), né à Paris. — 12, rue Cortot, 18e.

    1610 Paysage (Loir-et-Cher). — 1.200 fr.
    1611 Jeune fille au repos. — 1.200 fr.

JOSEPH (Albert), né à Paris. — 58, boul. Montparnasse, 15e.

    1612 Paysage limousin. — 1.000 fr.
    1613 Paysage limousin. — Appartient au Dr Lemasson.

JOSEPH (Hope), né à Ajmeer. — Anglais. — 15, av. de Contades, Angers, et chez M. A. Lamorelle, 106, boul. Montparnasse, 14°.

1626 Sous les pins. — 700 fr.
1627 Le canal. — 700 fr.

JOUBERT (Andrée), née à Paris. — Héricy-sur-Seine (S.-et-M.).

1614 Rue des Mamelucks, kasbah d'Alger.
1615 Porte berbère, vieux Ténès.

JOUBERT (Henri-André), né à Paris. — 2, rue de la Seine, Ile Saint-Germain, Issy-les Moulineaux (Seine).

1628 Une moisson, Igny. — 1.500 fr.
1629 Soucis et quarantaine. — 600 fr.

JOUBERT DE LA MOTHE (Pascal), né à Paris. — 104, boul. de Clichy, 18°.

1616 Vénus pleurant sur le corps d'Adonis. — 700 fr.
1617 Le Christ chez Marthe et Marie. — 1.500 fr.

JOUBERT-LA LOGE (Henry-Auguste), né à Pointe-à-Pitre. — Français. — 97, rue Saint-Dominique, 7°.

1618 Au seuil du logis, Le Sourn (Morbihan). — 2.000 f.
1619 Paysage d'automne. — 1.200 fr.

JOUBIN (Georges), né à Digny. — 22, rue Tourlaque, 18°.

1620 Les usines. — 1.200 fr.
1621 Bord de Seine. — 1.200 fr.

JOUCLARD (Adrienne), née à Onville. — 2, rue Eudore-Soulié, Versailles.

1622 Fleurs, la terrasse. — 200 fr.
1623 Onville. — 350 fr.

JOUSSEN (Léonard), né à Château-l'Evêque. — 78, rue d'Angoulême, Périgueux (Dordogne).

1624 Le pavillon abandonné (Périgord). — 350 fr.
1625 Gimel (Corrèze). — 350 fr.

JOUSSET (Léon), né à Montereau. — 29, rue de l'Echiquier, 10°.

1630 Paysage à Voulx. — 1,250 fr.
1631 Vase de fleurs près d'une fenêtre. — 850 fr.

JUAN (Maxime), né à Valencia. — Espagnol. — 10, rue Saint-Albin, Grand-Montrouge (Seine).

1632 Type de la huerta valenciana.
1633 Genêts. — 800 fr.

JUDICAEL-JOUBERT, né en Bretagne. — 9, rue Bayard, 8°.

1634 Tête de Christ (taille directe), exécutée à l'âge de 13 ans. — 10.000 fr.
1635 Paysage. — 1.500 fr.

JUILLERAT (Hélène), née à Moutiers. — 72, boul. du Port-Royal, 5°.

1636 La femme à l'épine rose. — 600 fr.
1637 La tétée. — 500 fr.

JULES (P.-P.), né à Bordeaux. — 4, rue Caroline, 17°.

1638 La milliardaire du sud. — 400 fr.
1639 La Douve. — 400 fr.

JULLIOTT (Made), née à Thomery. — 133, rue Lamarck, 18°.

1640 Port de pêche. — 850 fr.
1641 La fenaison. — 850 fr.

JURKIEWICZ (Antoine), né en Pologne. — Polonais. — 59, av. de Saxe, 7°.

1642 Portrait de M. Vergnaud. — Appartient à M. Vergnaud.
1643 Portrait de M. Alber-Febvre. — Appartient à M. Alber-Febvre.

JUSTITZ (Alfred), né à Nova Lerekev. — Tchécoslovaque. — Chez M. Marchand, 73, rue Caulaincourt, 18°.

1644 Peinture.
1645 Peinture.

KAKABADZE (David), né à Koutais. — Géorgien. — 22, rue Delambre, 14e.

1646 Tableau (vision de la troisième dimension par la simple disposition des couleurs).
1647 Tableau (vision de la troisième dimension par la simple disposition des couleurs).

KALFAYAN (Zareh-Jean), né à Constantinople. — Arménien. — 38, boul. Beaumarchais, 11e.

1648 Etude décorative. — 500 fr.
1649 Saint-Valéry-sur-Somme. — 500 fr.

KALLSTROM (Arvid), né à Oskarsharm. — Suédois. — 86, rue Notre-Dame-des-Champs, 6e.

1650 Mère et enfants. — 6.000 fr.
1651 Diane. — 2.500 fr.

KAMMERER (Robert), né à Mulhouse. — Mollau-Wesserling (Haut-Rhin).

1652 Journée limpide dans les Alpes (massif de la Jungfrau). — 3.500 fr.
1653 Lac de glacier en Savoie. — 3.000 fr.

KARPELES (Andrée), née à Paris. — 27, r. du Docteur-Blanche, 16e.

1653 *bis* Portrait.
1653 *ter* Paysage. — 500 fr.

KARS (Georges). — Tchécoslovaque. — 89, rue Caulaincourt, 18e.

1654 Peinture I.
1655 Peinture II.

KERINGER (Albert-Joseph), né à Mulhouse. — 21, rue des Tuyaux, Laval (Mayenne).

1656 Entrée du parc de Rouessé, Laval (aquarelle) — 600 fr.
1657 Carrières de Rouessé, Laval (aquarelle). — 600 fr.

KERLING (Anna-Elisabeth), née à La Haye. — Hollandaise. — Van Wogendorpostraat, n° 5.

    1658 Cour de maisonnette hollandaise (aquarelle). — 800 fr.

    1659 Une mendiante avec son enfant (aquarelle). — 700 fr.

KINOUCHI (Yoshi), né à Tokio. — Japonais. — 110, boulevard Arago, 14°.

    1660 Vitrine contenant un groupe de petites sculptures :

        Chat courant.
        Chat couché.
        Chien.
        Femme.
        Marabout.

KISSLING (Eugène), né à Châtenois. — 8, rue Marie-et-Louise, 10°.

    1661 Près de Bailly-sur-Yonne brouillard du matin. — 2.000 fr.

    1662 Escolives (Yonne), le soir. — 1.800 fr.

KISTER (Robert), né à Paris. — 42, av. Junot, 18°.

    1663 Intérieur. — 2.000 fr.
    1664 Au jardin. — 800 fr.

KLEIN (Bettina), née à Niederrœdern. — 142, boul. Montparnasse, 14°.

    1665 Portrait de l'auteur. — Appartient à M. D.
    1666 Portrait du céramiste P.-R. Dumaraud.

KLEIN (Or.), né à Paris. — 6, rue Cernuschi, 17°.

    1667 Fresque. — 1.200 fr.
    1668 Fresque. — 600 fr.

KNAPE (Henri), né à Helsingfors. — Suédois finlandais. — 32, r. de l'Orne, 15°.

    1669 Nu. — 3.000 fr.
    1670 Portrait de l'auteur.

KOK (Gaby), né à Bruxelles. — Belge. — 22, rue Desnouettes, 15ᵉ.

1671 Etude.
1672 Etude.

KOHN (Georges), né à Paris. — 69, boul. Voltaire, 11ᵉ.

1673 Scène juive : la Circoncision. — 4.000 fr.
1674 Scène juive : kippour. — 2.000 fr.

KOTCHARIAN (Ervand), né à Tiflis. — Arménien. — 9, rue Buffon, 5ᵉ.

1674 *bis* Résurrection. — 5.000 fr.
1674 *ter* Transmutation. — 5.000 fr.

KOUSNETZOFF (Constantin), né à Nijni-Novgorod. — Russe. — 147, boul. Montparnasse, 6ᵉ.

1675 Vue de Paris. — 2.500 fr.
1676 Vue de Paris. — 3.000 fr.

KOYAMA (Keizow), né à Tokio. — Japonais. — 18, rue Ernest-Cresson, 14ᵉ.

1677 La rue du Chapitre. — Appartient à l'auteur.
1678 Paysage bisontin (Doubs). — 5.000 fr.

KRAMER (Edouard), né à Paris. — 65, rue Ramey, 18ᵉ.

1679 Paysage. — 800 fr.
1680 Nature morte. — 300 fr.

KRIER-LAMBRETTE (Mᵐᵉ Marcelle-Françoise), née à Limoges. — 38 *bis*, rue Boulard, villa Louvat, 14ᵉ.

1681 Printemps. — 650 fr.
1682 Fantaisie. — 650 fr.

KUCEMBIANKA (Dora), née à Varsovie. — 13, rue Guénégaud, 6ᵉ.

1683 Madeleine Guitty dans Ciboulette. — 1.000 fr.
1684 Chocolat et Porto dans leur loge. — 1.000 fr.

KVAPIL (Charles). — Belge. — 233, rue d'Alésia, 14ᵉ.

1685 Peinture. — 6.000 fr.

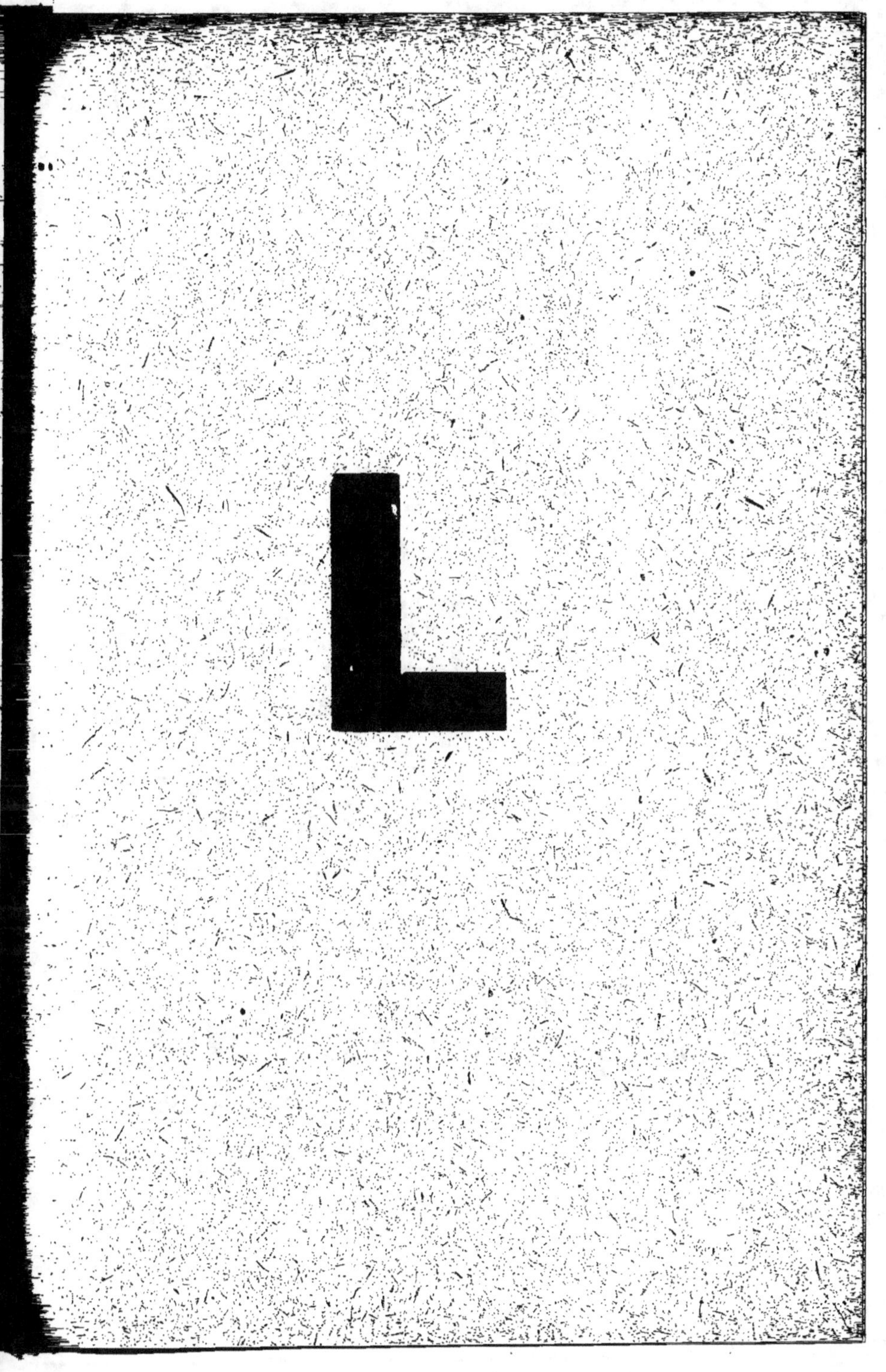

LABASQUE (Jean), né à Paris. — 21, av. du Maine, 15e.

1686 Peinture. — 2.000 fr.
1687 Peinture. — 1.500 fr.

LABAT (Fernand), né à Béautiran. — 6, rue Asseline, 14e.

1688 Autour d'une table. — Pas à vendre.

LABBE (N.-G.-Fernand), né à Valançay. — 29, rue Bénard, 14e.

1689 Liseuse sous bois aux Plessis Piquet. — 1.500 fr.
1690 Bois de Verrière à Malabris. — 1.800 fr.

LABOURÉ (Claudius), né à Lyon. — 7, rue Saint-Marc, 2e.

1691 Scène de revue en 1923 (pastel). — 800 fr.
1692 Danseuses (pastel). — 400 fr.

LACHÈVRE (Alice-Mary), née à Yord. — 29, rue Malar, 7e.

1693 Epreuve d'obstacle. — 1.200 fr.
1694 Bobbie, basset à poil dur. — 1.000 fr.

LA CLAU (Armando), né à Toulouse. — Atelier 9, quai de l'Aéroplane, Saint-Ouen (Seine).

1695 La passerelle à Bagnols-sur-Cèze. — 1.500 fr.

LACOURT (Gaston de), né à Paris. — 130 ter, boul. de Clichy, 18e.

1696 La vague, Ver-sur-Mer. — Appartient à M. Lombard.
1697 Effet de nuit, Ver-sur-Mer. — 750 fr.

LACOUX (Henri-Georges), né à Orléans. — 33, rue des Saules, 18e.

1698 Nature morte. — 600 fr.
1699 Nature morte. — 600 fr.

LACROIX (Pauline), née à Suresnes. — 8, rue Raffet, 16e.

1700 Poissons exotiques. — 900 fr.
1701 Route de Fontainebleau à Marlotte. — 1.500 fr.

LACROIX (Pierre-Marie), né à Paris. — 11, rue des Sablons, 16e.

1702 La terre. — 1.500 fr.
1703 L'éternelle figure. — 3.500 fr.

LACROIX-BRAVARD (Pierre), né à Doyet. — 73, rue Nollet, 17e.

1704 Écureuil (gouache). — 450 fr.
1705 Pluviers à collier (gouache). — 350 fr.

LADUREAU (Pierre), né à Dunkerque. — 12, rue de l'Armorique, 15e.

1706 Une Bretonne. — 3.000 fr.
1707 Le débit. — 1.200 fr.

LAFITE (Henri), né à Condom. — 8, rue Demours, 17e.

1708 Les faunes. — 2.500 fr.
1709 Étude de nu. — 1.800 fr.

LAFONT (Roger-Amboise), né à Paris. — 26, rue Poissonnière, 2e.

1710 Nonchalance. — 2.000 fr.
1711 Coquetterie. — 2.000 fr.

LAFOURCADE (Léon), né à Biaudos. — 78, rue Lafayette, 9e.

1712 Le port de La Rochelle. — 4.000 fr.
1713 Mon ami Jean. — Appartient à M. J. G.

LAFUGIE (Mlle Léa), née à Paris. — 17, rue de Saint-Sénoch, 17e.

1714 Portrait de Mlle Dieterle.
1715 Harmonie. — 1.000 fr.

LAGLENNE (Jean-Francis), né à Paris. — 134, av. de Villiers, 17e.

1716 Figure. — 1.000 fr.
1717 Peinture. — 800 fr.

LAGUERRE (Bazile), né à Foix. — 11, rue des Entrepreneurs, Saint-Ouen (Seine).

1718 Sapho.

LA HIRE (Mme Marie d'Espie de), née à Rouillé. — 15, rue Hégésippe-Moreau, 18°.

    1719 Jeune femme au miroir. — 2.000 fr.
    1720 Modèle nu. — 2.000 fr.

LALLEMAND (Louis), né à Marbehan. — Belge. — Le Val Saint-Germain, par Saint-Chéron (S.-et-O.).

    1721 Le guéridon noir. — 2.000 fr.
    1722 Geneviève. — 1.800 fr.

LALOUE (Robert-Louis), né à Paris. — 7, square Alboni, 16°.

    1723 Bretagne (paysage). — 1.200 fr.
    1724 Bretagne (paysage). — 800 fr.

LAMARCHE (Jules), né à Paris. — 33, rue La Rochefoucauld, 9°.

    1725 La rieuse. — 500 fr.
    1726 Portrait de M. M. dans *La jeunesse de Louis XIV*.

LA MONACA (François), né à Catanzaro. — Italien. — 17, avenue Trudaine, 9°.

    1727 Fin de journée. — 4.000 fr.
    1728 La cigarette. — 6.000 fr.

LAMOUR (Charles). — 10, place Dancourt, 18°.

    1729 La Rochelle, vue sur la rade. — 2.000 fr.
    1730 Limoges, les bords de la Vienne. — 1.500 fr.

LANCE (Albert), né à Paris. — 61, chemin des Saules-Clouet, Montreuil-sous-Bois (Seine).

    1731 Bras du Chapitre, Créteil. — 400 fr.
    1732 Paysage. — 400 fr.

LANDAIS (Henri-Louis), né à Tours. — 81, Faub. Saint-Jacques, 14°.

    1733 Nature morte. — 1.000 fr.
    1734 Saint-Séverin. — 1.000 fr.

LANDRÉ (Mlle Louise-Amélie), née à Paris. — 233, Faub. Saint-Honoré, 8°.

    1735 Avant le ballet. — 500 fr.
    1736 Jeune femme se chaussant. — 500 fr.

LANDREAU DE MÉDINE (Diane), née à Paris. — 17, rue Leriche, 15e.

1737 Le petit oiseau s'envole. — 200 fr.
1738 L'étang de Trivaux. — 200 fr.

LANEYRIE (Gabriel), né à Montluel. — Théoule (Alpes-Maritimes).

1739 Dans l'Estérel. — 300 fr.
1740 Dans l'Estérel. — 300 fr.

LANG (Léon-Michel), né à Paris. — 40, av. du Président-Wilson, 16e.

1741 Eglise. — 400 fr.
1742 Dessins à l'encre de Chine. — 300 fr. par dessin.

LANOA (Marie-Thérèse), née à Champeaux. — 1, av. des Peupliers, Crosnes (S.-et-O.).

1743 La fin des vacances. — 1.200 fr.
1744 Fleurs d'automne. — 1.000 fr.

LANTOINE (Fernand), né à Maretz. — 61, av. Bel-Air, Uccle-Bruxelles.

1745 La fête arabe. — 6.000 fr.

LAPIERRE (Emile), né à Cette. — 31, rue des Fossés, Compiègne, (Oise).

1746 Le Coudon (Var). — 400 fr.
1747 Le Pô (Morbihan). — 400 fr.

LAPLAGNE (Guillaume), né à Ervy. — 10, boul. Montmartre, 9e.

1748 Bêtise, déesse universelle (statuette).
1749 Vérité = indécence (statuette).

LAPRADE (Marcelle), née à Paris. — 10, passage Choiseul, 2e.

1750 Au pays du soleil. — Appartient à Mme René Bailleux.
1751 Le rêve éternel. — 250 fr.

LAPREVOTTE (Paul-Henri). — 2 bis, rue Perrel, 14e.

1752 Projet pour carton de tapisserie. — 5.000 fr.
1753 Peinture. — 1.000 fr.

LARGEOT (Gabriel-Albert), né à Paris. — 24, rue Montant-au-Palais, Joigny (Yonne)..

1754 Nature morte. — 500 fr.

LARTIGUE (Jacques-H.), né à Paris. — 17, rue Leroux, 16e.

1755 Fleurs. — 2.000 fr.

LASSENCE (Paul de), né à Bruxelles. — Belge. — Villa des Arts, 15, rue Hégésipe-Moreau, 18e.

1756 L'église ensoleillée. — 1.500 fr.
1757 Les chênes-liège, Saint-Tropez. — 1.500 fr.

LASSUDRIE (Mme Bérengère), née à Sèvres. — 2, r. Le Regrattier, 4e.

1758 Grand panneau tapisserie. — 10.000 fr.
1759 Grand panneau tapisserie. — 15.000 fr.

LASNIER (Edouard), né à Paris. — 158, Faub. St-Martin, 10e.

1760 Géranium à contre-jour. — 400 fr.
1761 Pommier en Touraine. — 500 fr.

LATAPIE (Louis-Robert-Arthur), né à Toulouse. — 65, boulevard Arago, 13e.

1762 Baigneuses. — 1.000 fr.
1763 Figure. — 800 fr.

LATTES (Mlle Abigail), née à Nice. — Hôtel Corneille, 5, rue Corneille, 6e.

1764 Figure esquisse.
1765 Paysage.

LAULAN (François), né à La Réunion (Lot-et-Garonne). — 68, rue Monge, 5e.

1766 Au manoir de Cardélus (Haut-Agenais). — 1.000 fr.
1767 La Garonne à Boé (environs d'Agen). — 300 fr.

LAURENS (Henri), né à Paris. — 4, impasse Girardon, 18e.

1768 Vitrine de terres cuites.

LAURENS (Marthe), née à Paris. — 4, impasse Girardon, 18e.

1769 Fleurs. — 500 fr.
1770 Etude.

LAURENT (Henry), né à Marseille. — Villa La Vague, Sausset-les--Pins (B.-du-R.).

1771 Martigues. — 600 fr.
1772 Martigues. — 600 fr.

LAURENT (Marcel-Emmanuel-Jules), né à Colombes. — 23, rue Raspail, Bois-Colombes (Seine).

1773 Soir à Audierne. — 1.300 fr.
1774 Vieux pêcheur de crabes (Audierne). — 1.000 fr.

LAURANT-EVELYNE (Jeanne), née à Paris. — 25, rue Sarrette, 14e.

1775 A la fontaine, roses et lys. — 600 fr.
1776 Dessin, Bab-el-Oued. — 200 fr.

LAVERGNE (Alfred-Edgard), né à Nontron. — A Luna-Park, Neuilly-sur-Seine.

1776 *bis* Panneau décoratif (fleurs). — Appartient à Luna Park.

LAVIGNAC (Alfred), né à Cahors. — 36, rue de la Barre, Cahors. (Lot).

1777 Vieille maison à Cahors. — 400 fr.
1778 L'automne en Quercy. — 400 fr.

LAVRUT (Mlle Louise), née à Limours. — 85, rue de Rome, 8e.

1779 Femme à la cape.

LEBASQUE (Henri), né à Champigné. — 15, avenue Perrichont, 16e.

1780 Paysage.
1781 Jardin.

LE BAYON (Yvonne), née à Nantes. — Villa Marguerite, Quiberon (Morbihan).

1783 Pont d'Eyheraberry (pays basque). — 300 fr.
1784 Château de Kervadic (Morbihan). — 300 fr.

LEBLANC (Roger-Louis-Augustin), né à Bergues. — 196, rue de Tolbiac, 13e.

1785 La Bourboule, le lac du barrage. — 500 fr.
1786 La vallée de l'Allier à Coudes. — 300 fr.

LECLÈRE (Geneviève-Marie), née à Chalon-sur-Saône. — 23, av. de Breteuil, 7e.

1787 Vierge du magnificat (sculpture).

LECLERCQ (Paul), né à Essars. — 20, rue Chauchat, 9e.

1788 Chalutier boulonnais au large. — 500 fr.
1789 Rentrée des doris en Islande (brume sur les bancs). — 500 fr.

LECONTE (Mme Yvonne-Gilberte-Marie-Louise), née à Versailles. — 9, rue Campagne-Première, 14e.

1790 Phlox. — 500 fr.
1791 Pois de senteur. — 350 fr.

LE CORNEC (J.-E.), né à Paris. — 39, rue Gabrielle, 18e.

1792 Kar-Huel. — 2.000 fr.
1793 Pittoresque. — 1.000 fr.

LECOURT (Raymond), né au Havre. — Fontaine-la-Mallet, par Montivilliers (Seine-Inférieure).

1794 Le meneur de bœufs. — 2.500 fr.
1795 Chevaux. — 1.600 fr.

LEE (Yvonne-Annabel), née à la Chaux-de-Fonds. — Anglaise. — Roucas Blanc, Corniche, Marseille.

1796 Portrait de Mlle C. M. — Appartient à Mlle C. M.

LEFEBVRE (Maurice-Jean), né à Bruxelles. — Belge. — 26, avenue des Sept-Bonniers, Uccle-Bruxelles.

    1797 Panneau décoratif. — 12.000 fr.

LE FEUVRE (Arsène), né à Sillé-le-Guillaume. — 117, rue Notre-Dame-des-Champs, 6e.

    1799 La ronde des bergers (sur toile Gobelins, d'après une tapisserie du Louvre). — 1.800 fr.
    1800 Le passant. — 800 fr.

LEFEBVRE (Luce), née à Montreuil-sous-Bois. — Rue Brohens, Pierrefitte-sur-Seine.

    1801 Fête du printemps. — 3.000 fr.
    1802 L'allée en fleurs. — 600 fr.

LEFORT (Jean-Louis), né à Bordeaux. — 21 *bis*, av. de La Motte-Picquet, 7e.

    1803 Place et avenue de l'Opéra.

LEFORT DES YLOUSES (Robert), né à Neuilly. — 13, av. de Madrid, Neuilly (Seine).

    1804 Nu. — 600 fr.
    1805 Bacchus et Ariane. — 1.200 fr.

LE GALLAIS-NICOT (Jeanne-Marie), née à Langueux. — 75, rue Croix-Nivert, 15e.

    1806 Triptyque, trois Sinagots.
    1807 Golfe du Morbihan.

LEGER (Suzanne), née au Dorat. — Rue Pierre-Merlin, Bellac (Haute-Vienne).

    1808 Temps gris, la Vienne à Saint-Germain. — 350 fr.
    1809 Pommiers fleuris en Limousin. — 350 fr.

LEGRAIN (Pierre), né à Levallois. — 7, rue d'Argenteuil, 1er.

    1809 *bis* Une vitrine de reliures.

LEJARD (Georges), né à Magny-le-Désert. — 44, rue de Seine, Alfortville (Seine).

    1810 L'Annonciation. — 2.000 fr.

LEJEUNE (Émile), né à Genève. — Suisse. — 38, rue des Mathurins, 8°.

1811 Peinture. — 1.200 fr.
1812 Peinture. — 1.200 fr.

LEJEUNE (Geneviève), née au Vésinet. — 9, rue Bridaine, 17°.

1813 Nature morte. — 400 fr.
1814 Nature morte. — 400 fr.

LEJEUNE (Henri-Pierre), né à Saint-Ouen. — 54, rue Lamartine, 9°.

1815 Venise. — 400 fr.
1816 S.-Fruttuoso, près Gênes (Italie). — 650 fr.

LELEU-BOURGOIN (Jean), né à Bois-le-Roi. — 7, r. de Lancry, 10°.

1817 Repos sous les oliviers. — 1.800 fr.
1818 Nu au divan. — 600 fr.

LE LOUP DE SAINVILLE (Hervé), né à Saint-Firmin-des-Bois. — 56, rue Notre-Dame-de-Lorette, 9°.

1819 Au harem, le repas du coq-phénix. — 1.750 fr.
1820 La baigneuse aux marronniers roses. — 1.450 fr.

LEMERCIER (Robert), né à Epernay. — 10, rue Mignet, 16°.

1821 Peinture.

LEMMER (Stany), né à Levallois-Perret. — 86, rue Rochechouart, 9°.

1822 Peinture.
1823 Nature morte. — 500 fr.

LEMOIGNE (Malthilde), née à Paris. — 56, boul. Barbès, 18°.

1824 Coin de jardin. — 800 fr.
1825 Saint-Cloud. — 500 fr.

LEMOINE (Yvonne), née à Paris. — 15, boul. d'Ormesson, Enghien-les-Bains (Seine-et-Oise).

1826 Un bon client. — 200 fr.
1827 Nymphe aux iris. — 500 fr.

LEMPEREUR-HAUT, né à Liège. — Belge. — Villa Médicis, 181 bis, rue Solférino, Lille (Nord).

1828 Crâne et fleurs. — 400 fr.
1829 Fleurs. — 300 fr.

LEMPÉRIÈRE (Emmanuel), né à Saint-Nazaire. — 9, rue des Rouillis, Sèvres (S.-et-O.).

1830 L'arbre jaune. — 2.000 fr.
1831 Crépuscule. — 2.000 fr.

LEMPITZKY (Tamara de), né à Saint-Pétersbourg. — Russe. — 5, rue Guy-de-Maupassant, 16e.

1832 Portrait. — 10.000 fr.
1833 Nu. — 10.000 fr.

L'ENFANT (Marcel), né à Paris. — Le Buisson, chaussée de Jules-César, Franconville (S.-et-O.).

1834 Bréhat, le Kerpont. — 700 fr.
1835 Bréhat, entrée du port-clos. — 700 fr.

LENOIR (Mathilde), née à Paris. — 12, rue d'Auteuil, 16e.

1836 Le château de Roquebrune. — 1.500 fr.
1837 Vue sur Menton et les Alpes. — 800 fr.

LENOIR (Robert-Maurice-Jean), né à Paris. — La Palette, 27, av. Magne, Villemomble (Seine).

1838 L'accident au cirque. — 1.000 fr.
1839 La fille à l'œil crevé. — 800 fr.

LENOIR (Suzanne), née à Paris. — 17, rue Capron, 18e.

1840 Roses (aquarelle). — 250 fr.
1841 Paysage d'hiver. — 400 fr.

LÉO-BAZIN (Louis-Joseph-Léopold), né à Laives. — 17, rue Gambetta, Villeneuve-Saint-Georges (S.-et-O.).

1842 Meules, chemin de Crosnes. — 800 fr.
1843 Sur le mont Réa. — 700 fr.

LÉO (Léopold), né à Fontenay-le-Comte. — 45, av. des Ternes, 17e.

1844 Poincaré. — 2.500 fr.
1845 Millerand. — 1.500 fr.

LEOBER (Léopold), né à Paris. — 11, rue de Tourville, Saint-Germain-en-Laye (S.-et-O.).

1846 Paysage. — Appartient à M. D.
1847 Soir. — 1.000 fr.

LÉON (Edouard-Henri), né à Paris. — 6, rue Vercingétorix, 14e.

1848 L'arbre à Tresserve, Aix-les-Bains. — 500 fr.
1849 Le pont Marie; Notre-Dame au soleil (dans le même cadre, gravures originales eaux-forte). — 150 fr. chaque épreuve.

LÉON (Jean), né à Pau. — 12, rue de Bagneux, 6e.

1850 Portrait de Walter Léonis.
1851 Peinture.

LÉONARD (Léon-Auguste-Jean-Baptiste), né à Rouen. — 2, rue de Marne, Alfortville (Seine).

1852 Rochers des Malavaux, près Vichy. — 250 fr.
1853 Place de l'Eglise, à Cusset (Allier). — 300 fr.

LÉONARD (Maurice), né à Paris. — 10, rue du Jourdain, 29e.

1854 La plage de Locquémeau (Bretagne). — 2.000 fr.

LE PETIT (Alfred-M.), né à Fallencourt. — 61, rue d'Amsterdam, 8e, et Clos Pezouillette, La Frette (S.-et-O.).

1855 Le tueur de cochons (pays de Bray). — 4.000 fr.

LE PETIT (Maurice), né à Boulogne-sur-Mer. — 161 bis, av. Edouard-Vaillant, Boulogne-sur-Seine (Seine).

1856 La route. — 600 fr.
1857 Paysage de la Côte-d'Or. — 600 fr.

LE POITEVIN (Maurice), né au Havre. — 72, rue d'Assas, 6e.

1858 Nu. — 1.200 fr.
1859 Paysage, bords de l'Oise. — 450 fr.

LEPREUX (Albert), né à Meaux. — 39, rue Lamarck, 18e.

1860 Peinture. — 2.000 fr.
1861 Paysage. — 2.000 fr.

LEROLLE (Paul-Alexis-Victor), né à Paris. — 51, av. Henri-Martin, 16e.

1862 Femme nue sur fond jaune. — 800 fr.
1863 Jeunes arméniennes. — 500 fr.

LEROUILLE (Maurice-Ernest), né à Versailles. — 160, rue Oberkampf, 11e.

1864 Art naturien : église de Cirey-sur-Blaise (Haute-Marne). — 850 fr.
1865 Art naturien : recherche d'harmonie. — 850 fr.

LE ROUX (Henri), né à Paris. — 49, rue des Prairies, 20e.

1866 Nu (pierre). — 2.000 fr.

LE SARCLEUR (Pierre), né à Paris. — 2, rue Saint-Lazare, Colombes (Seine).

1867 Baie de Douarnenez. — 500 fr.
1868 Rue à Salonique. — 500 fr.

LESBROS (Alfred), né à Avignon. — 52, rue des Fourbisseurs, Avignon (Vaucluse).

1869 Paysage (peinture au pochoir tirée à 20 épreuves numérotées). — 300 fr. d'épreuve.
1870 Paysage (peinture au pochoir tirée à 20 épreuves numérotées). — 300 fr. l'épreuve.

LE SON (Marcel), né à Paris. — 2, passage Danizig, 15e.

1871 Paravent. — 2.000 fr.

LE SOURD (René), né à Vals.

1872 Portrait. — Appartient à l'auteur.
1873 La Volane en amont de Vals. — 400 fr.

LESPAGNOL (Edmond), né à Paris. — 5, cité Sainte-Thérèse, 17e.

1874 La jeune fille au cygne. — 3.000 fr.

LESPAGNOL (Mme Hélène), née à Saulieu. — 33, rue Bayen, 17e.

1875 Jeune homme accoudé (pastel). — 500 fr.
1876 Paysanne italienne (pastel). — 500 fr.

LESPAGNOL (Madeleine), né à Paris. — 33, rue Bayen, 17e.

1877 Œillets au vase de cuivre. — 200 fr.
1878 Rochers, environs de Royan. — 300 fr.

LESTRILLE (Jacques-Luc-Henri), né à Ault. — 6, boul. Flandrin, 16e.

1879 Paysage, Rochefort-en-terre (Morbihan). — 500 fr.
1880 Paysage, Rochefort-en-terre (Morbihan). — 500 fr.

LETELLIER (Hector), né à Bruxelles. — Belge. — 5, rue Emile-Verhaeren, Saint-Cloud (S.-et-O.).

1881 Parc de Saint-Cloud. — 2.000 fr.
1882 Etude. — 750 fr.

LE TENDRE (Auguste), né à Guingamp. — 32, av. de la Marne, Lorient (Morbihan).

1883 Un marché place Terre-au-Duc, à Quimper. — 1.000 fr. sans le cadre.
1884 L'arrivée du « grain », Belle-Isle-en-Mer. — 1.000 fr. sans le cadre.

LEVASTI (Filli), né à Florence. — Italien. — 31, viale Milton, Florence (Italie).

1885 Baraques. — 800 fr.
1886 Pugilat. — 800 fr.

LÉVEILLÉ (André), né à Lille. — 18, boul. de Magenta, 10e.

1887 Portrait de M. Marc Henry.
1888 Fleurs. — 3.000 fr.

LÉVÊQUE (Maurice), né à Tourcoing. — 55, rue des Abbesses, 18e.

1889 Paysage. 500 fr.
1890 Place du Pont-Neuf. — 500 fr.

LÉVY (Mᵐᵉ Irène), née à Bischwiller. — 14, rue du Château, 15ᵉ.

1891 Paysage. — 1.000 fr.
1892 Automne. — 1.000 fr.

LÉVY (Maxime), né à Elbeuf. — 90, rue St-Lazare, 9ᵉ.

1893 Paysage. — 1.000 fr.
1894 Boulevard Edgar-Quinet. — 1.000 fr.

LÉVY-SAY (Géo), né à Paris. — 24, boul. Voltaire, 11ᵉ.

1895 Etude. — 200 fr.
1896 Etude. — 200 fr.

LEWINO (Walter), né à Londres. — Anglais. — 50, rue Vercingétorix, 14ᵉ.

1897 Une ferme du Quercy. — 3.000 fr.
1898 Paysage. — 600 fr.

L'HOEST (Eugène), né à Paris. — 27, rue des Dames, 17ᵉ.

1899 Murs de l'enceinte, Marrakech (Maroc). — 3.000 fr.
1900 La Koutoubia, Marrakech (Maroc). — 3.000 fr.

LHOTE (André), né à Bordeaux. — 38 bis rue Boulard, 14ᵉ.

1900 bis Baigneuses. — 3.000 fr.
1900 ter Port. — 3.000 fr.

LIAUSU (Camille-Paul), né à Biarritz. — 10, villa d'Alésia, 14ᵉ.

1901 Peinture.
1902 Peinture.

LIEBERT (Charles-Auguste), né à Paris. — 3, av. Germaine, Chelles (S.-et-M.).

1903 Versailles. — 450 fr.
1904 Versailles. — 275 fr.

LIEDBECK (Pierre), né à Stockholm. — Suédois. — 205, rue des Pyrénées, 20ᵉ.

1905 Nature morte. — 2.000 fr.
1906 Intérieur. — 1.000 fr.

LIEROW (A.-Francillon), né à Berne. — Suisse. — 41, boul. Saint-Jacques, 14e.

1907 Les Voiles, Antibes. — 1.200 fr.
1908 La sortie du port. — 1.000 fr.

LINCÉ (Marcel de), né à Oupye. — Belge. — 224, rue Saint-Léonard, Liége (Belgique).

1909 O. Ribeira à Porto (Portugal). — 3.500 fr.
1910 Jeune fille en noir. — 2.500 fr.

LOCHAKOW (Ar.), né à Orhei. — Roumain. — 43, rue Monsieur-le-Prince, 6e.

1911 La dame à l'éventail. — 2.000 fr.
1912 Nu. — 3.500 fr.

LOISEAU (Paul), né à Paris. — 114, rue Oberkampf, 11e.

1913 Portrait. — Appartient à Mme B.
1914 Deux amis. — 150 fr.

LOMBARD (Emile-Félicien), né à Aubignosc. — 9, rue Rifle-Rafle, Aix-en-Provence.

1915 Aix, atelier et jardin de Cézanne au Château-Noir. — 500 fr.
1916 Aix, le Château-Noir et Sainte-Victoire. — 500 fr.

LOOTVOET (Edouard-Rémy), né à Villers-Bocage. — Belge. — 40, rue de la Tour-d'Auvergne, 9e.

1917 Etude. — 175 fr.
1918 Etude. — 175 fr.

LOTIRON (Robert), né à Paris. — 2, rue de Constantinople, 8e.

1919 Le trio.
1920 Peinture.

LOTZ (Charles), né à Tours. — 233 bis, Faub. St-Honoré, 17e.

1920 bis Flore.

LOUBÈRE (Philippe), né à Toulouse. — 16, villa St-Jacques, 14e.

1921 Chapelle Saint-Jean à Valloris (A.-M.) — 1.100 fr.
1922 Les lauriers-roses. — 600 fr.

LUCAS (Roger), né à Paris. — 41, rue L.-Rolland, Montrouge (Seine).

1923 Portrait de Jules Depaquit, maire de Montmartre. — Appartient à l'auteur.
1924 Horreur. — 400 fr.

LUCE (Maximilien), né à Paris. — 102, rue Boileau, 16e.

1925 La carrière. — 5.000 fr.
1926 La source. — 3.500 fr.

LUDLOW (Mary-Sophia), née à Bristol. — Anglaise. — Monneville (Oise).

1927 Paysage. — 500 fr.
1928 Paysage. — 500 fr.

LUDOVIC-RODO, né à Paris. — 14, rue Girardon, 18e.

1929 Tableau.
1930 Tableau.

LUGNIER (Jean), né à Paris. — 15, rue Lavieuville, 18e.

1931 Saint-Cloud, le parc. — 500 fr.
1932 La place du Tertre. — 500 fr.

LUNDSTROM (Knut), né à Ostersund. — Suédois. — 4, rue Belloni, 15e.

1933 La fenêtre. — 1.500 fr.
1934 Nature morte. — 2.000 fr.

LUSTREMANT (Marie-Louise), née à Paris. — 8, rue Garancière, 6e.

1935 Pommes et coloquintes. — 1.000 fr.
1936 Les pommes. — 1.000 fr.

LUY (Paul-Louis-Pierre de), né à Paris. — 8, rue des Tournelles, L'Hay-les-Roses (Seine).

1937 Quiétude.
1938 Étude.

LUZIARTE (Fernand-R.), né à Valencia. — Espagnol. — 10, impasse du Maine, 15e.

1938 *bis* Peinture.
1938 *ter* Peinture.

LYMAN (John). — Canadien. — 71 *bis*, rue de la Tombe-Issoire, 14e.

1939 Peinture. — 1.300 fr.
1940 Peinture. — 2.000 fr.

Au premier étage :

EXPOSITION et VENTE de REPRODUCTIONS

" Les Artistes Indépendants "

Leurs Portraits et leurs Œuvres

par MANUEL Frères et ROSEMAN

1924 - CATALOGUE - 1924

SERVICE DES VENTES

A L'EXPOSITION

Tous les ouvrages mentionnés au présent catalogue sont offerts au public aux prix désignés par les artistes **sans interposition d'aucun intermédiaire.**

Ces prix ne subissent aucune majoration. Les acquisitions sont **exemptes de tous droits, taxes ou impôts.**

MM. les visiteurs trouveront au Secrétariat de l'Exposition tous renseignements concernant la vente des œuvres exposées.

L'Administration de la Société se charge d'aviser les artistes des ventes effectuées ainsi que de la transmission des offres qui pourraient être faites en vue de la réalisation de commandes ou de l'acquisition des ouvrages exposés.

**Les bureaux du Secrétariat de l'Exposition
se trouvent au rez-de-chaussée,
au fond de la Galerie Victor-Emmanuel
(côté Cours la Reine)**

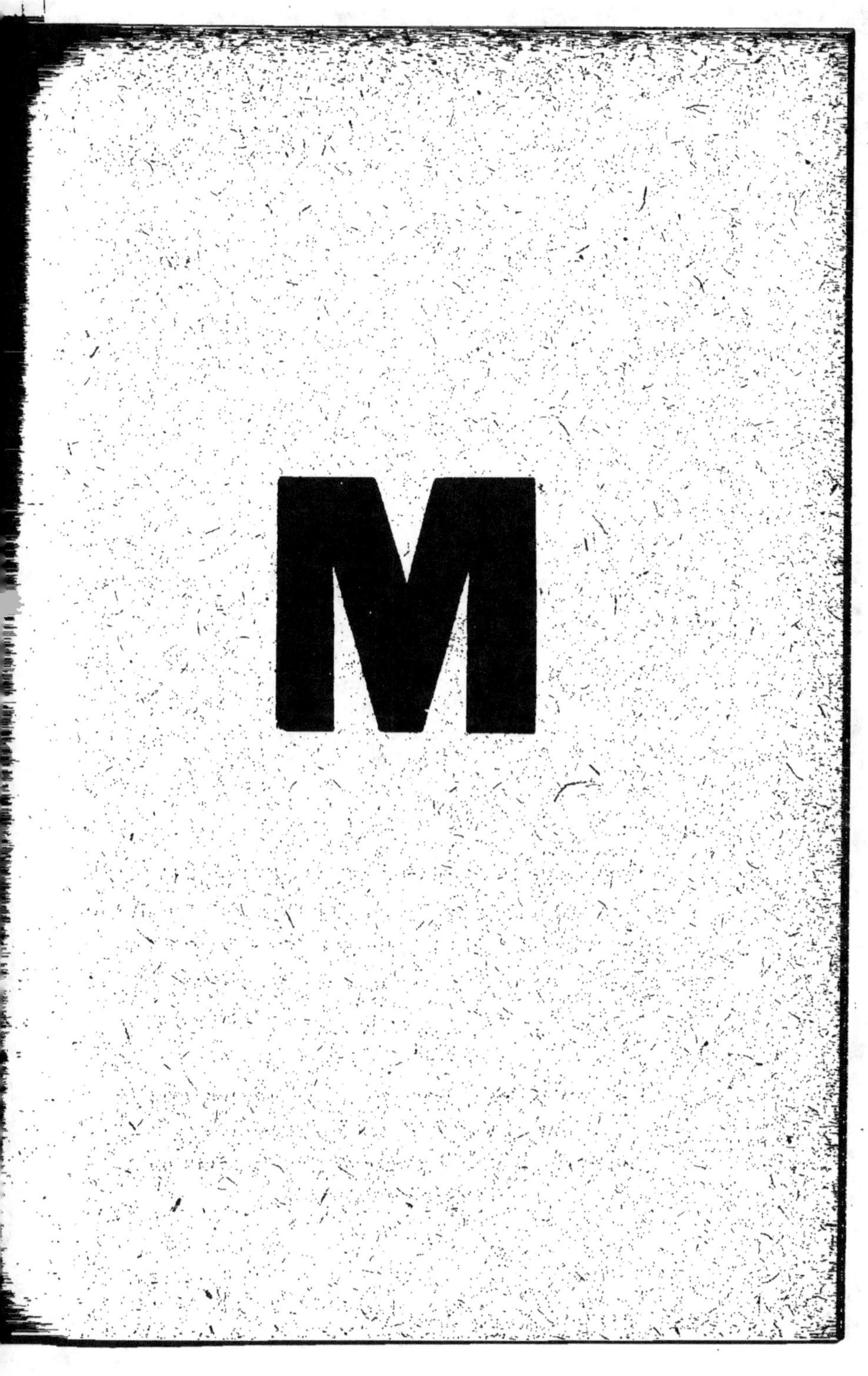
M

MAC-AULIFFE (Germaine-Suzanne), née à Paris. — 26, av. Friedland, 8e.

1941 Etude d'Algérien (Sétif). — 200 fr.
1942 Etude de Marocain (Bou-Moraketch). — 200 fr.

MAC CORD (Elisabeth-S.), née à New-York. — Américaine. — 17, rue Rousselet, 7e.

1943 Nature morte. — 500 fr.
1944 L'hortensia. — 500 fr.

MADELAIN (Gustave), né à Charly. — 81, boul. de la Gare, 13e.

1945 La rue de l'Epicerie à Rouen. — 850 fr.
1946 La grosse horloge à Rouen. — 850 fr.

MADET-OSWALD (Romulus-Phidias), né à Paris. — 6, rue Asseline, 14e.

1947 Mélancolie. — 3.000 fr.
1948 Un aspect parisien. — 4.000 fr.

MAERTENS (Médard), né à Coolscamp. — Belge. — 3, av. de la Mésange, Nogent-sur-Marne, (Seine).

1949 Peinture. — 3.000 fr.
1950 Peinture. — 1.800 fr.

MAGNÉ (René-Joseph), né à Paris. — Saint-Prix-en-Morvan (Saône-et-Loire).

1951 Jardin en Morvan. — 2.000 fr.
1952 Gamine bretonne. — 2.000 fr.

MAGUET (Richard), né à Amiens. — 270, rue St-Honoré, 1er.

1953 Nu. — 1.000 fr.

MAHAUX (Eugène), né à Bruxelles. — Belge. — 74, rue Emmanuel Van Driessche, Bruxelles (Belgique).

1954 Le piano. — 2.000 fr.
1955 Paysage. — 2.000 fr.

MAHN (Berthold), né à Paris. — 27, rue de Seine, 6e.

1956 Paysage.
1957 Paysage.

MAILFAIRE (Charles-Louis), né à Paris. — 6, rue Pruvost, Vanves (Seine).

1958 Paysage à Chaville (S.-et-O.). — 300 fr.
1959 Fleurs et fruits. — 350 fr.

MAILLARD (Louis-Horace), né à Boynes. — 1, rue d'Orchampt, 18e.

1960 La source. — 7.500 fr.

MAILLAUD (Guillaume), né à Mouhet. — 3, rue de l'Estrapade, 5e.

1961 Paysage. — 3.000 fr.
1962 Paysage. — 1.500 fr.

MAILLIEZ (Georges), né à Saint-Ouen. — 65, rue de Clichy, 9e.

1963 Nu sous l'arbre. — 1.000 fr.
1964 Nu au canapé. — 1.000 fr.

MAILLIEZ (Mme Yvonne), née à Paris. — 65, rue de Clichy, 9e.

1965 Automne. — 600 fr.
1966 Nu. — 1.000 fr.

MAIRET (René-Jean-Gustave), né à Paris. — 7, rue Baron, 17e.

1967 Châtillon-sur-Loire, la tour des dîmes. — 600 fr.
1968 Gisors, bords de l'Epte. — 500 fr.

MALBAUT (Ernest-Hector-Raymond), né à Campagne-lez-Hesdin. — Campagne-les-Hesdin (Pas-de-Calais).

1969 Crépuscule d'automne (pastel). — 550 fr.
1970 Lever de lune sur un coin de mon village (pastel). — 550 fr.

MALATIER (Marcel), né à Villefranche. — 34, rue Desbordes-Valmore, 16e.

1971 Taches de soleil. — 3.000 fr.
1972 Plein air. — 600 fr.

MALDÉRÉ (Raoul Van), né à Marseille. — 10, rue Rochechouart, 9°.

1973 Portrait de Mme de M. — Appartient à M. de M.
1974 Coin de village (Provence). — 2.500 fr.

MALÉ (Marcel-Edmond), né à Paris. — 97, rue de Belleville, 19°.

1975 Paysage. — 500 fr.
1976 Paysage. — 500 fr.

MALIAVINE (Philippe), né en Russie. — Russe. — 73, rue des Vignes, 16°.

1977 Portrait de l'auteur et sa famille. — Appartient à l'auteur.

MALLEBAY (Emmanuel), né à Alger. — 235, rue d'Alésia, 14°.

1978 Portrait. — Appartient à l'auteur.
1979 Nature morte. — 500 fr.

MALLET (Antoine), né à Clermont-Ferrand. — 7, rue Belloni, 15°.

1980 Tête, étude d'après l'auteur.
1981 Paysage d'Eure-et-Loir. — 150 fr.

MALVY (Émile), né à Paris. — 9, place d'Italie, 13°.

1982 Marine, île Bréhat. — 1.800 fr.
1983 Paysage, la Creuse au Pin. — 1.200 fr.

MANALT (Célestin), né à Perpignan. — Ancien Champ-de-Mars, Perpignan.

1984 Les suppliantes. — Marbre, 70.000 fr.; bronze, 45.000 fr.; pierre de Lavoux, 44.000 fr.; pierre de Lens, 48.000 fr.
1985 Le jeune mendiant. — Marbre, 20.000 fr.; bronze, 17.000 fr.; pierre de Lavoux, 15.000 fr.; pierre de Lens, 17.000 fr.

MANÈS (Germaine-C.), née à Paris. — Argentine. — 74, boul. Beaumarchais, 11°.

1986 Peinture.

MANÈS (Pablo-C.), né à La Plata. — Argentin. — 74, boul. Beaumarchais, 11e.

1987 Sculpture.
1988 Bas-relief.

MANSON (Mme Ruth-M.), né en Angleterre. — Anglaise. — 32, rue Mazarine, 6e.

1989 Le Tréport. — 400 fr.
1990 Paysage. — 400 fr.

MANTELET-MARTEL (André), né à Pontoise. — 40, rue Caulaincourt, 18e.

1991 Chaumière à Sciotot. — 300 fr.
1992 Eglise de Siouville. — 300 fr.

MARABOUT (Raymond), né à Mantes. — 15, rue Alphonse-Durand, Mantes (S.-et-O.).

1993 Un marché en Normandie. — 900 fr.
1994 Les tanneries à Mantes. — 1.000 fr.

MARAIS (Edouard-Georges), né à Paris. — Rue de Balzac, Franconville (S.-et-O.).

1995 Vue de Franconville (S.-et-O.). — 800 fr.
1996 Chaponval (S.-et-O.), coucher de soleil. — 800 fr.

MARCA (René), né à Paris. — 27, boul. Rochechouart, 9e.

1997 Le délassement. — 2.000 fr.
1998 Le breuvage. — 1.500 fr.

MARCEAU (Etienne), né à Noyen-sur-Seine. — 3, rue Vercingétorix, 14e.

1999 Maternité. — 2.000 fr.
2000 Paysage. — 800 fr.

MARCEAU (Léon-Marcel), né à Paris. — 16, rue Linné, 5e.

2001 Cormorans. — 800 fr.
2002 Flamands. — 500 fr.

MARCEL-BÉRONNEAU (Pierre), né à Bordeaux. — 11, impasse
Ronsin, 15°.

    2003 Salomé. — Appartient à l'auteur.
    2004 Paysage. — 2.500 fr.

MARCEL-CLÉMENT (Amédée), né à Paris. — 14 *bis*, Hameau Boileau, 38, rue Boileau, 16°.

    2005 Marine, temps gris. — 900 fr.
    2006 Marine, soleil. — 1.100 fr.

MARCEL-GAILLARD, né à Abbeville. — 5, rue Chaptal, 9°.

    2007 Portrait de M. René Maran.
    2008 Nu. — 3.000 fr.

MARCEL-LENOIR, né à Montauban. — 115, rue Notre-Dame-des-
Champs, 6°.

    2099 Pour la Crucifixion (fresque pour un institut ca-
            tholique de Toulouse). — Appartient à la femme
            de l'auteur.
    2010 Mise en tombeau (fresque pour un institut ca-
            tholique de Toulouse). — Appartient à la femme
            de l'auteur.

MARCHAL (Achille-Gaston), né à Saint-Denis. — Quincy-Ségy
(S.-et-M.).

    2011 Paysage. — 600 fr.
    2012 Paysage. — 600 fr.

MARCHAND (Jean), né à Paris. — 73, rue Caulaincourt, 18°.

    2013 Portrait du peintre Raverat.
    2014 Peinture.

MARCLAY (Louisa), née à Monthey. — Suisse. — 15, rue Hégésippe-Moreau, 18°.

    2015 Paysage. — 600 fr.
    2016 Paysage. — 450 fr.

MARC-RICHARD, né à Paris. — Belge. — 18, avenue de Laon
Reims (Marne).

2017 Femme nue. — 1.800 fr.
2018 Deux croquis (pointes sèches). — 50 fr. par
épreuve (tirage limité à 20 exemplaires).

MARE (André), né à Argentan. — 11, av. des Chasseurs, 17e.

2019 Vicence. — Galerie Marseille, 16 rue de Seine.
2020 Le pont d'Alby. — Gal. Marseille, 16 rue de Seine.

MARESCHAL (Yvonne), née à Albertville. — 15, av. Ledru-
Rollin, 12e.

2021 Les faucheurs. — 800 fr.
2022 Etude. — 800 fr.

MARESTE (J. Géo), né à Cognac. — Place de la Corderie, Cognac
(Charente).

2023 Portrait de Gerda Boklund. — Appartient à M.
Boklund.
2024 Portrait de Pierre Vigoureux.

MARGOTIN (Frédéric), né à Limoges. — 32, rue Gabrielle, 18e.

2025 Bords de rivière. — 1.200 fr.
2026 Dahlias. — 800 fr.

MARIE (Irène-Félicienne), née à Paris. — 50, rue Vercingétorix, 14e.

2027 L'allégorie de l'automne. — 3.500 fr.
2028 Les profondeurs de la mer (paravent). — 5.000 fr.

MARIE-ALIX (Alice), née à Paris. — 362 ter, rue de Vaugirard, 15e.

2029 A l'ombre des jeunes filles en fleur. — 4.000 fr.

MARINI (Jean-Dominique), né à Bastia. — 7, rue Belloni, 15e.

2030 Figure. — 1.200 fr.
2031 Accordéonistes (aquarelle). — 600 fr.

MARKAY (Marius-Louis), né à Dunkerque. — 16, rue du Four-à-Chaux, Dunkerque.

    2032 Chrysanthèmes. — 500 fr.
    2033 Reines-marguerites. — 500 fr.

MARKITANTE, né à Mohilev. — Russe. — 13, rue Girardon, 18e.

    2034 Maison de Berlioz. — 1.000 fr.
    2035 Maison de Berlioz. — 1.000 fr.

MARQUETTE (Marie-Rose), née à Bordeaux. — 79, rue de Dunkerque, 9e.

    2036 Pivoines et bleuets. — 450 fr.
    2037 Roses. — 300 fr.

MARQUEZ (Hellen), née à Paris. — 87, boul. Haussmann, 8e.

    2038 Femme aux soucis. — 1.200 fr.
    2039 Portrait. — 800 fr.

MARLY (Claude), né à Paris. — Galerie Visconti, 26, rue de Seine, 6e.

    2040 Figure. — 500 fr.
    2041 Fleurs. — 350 fr.

MAROCCO (Philippe-Auguste), né à Monte-Carlo. — Monégasque. — 17, rue des Petites-Ecuries, 10e.

    2042 Olivia (portrait). — 1.800 fr.
    2043 Roquebrune, le jardin de M. le curé. — 2.800 fr.

MARRE (Hélène), née à Paris. — 71, boul. Berthier, 17e.

    2044 Jeune femme lisant. — 900 fr.
    2045 Portrait.

MARROT (Henry), né à La Souterraine. — 60, rue Monge, 5e.

    2046 Le parc de Saint-Cloud. — 800 fr.
    2047 La robe jaune. — 1.500 fr.

MARSEILLE (Pierre), né à Marseille. — 85, rue de Rome, 8e.

    2055 Paysage (Provence). — 1.000 fr.
    2056 Paysage (Provence). — 800 fr.

MARTEL (Joël et Jan), nés au Mollin. — 6, rue Huyghens, 14e.

2048 Sculptures (fragments du monument à Claude Debussy).

MARTENNE (Thérèse-Eugénie-Léonie-Marie de), née à Pontoise. — 16, rue de la Procession, 15e.

2049 Roses blanches. — 200 fr.
2050 La vieille église de Mouzon (Charente). — 200 fr.

MARTIN (Antoine), né à Mur-du-Barrez. — 45, rue du Grand Gord, Ivry (Seine).

2051 La farandole (sculpture sur bois). — 2.000 fr.
2052 La Cène (sculpture sur bois). — 2.000 fr.

MARTIN (Claude-René), né à Paris. — 12, rue de l'Abbaye, 6e.

2053 Paysage. — 3.000 fr.
2054 Paysage, crépuscule. — 2.000 fr.

MARTINET (Henry), né à Bercenay. — 9, rue Alain-Chartier, 15e.

2057 Jeunesse (sculpture).

MARTOUGEN (Stanislas), né à Givet. — 95, rue de Vaugirard, 6e.

2058 Job. — 2.000 fr.
2059 Myrrha aux Enfers. — 3.000 fr.

MARY-GEORGE (Mme), née à Durban. — 45, rue Edouard-Nortier, Neuilly-sur-Seine.

2059 *bis* Récréation d'enfants. — 400 fr.
2059 *ter* Nature morte. — 300 fr.

MASSIN (Louis-Eugène-Pierre), né à Paris. — 95, r. de Vaugirard, 6e.

2060 La lecture. — 900 fr.
2061 Amiens, rue Basse-des-Tanneurs. — 900 fr.

MASSON (André), né à Nantes. — 12, rue Alexandre-Cabanel, 15e.

2062 Le Mont-Chalusset (Châtelguyon). — 400 fr.
2063 Au fond de Sans-Souci (Châtelguyon). — 400 fr.

MASSON (Mlle Edmée). — Génevoise. — Porquerolles (Var).

2064 Pinède et mer. — 1.500 fr.
2065 Jardin dans le Midi. — 900 fr.

MASSON (Elia), née à Carouge-Genève. — 23, place du Marché, Carouge-Genève (Suisse).

2066 Chien berger. — 600 fr.
2067 Mon chien. — 500 fr.

MASSON (Emile-Louis-Claude), né à Paris. — 229, rue des Pyrénées, 20°

2068 Cobayes (aquarelle). — 700 fr.
2069 Iris et mufliers (aquarelle). — 600 fr.

MASSON (Jules-Placide), né à Maubeuge. — 34, rue des Boulets, 11°

2070 Jésus rencontre Véronique. — 3.000 fr.
2071 Nymphe. — 1.200 fr.

MASURE (Georges-Paul), né à Paris. — 195, rue de Vaugirard, 15°

2072 Les vendanges à Pocé. — 1.500 fr.
2073 Matinée sur la Cisse. — 400 fr.

MATHELIN (Lucien), né à Binche. — 9, rue Falguière, 15°

2074 Peinture.
2075 Paysage.

MATHEY (Juliette-Marie), née à Paris. — 40, rue Denfert-Rochereau, 5°

2076 Peinture. — 500 fr.
2077 Fleurs. — 500 fr.

MATTHEY (Octave), né à Neuchâtel. — Suisse. — 83, boul. du Montparnasse, 6°

2078 Portrait (fusain rehaussé). — Appartient à M. F.
2079 Etude (fusain rehaussé). — 1.200 fr.

MATULKA (J.), né en Bohême. — Tchécoslovaque. — 56, rue Vercingétorix, 14°

2080 Peinture. — 4.000 fr.
2081 Peinture. — 4.000 fr.

MAURICE G. PONCELET, né à Mulhouse. — 52, rue Vercingétorix, 14e.

2082 Portrait de Mlle M. S. — Appartient à Mlle M. S.

MAX (Aary), né à Toulouse. — 48 *bis*, rue de Metz.

2083 4 petites statuettes (plâtre patiné). — 25 fr. chaque.
2084 3 petites plaquettes (plâtre patiné). — 30 fr. chaque.

MAYEN (Juliette), née à Paris. — 8, rue Cernuschi, 17e.

2085 Chemin du Petit-Vieil à Noirmoutiers. — 600 fr.
2086 Jardin sur la mer à Noirmoutiers. — 400 fr.

MAYER (Berthe), née à Bordeaux. — Chez M. Dias, 158, rue Saint-
Jacques, 5e.

2087 Pendant le repos. — 2.000 fr.

MAYNADIÉ (Charles-Emmanuel), né à Paris. — 207, rue de Tolbiac, 13e.

2088 Peinture. — 2.000 fr.

MAZZOCCHI DE BELLUCCI (Numa), né à Paris. — 1, av. de Bellevue, Le Chesnay (S.-et-O.).

2089 A Bellagio (fresque rentoilée). — 2.000 fr.
2090 Paysage (fresque rentoilée). — 1.500 fr.

MEEUS (Robert), né à Anderlecht. — 29, rue des Martyrs, 9e.

2091 Arnay-le-Duc (Côte-d'Or). — 900 fr.
2092 La mare. — 500 fr.

MEINSEL (Alexandre), né à Aigy. — 42, rue Saint-Vincent, 18e.

2093 Paysage, Villiers-le-Bel. — 500 fr.
2094 Paysage, vue sur Sarcelles. — 500 fr.

MÉLAN (Andhrée), née à Paris. — 69, boul. de Clichy, 9e.

2095 Étude. — 700 fr.
2096 Paysage. — 650 fr.

MELENDEZ (Johanna), née à Boulogne-sur-Mer. — 16, rue Brémontier, 17e.

2097 Maïse (portrait). — 1.500 fr.
2098 Fegdal (portrait). — Appartient à M. Ch. Fegdal.

MENDÈS-FRANCE (René), né à Paris. — 58 *bis*, rue Ramey, 18e.

2099 L'aveugle. — 1.000 fr.
2100 L'étranger. — 700 fr.

MENON (Pierre-Louis), né à Grenoble. — 7, rue des Canettes, 6e.

2101 Cadre de gravures. — A partir de 50 fr.
2102 Cadre de blanc et noir.

MÉRAT (Claude), né à Paris. — 3, rue Charles-Dickens, 16e.

2103 Dans les gorges du Tarn. — 4.000 fr.
2104 La Loire près de Saumur. — 2.500 fr.

MERCIER (Léon-Paul), né à Philippeville. — 6, rue du Parc, Saint-Mandé (Seine).

2105 Cap d'Ail. — 500 fr.
2106 La Marne à Charenton. — 600 fr.

MERCIER-LUCIEN (Pierre-Émile), né à Paris. — 36, r. Mathis, 19e.

2107 Très savoureux repas. — 1.200 fr.
2108 Mes chers fruits. — 210 fr.

MERCIER (Mary-Adolphe), né à Paris. — 11 *bis*, rue Poussin, 16e.

2109 Golfe du Morbihan (marine). — 1.000 fr.

MERCIER (Pierre-Ernest), né à Paris. — 14, boul. d'Argenson, Neuilly-sur-Seine (Seine).

2110 Jardin. — 500 fr.
2111 Parc. — 500 fr.

MERCKEL (Émile-Eugène), né à Paris. — 3, boul. de Belleville, 11e.

2112 La petite bouquetière. — 200 fr.

MERCY (Mme Louise de), née à Puteaux. — 152, rue Lamarck, 18e.

2113 Pêches. — 500 fr.
2114 Roses. — 250 fr.

MERGIER-DIÈRE (Myriam), née à Saint-Servan. — 12, av. du Maine, 15e.

2115 Enfants sur une terrasse. — Appartient à l'auteur.
2116 Portrait de Mme H. M. — Appartient à Mme H. M.

MÉRIAS (Esther-Renée), née à Paris. — 108, rue de la Folie-Méricourt, 11e.

2117 Femmes de Paris (gravure burin). — 1.500 fr.
2118 Heureux de vivre (dessin). — 1.500 fr.

MÉRIOT (Jules-Louis), né à Paris. — 140, boul. Magenta, 10e.

2119 La porte du jardin. — Appartient à l'auteur.
2120 Un bras de la Marne. — 250 fr.

MESLAY (Charles-Pierre-Joseph), né à Saint-Brieuc. — 14, rue des Moines, 17e.

2121 Rue de l'Apport à Dinan. — 300 fr.
2122 Coucher de soleil sur le cap Fréhel. — 300 fr.

MESSAGER (Andrée), née à Tours. — 9, rue Boulenger-Delbarre, Choisy-le-Roi (Seine).

2123 Jephté et sa fille (*Bible*).

MESTRALLET (Paul-Louis), né à Paris. — Atelier 52, rue Lhomond, 5e.

2124 Paysage. — 4.000 fr.

MÉTÉREAU (Pierre-Florimond), né à Luçon. — 2, pas. Dantzig, 15e.

2125 Le printemps (peinture sur ciment). — 1.500 fr.
2126 L'éléphant sacré. — 2.500 fr.

MEURIS (Emmanuel), né à Liége. — Belge. — 44, rue Charles-Morren, Liége (Belgique).

2127 Les rochers de la Vierge à Comblain-la-Tour. — 2.500 fr.
2128 Contre-jour en Ardennes. — 2.500 fr.

MEURISSE (Renée), née à Paris. — 28, rue de Lourmel, 15°.

2129 Sicilienne. — 1.500 fr.

MEURISSE (René-Henry), né à Bourges. — 44, rue Fontaine, 9°.

2130 Baignade. — 1.000 fr.
2131 Repos. — 4.000 fr.

MEYLAN (Henry), né à Le Sentier. — Suisse. — Chez M. Émile Lemonnier, 4, rue Paul-Féval, 18°.

2132 Le marché aux chevaux, Valencia. — 1.000 fr.
2133 Composition. — 1.500 fr.

MÉZERETTE (Edmond), né à Saint-Pierre-le-Moûtier. — 5, rue Alphonse-Daudet, 14°.

2134 Sérénité.

MIALHE (Maxime), né à Louviers. — 8, boul. du Roi, Versailles.

2135 Versailles, parc à l'automne (aquarelle). — 300 fr.
2136 Trianon, jardins en été (aquarelle). — 300 fr.

MIAULET (William), né à Nîmes. — 10, rue de Buci, 6°.

2137 Au Luxembourg en septembre. — 250 fr.
2138 Dahlias. — 300 fr.

MIAULT (Henry), né au Breuil-sous-Argenton-Château. — 48, boul. Malesherbes, 8°.

2139 Vitrine bijoux et objets d'art ciselés émaillés.
2140 Vitrine bijoux et objets d'art ciselés émaillés.

MIGNOT (Marcel-Georges), né à Buxeuil. — 235, rue d'Alésia, 14°.

2141 Paysage champenois. — 600 fr.
2142 Paysage. — 250 fr.

MILLARD (Ernest-Jean-Marie), né à Paris. — 7, boul. Arago, 13°.

2143 Noyon (aquarelle). — 250 fr.

MILLET (Mme Géraldine-Reed), née à la Providence. — 100, rue d'Assas, 6e.

2144 Devant la glace. — 800 fr.
2145 La réponse. — 700 fr.

MILLOT (Eugène-Charles), né à Paris. — 6, rue de Fécamp, 12e.

2146 Baigneuses. — 3.000 fr.

MIMO (Claudio), né à Zamora. — Espagnol. — 6 *bis*, villa des Camélias, 14e.

2147 Vierge à l'enfant (plâtre patiné).
2148 Tête d'enfant (pierre).

MOMBRUN (L.), né à Madrid. — Français. — 60, boul. de Clichy, Pavillon du Midi, 18e.

2149 L'artiste japonais Sakae Ashida dans *la Danse du Sabre*.

MONDAIN (Jean), né à La Chapelle-Rousselin. — 55, quai des Grands-Augustins, 6e.

2150 De mon clocher. — 500 fr.
2151 Tête à tête. — 300 fr.

MONIER (Maggy), née à Paris. — 14, pass. Victor-Marchand, 13e.

2152 Peinture. — 800 fr.
2153 Peinture. — 600 fr.

MONIER (Maggy), né à Paris. — 14, passage Victor-Marchand, 13e.

2154 Paysage. — 800 fr.
2155 Salomé inoffensive. — 800 fr.

MONMÉLIEN (Édouard), né à Paris. — 66, Grande-rue, Flers de l'Orne.

2156 Barque de pêche à marée basse (aquarelle). — 150 fr.
2157 Une rue du Mont Saint-Michel (aquarelle). — 180 fr.

MONNIER (Claire-Lise), née à Annemasse. — Haut-Monthoux, par Annemasse.

2158 Le dimanche après-midi. — 600 fr.
2159 La demoiselle. — 400 fr.

MONNOT (Maurice-Louis), né à Paris. — 12, avenue Eugène-Carrière, Gournay-sur-Marne (S.-et-O.).

2160 La récureuse. — 1.000 fr.
2161 Le thé (effet de lumière). — 500 fr.

MONTAL (Louis-Alexandre), né à Cahors. — 128 *ter*, boulevard de Clichy, 18e.

2162 Rocamadour. — 1.500 fr.
2163 La Dordogne (crépuscule d'automne). — 800 fr.

MONTEIL (Louis-Jacques), né à Paris. — 65, rue Lepic, 18e.

2164 La danse du poignard (baraque foraine, fête de Montmartre). — 5.000 fr.
2165 Le soir au cabaret (billard et poker). — 1.500 fr.

MONTERET (Pierre), né à Roanne. — 15, rue Duguay-Trouin, 6e.

2166 Les adolescents. — 1.200 fr.
2167 Etude. — 900 fr.

MONTMEROT (Albert), né à Autun. — 1, rue des Cités, Autun. (Saône-et-Loire).

2168 Couseuse. — 1.000 fr.
2169 Le torse (nature morte). — 800 fr.

MORAS (Paul-Albert), né à Bordeaux. — 55, boul. de Vaugirard, 15e.

2170 Paysage. — 900 fr.
2171 Paysage. — 800 fr.

MORCHAIN (Paul), né à Rochefort-sur-Mer. — 4, rue du Texel, 14e.

2172 Rue à Landevennec (Finistère). — 1.500 fr.
2173 Vieille église à Landevennec (Finistère). — 1.500 fr.

MOREAU (Gaston-Auguste), né à Paris. — 15 *bis*, rue de Châtillon, Clamart (Seine).

2174 La pointe de Garchines (Finistère). — 1.200 fr.
2175 Coucher de soleil, Porspoder (Finistère). — 1.200 fr.

MOREAU (Jehan-Charles), né à Auxerre. — 34, avenue de la Puisaye, Auxerre (Yonne).

2176 La rue de l'Auxois (Morvan). — 250 fr.
2177 Première neige sur le toit. — 200 fr.

MOREAU (Louis), né à Châteauroux. — 16, rue de Paris, Charenton.

2178 Labour en Berry. — 800 fr.
2179 Dans la vallée de la Creuse. — 800 fr.

MOREAU (Luc-Albert), né à Paris. — 15, rue du Cherche-Midi, 6e.

2180 } Suite de lithographies pour le tableau de *l'Amour*
2181 } *vénal*, de Francis Carco.

MOREAU (Mme Renée-Rolande), née à Paris. — 24, rue Ligonnier, Thouars (Deux-Sèvres).

2182 Marée basse, Souzac (aquarelle marine).
2183 Souzac, le soir (marine).

MOREAU (Serge-Henri), né à Saint-Mihiel. — 45, boulevard Lefebvre, 15e.

2184 La femme blonde (nu). — 1.200 fr.
2185 Démolition des fortifs, porte de Versailles. — 1.100 fr.

MORER (Denis), né à Bouleternère. — 7, rue Montbrun, 14e.

2186 La danseuse. — 400 fr.
2187 Cabaret catalan au vieux temps. — 300 fr.

MORETTI (Luigi), né à Venise. — Italien. — 83, rue de la Tombe-Issoire, 14e.

2188 Le choix des fruits. — 1.500 fr.
2189 Le jour des cuivres. — 1.000 fr.

MORETTI (Vera), née à Nogent-sur-Marne. — Italienne. — 83, rue de la Tombe-Issoire, 14°.

2190 Arabe. — 750 fr.
2191 Arabes. — 750 fr.

MORGAN-RUSSELL, né à New-York. — Américain. — Aigremont, par Poilly (Yonne).

2192 Baigneur. — 1.500 fr.
2193 Fantaisie dédiée aux idées et forces démesurées. — 2.000 fr.

MORIANE (André-Charles), né à Paris. — 57, rue de Tolbiac, 13°.

2194 Matinée sur la Loire. — 800 fr.
2195 Au bois de Vincennes. — 500 fr.

MORILLON (Etienne), né à Soucieu-en-Jarrez. — 11, rue Martin, Lyon.

2196 Peinture.
2197 Peinture.

MORIN (Fernand), né à Saint-Aubin-de-Baubigné. — 25, rue Turgot, 9°.

2197 *bis* Bords de la Loire. — 1.200 fr.

MORIN-JEAN, né à Paris. — 33 *bis*, boulevard de Clichy, 9°.

2198 Une rue à Cayeux. — 1.000 fr.
2199 Le violon. — 1.000 fr.

MORIS (Félix), né à Putte-lez-Malines. — Belge. — 207, faubourg Saint-Martin, 10°.

2200 Fleurs. — 1.000 fr.
2201 Fleurs. — 500 fr.

MORLIER (Pierre), né à Châteauroux. — Mairie du 1er, 4, place du Louvre.

2202 Départ pour la promenade. — 500 fr.
2203 Notre-Dame vue du quai Saint-Michel (peinture sur bois). — 150 fr.

MORSE-RUMMEL (Frank). — Anglais. — 6, rue Nicolo, 16°.

2204 Personnæ.

MORTIER (Robert), né à Nice. — 55, rue de Lille, 7e.

2205 Peinture. — 2.000 fr.
2206 Peinture. — 2.000 fr.

MORTIMER-GRONOW (Tudor-Alexis), né à Paris. — 39, rue
Washington, 8e.

2207 Printemps, environs d'Argenton-sur-Creuse. —
600 fr.
2208 Bords du Loing. — 500 fr.

MORVAN (Georges-Frédéric), né à La Rochelle. — 31, rue Raspail,
Vanves (Seine).

2209 Les Tamaris. — Appartient au musée de La
Rochelle.
2210 Paysage, La Rochelle. — 1.800 fr.

MOUCHOT (Georges-Léon-Philippe), né à Paris. — 50, rue Saint-
Didier, 16e.

2211 Lever de lune sur la rivière de Morlaix. — 800 fr.
2212 Chrysanthèmes. — 400 fr.

MOUILLOT (Marcel), né à Paris. — Saint-Tropez (Var).

2213 Village dans les Maures, I. — 700 fr.
2214 Village dans les Maures, II. — 1.000 fr.

MOUSSELET (Mlle Yvonne-Eugénie), née à Paris. — 47, rue de
Passy, 16e.

2215 Le Mogueron, ferme bretonne. — 500 fr.
2216 Vitrine reliures et cuirs d'art :

1. coffret cuir d'art. — 150 fr.
2. Reliure pour *Aphrodite* (1re édition). — 400 fr.
3. Reliure pour *Jean Barois*. — 200 fr.
4. Reliure pour le *Rubaiyat*. — 600 fr.

MOY (Maurice), né à Rennes. — 2 bis, avenue de Sceaux, Versailles.

2217 Bretagne (Finistère) (composition décorative dé-
trempe). — 600 fr.

MOÏSE (Elsa-Marie), née à Paris. — 14, rue Oudinot, 7ᵉ

    2218 Le soir. — Appartient à M. et Mᵐᵉ Signoret.
    2219 Deux dessins : vieux Vanves.

MOYSEN (Marguerite), née à Paris. — 1, rue du Cloître, Mantes (Seine-et-Oise).

    2220 Un coin du village. — 500 fr.
    2221 Fleurs. — 400 fr.

MULINEN (Éléonore de), née à Berne. — Suisse. — 32, rue de l'Orne, 15ᵉ.

    2222 Buste du sculpteur Edwin Bucher. — 6.000 fr.

MUNRO (Mᵐᵉ Jeanne), née à Orillia. — Canadienne. — 31 *bis*, rue Campagne-Première, 14ᵉ.

    2223 En Bretagne. — Appartient à l'auteur.
    2224 Le petit marché, Arras. — Appartient à l'auteur.

MURPHY (Gérald), né à Boston, Massachusetts. — Américain. — 23, quai des Grands-Augustins, 6ᵉ.

    2225 Boat-Deck.

MUSSON (Suzanne), née à Paris. — 51, rue de la Pompe, 16ᵉ.

    2226 Gamma, le Sénine au crapaud. — 300 fr.
    2227 L'écolière. — 250 fr.

1924 - CATALOGUE - 1924

SERVICE DES VENTES

A L'EXPOSITION

Tous les ouvrages mentionnés au présent catalogue sont offerts au public aux prix désignés par les artistes **sans interposition d'aucun intermédiaire.**

Ces prix ne subissent aucune majoration. Les acquisitions sont **exemptes de tous droits, taxes ou impôts.**

MM. les visiteurs trouveront au Secrétariat de l'Exposition tous renseignements concernant la vente des œuvres exposées.

L'Administration de la Société se charge d'aviser les artistes des ventes effectuées ainsi que de la transmission des offres qui pourraient être faites en vue de la réalisation de commandes ou de l'acquisition des ouvrages exposés.

**Les bureaux du Secrétariat de l'Exposition
se trouvent au rez-de-chaussée,
au fond de la Galerie Victor-Emmanuel
(côté Cours la Reine)**

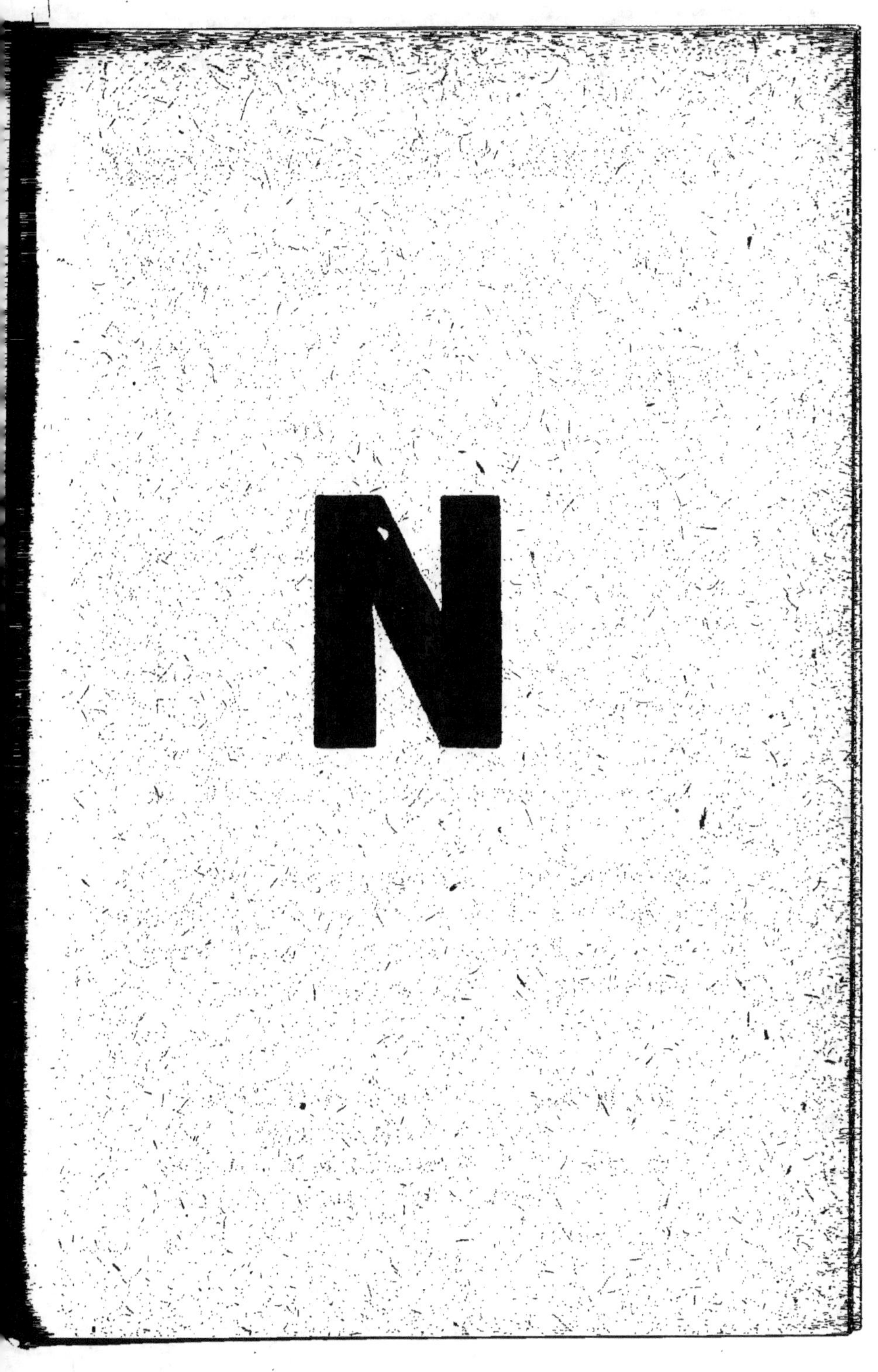
N

NOTES

NOTES

NAGORSKI (André), né à Vaucresson. — 9, rue Montcalm, 18e.

2228 Les plaisirs favoris. — 1.000 fr.
2229 Ciel d'orage. — 600 fr.

NAILLOD (Charles), né à Paris. — 56, rue de Douai, 8e.

2230 Baigneuses au crépuscule. — 3.000 fr.
2231 La révoltée. — 1.000 fr.

NAMUR (Paul-Franz), né à Valenciennes. — 68, rue Spontini, 16e.

2232 Les ombres. — 1.500 fr.
2233 Le désir. — 2.500 fr.

NAPOLÉON (Charles), né à Boismont. — 34, r. de l'Abbé-Groult, 15e.

2234 Paysage (composition). — 800 fr.
2235 Paysage (Villers-en-Arthies, S.-et-O.). — 600 fr.

NARDUS-BOURGEOIS (Flory), née à Suresnes. — 8, rue Bellanger, Neuilly-sur-Seine

2236 Conte oriental. — 1.000 fr.
2237 Fantaisie. — 300 fr.

NARDUS-BOURGEOIS (Léa), née à Arnouville-les-Gonesse. — 8,
rue Bellanger, Neuilly-sur-Seine.

2238 Femmes damnées (d'après poème de Baudelaire). —
2.500 fr.
2239 Impressions de Beltran-Massés. — Appartient à
l'auteur.

NAZE (Mme Suzy), née à Paris. — 11, rue Saint-Guillaume, 7e.

2240 Iles Chausey (sépia).
2241 Charmes-la-Grande (sépia).

NEILLOT (Louis), né à Vichy. — 10, rue de l'Eglise, Asnières.

2242 Nu à la chaise (étude nocturne). — 3.000 fr.
2243 Nature morte. — 1.500 fr.

NELSON (Mlle M.), née à New-York. — Américaine. — Chez Castelucho, 16, rue de la Grande-Chaumière, 6°.

    2244 Ma villa. — 2.000 fr.
    2245 Port de Baldal. — 1.500 fr.

NÉRÉE-GAUTIER (Jane), née à Bordeaux. — 12, rue Louis-David, 16°.

    2246 Tulipes jaunes. — 700 fr.
    2247 Pommes. — 500 fr.

NEVEU (Marcelle-Sophie), née à Saint-Maximin. — Villa Mimosas, Cagnes-sur-Mer.

    2248 Environs de Cagnes-sur-Mer. — 700 fr.
    2249 Nature morte. — 800 fr.

NICO, né à Paris. — 30, rue Beaurepaire, 10°.

    2250 L'île de Cézembre. — 500 fr.
    2251 Soir fantastique. — 500 fr.

NIELSEN (Henrik), né à Gentofte (Danemark). — Français. — 6, rue du Général-Galliéni, Versailles.

    2252 Jardin de Versailles. — 700 fr.
    2253 Automne au Petit-Trianon. — 700 fr.

NIGAUD (Paul-Louis), né à Digoin. — Voutenay-sur-Cure (Yonne), et 9, rue Campagne-Première, 14°.

    2254 Rue à Voutenay. — 1.500 fr.
    2255 Paysage à Voutenay. — 1.200 fr.

NIQUET (Marcel-Charles), né à Poses. — Poses, par Léry (Eure).

    2256 Paysage (automne). — 950 fr.
    2257 Vieille écluse à Poses. — 800 fr.

NIRVA (Mme Claire), née à Rouen. — 64, rue Ganterie, Rouen.

    2258 Cruche et pavots. — 300 fr.
    2259 Les chrysanthèmes. — 350 fr.

NIVOULIÈS (Marie), née à Toulon. — 119, boulevard St-Michel, 5°.

2260 Marine. — 1.000 fr.
2261 Marchande. — 2.800 fr.

NOEL-BASTIDE (Alexandre). — Rue Barcelone, Narbonne (Aude).

2262 Le vieux puits, plein soleil (Gard). — 400 fr.
2263 Scène languedocienne, rue de village (Gard). — 450 fr.

NORDAU (Maxa), née à Paris. — 14, rue Henner, 9°.

2264 Joueuse de guitare. — 2.000 fr.
2265 Portrait. — Appartient à l'auteur.

NORMAND (Emile), né à Paris. — 12, boulevard de la Villette, 19°.

2266 Forêt de Fontainebleau (la Mare aux Fées). — 400 fr.
2267 Le fort Lalatte (Côte d'Emeraude). — 200 fr.

NORMANDIN (Yvonne), née à Paris. — 24, rue de Bondy, 10°.

2268 Le renard blanc. — 400 fr.
2269 Les idées noires. — 400 fr.

NOURRIGAT (Emile), né à Maraussan. — 18, rue Friant, 14°.

2270 Centaure. — 600 fr.
2271 Nymphe. — 500 fr.

NOURY (Pierre), né à Besançon. — 16, boulevard St-Germain, 5°.

2272 Le château de la Belle-au-Bois-Dormant. — 1.000 francs.
2273 Etude dans le Jura. — 1.000 fr.

NUTTING (Elena-Helen), née en Californie. — Américaine. — 9, rue Falguière, 15°.

2274 Composition (gravures).

NUTTING (Myron-Chester), né aux Etats-Unis. — Américain. — 9, rue Falguière, 15°.

2275 Composition.

NOTES

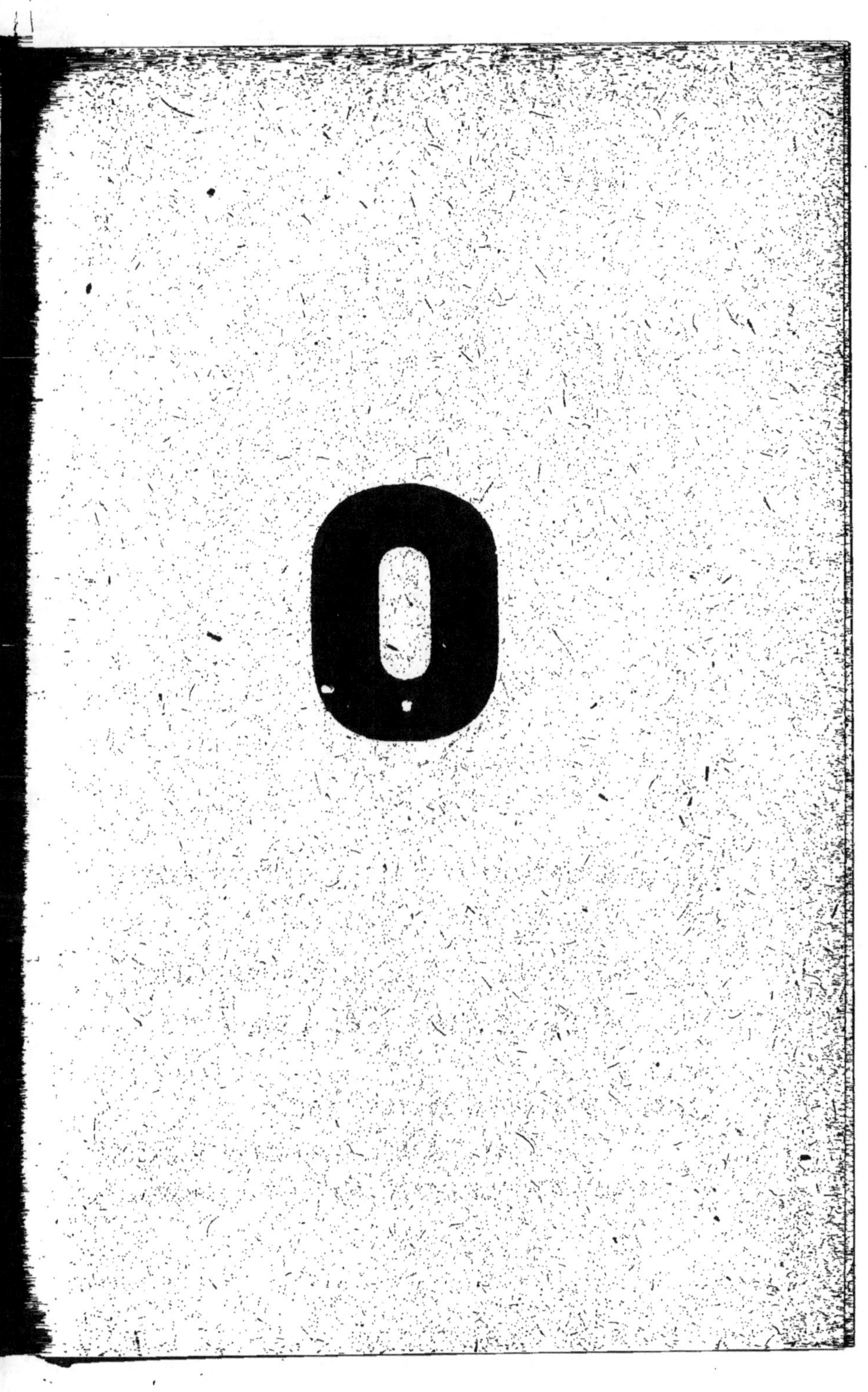

NOTES

OBERKAMPF (Roger-Louis), né à Lyon. — 27, rue Franklin, 16°.

2276 La belle journée. — 1.000 fr.
2277 Le carrefour aux vaches. — 800 fr.

OBLET (Félix), né à Bagneux. — 27, rue Olivier-de-Serres, 15°.

2278 Trouville (vue générale). — 500 fr.
2279 La Touques à Trouville. — 350 fr.

OHLSEN (François-Jonas), né à Rome. — Italien. — 7, r. Belloni, 15°

2280 Reflets vénitiens (ovale décoratif). — 1.500 fr.
2281 L'église romane. — 1.200 fr.

OIJEN (Dorine Van), née à La Haye. — Hollandaise. — Adelheid-straat, 14, La Haye (Hollande).

2282 Le Nestor du village. — 3.000 fr.
2283 L'atelier de sculpture. — 2.000 fr.

OKADA (Minoru), né au Japon. — Japonais. — 13, r. du Château, 15°.

2284 Paysage. — 2.000 fr.
2285 Jardin. — 3.000 fr.

OLDFIELD (Otis), né à Sacramento. — Américain. — 70, rue Rochechouart, 9°.

2286 Homme au chien.

OLIVE (Henri), né à Tamaris. — 77, rue Denfert-Rochereau, 14°.

2287 Jeunes gens en marche.
2288 Peinture.

OLIVIER (Ferdinand), né à Martigues. — 6, square Delambre, 14°.

2289 Pêcheurs de moules. — 2.500 fr.
2290 La mairie (Martigues). — 2.000 fr.

OLIVIER (René), né à Elbeuf. — 8, rue Garancière, 6°.

2291 Marché languedocien. — 1.800 fr.
2292 Paysage aveyronnais. — 1.200 fr.

OLMER (Pierre), né à Morsang-sur-Orge. — 18 *bis*, rue Dulac, 15ᵉ.

2293 La robe rose (portrait). — Appartient à l'auteur.
2294 Soucis. — 300 fr.

OLOFSSON (George), né Motala. — Américain. — 5, rue du Marché, Champigny-sur-Marne (Seine).

2295 Peinture. — 2.000 fr.
2296 Peinture. — 1.000 fr.

OMER (François), né à Avignon. — 9, rue Campane, Avignon. (Vaucluse).

2297 Lecture. — 1.000 fr.
2298 Fin de journée (Marseille, le port). — 1.000 fr.

ORGAZ (Pascal), né à Bayonne. — 123, boulevard Ney, 18ᵉ.

2299 Le Trocadéro. — 550 fr.
2300 Le Pont-Neuf. — 350 fr.

OSCHWALD (Madeleine), née à Fonday. — Suisse. — 85, boulevard de Port-Royal, 13ᵉ.

2301 Le repos des vieux (gouache). — 500 fr.
2302 Misère (gouache). — 250 fr.

OTT (Lucien), né à Paris. — 23, rue de Crosnes, Villeneuve-Saint-Georges (S.-et-O.).

2303 Route de Corbeil à Villeneuve-Saint-Georges. — 800 fr.
2304 Les bords de la Seine à Villeneuve-Saint-Georges. — 800 fr.

OTT (Lucienne), née à Paris. — 23, rue de Crosnes, Villeneuve-Saint-Georges (S.-et-O.).

2305 Nature morte (primevères). — 500 fr.
2306 Nature morte. — 500 fr.

OTTMANN (Henry), né à Ancenis. — 37, rue St-André-des-Arts, 6ᵉ.

2307 Peinture.
2308 Fleurs (pastel).

OUDOT (Roland), né à Paris. — 4, rue Louis-Thuillier, 5e.

2309 Village en Ile-de-France. — 600 fr.
2310 Villageoise. — 500 fr.

OUILLON-CARRÈRE (Fernand), né à Paris. — 11, rue des Sablons.

2311 L'Arlequin (statuette cire teintée). — 2.500 fr.
2312 Danseuse nue (statuette cire teintée). — 2.200 fr.

OURY (Louis), né à Montauban. — 69, rue Froidevaux, 14e.

2313 Paysage. — 2.000 fr.
2314 Paysage. — 2.000 fr.

OYRÉ (Marie-Juliette d'), née à Châtellerault. — 48, boulevard des Batignolles, 17e.

2315 Etude de nu.
2316 Fleurs.

Au premier étage :

EXPOSITION et VENTE de REPRODUCTIONS

" Les Artistes Indépendants "

Leurs Portraits et leurs Œuvres

par MANUEL Frères et ROSEMAN

1924 - CATALOGUE - 1924

SERVICE DES VENTES

A L'EXPOSITION

Tous les ouvrages mentionnés au présent catalogue sont offerts au public aux prix désignés par les artistes, sans interposition d'aucun intermédiaire.

Ces prix ne subissent aucune majoration. Les acquisitions sont **exemptes de tous droits, taxes ou impôts.**

MM. les visiteurs trouveront au Secrétariat de l'Exposition tous renseignements concernant la vente des œuvres exposées.

L'Administration de la Société se charge d'aviser les artistes des ventes effectuées ainsi que de la transmission des offres qui pourraient être faites en vue de la réalisation de commandes ou de l'acquisition des ouvrages exposés.

Les bureaux du Secrétariat de l'Exposition
se trouvent au rez-de-chaussée,
au fond de la Galerie Victor-Emmanuel
(côté Cours-la-Reine).

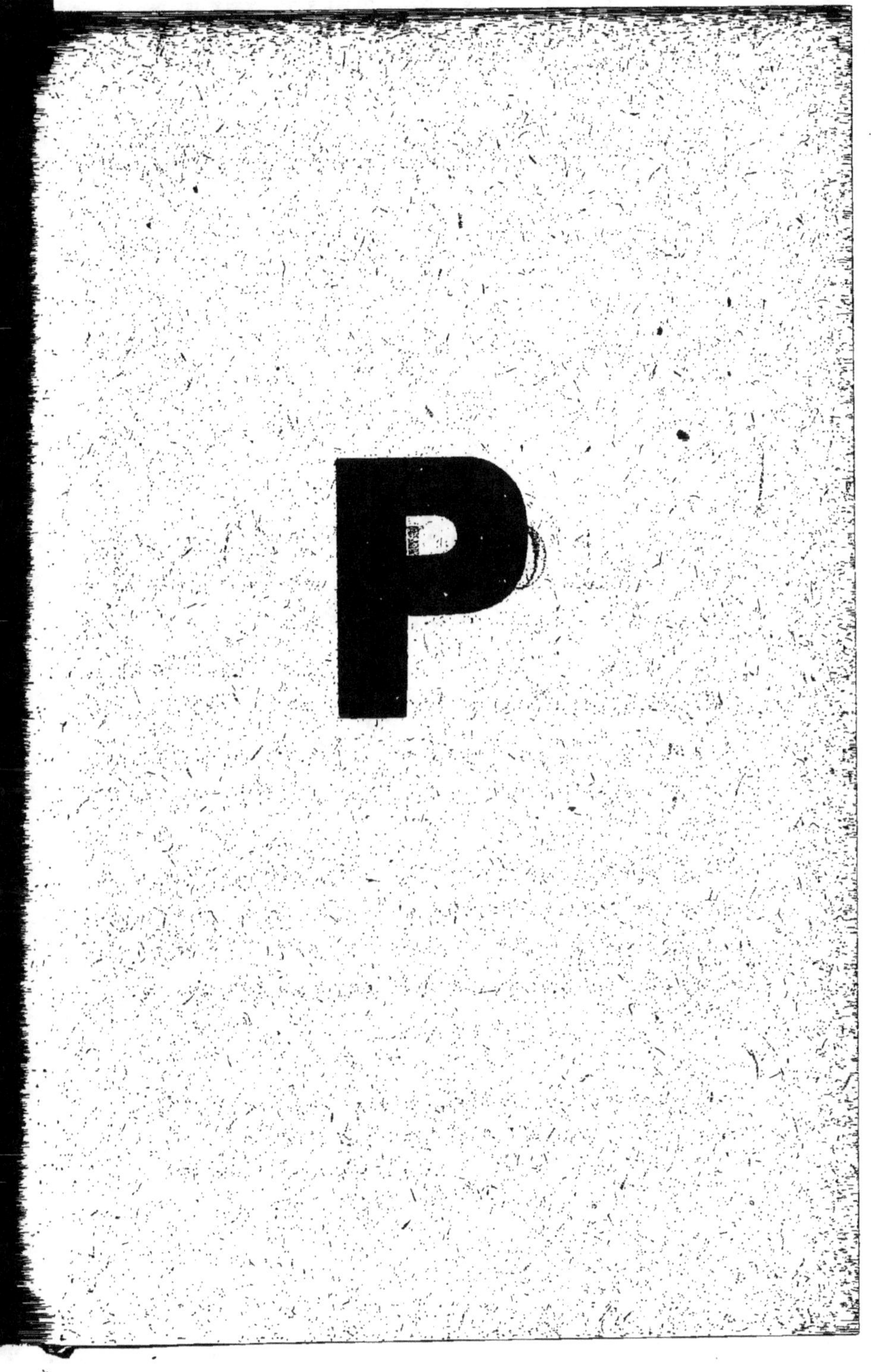

P

Galerie Briant-Robert

7, Rue d'Argenteuil
GUTENBERG 59-86
(Près l'avenue de l'Opéra)
R. C. Seine N° 29.154

EXPOSITIONS

RELIURES
PIERRE LEGRAIN

BRIANT ROBERT
EDITEURS
7 RUE D'ARGENTEUIL
PARIS
TEL. GUT. 59.86

PACQUET (Henri), né à Glatigny. — 19, quai Saint-Michel, 5°.

2317 Paysage (Giverny). — 1.000 fr.
2318 Paysage (Giverny). — 1.000 fr.

PAGNARD (Robert-Jean-Joseph), né à Bordeaux. — 8, r. d'Anjou, 8°.

2319 Pastorale. — Appartient à l'auteur.
2320 Jehanne au sacre de Charles VII. — Appartient à l'auteur.

PAJAK (Venceslas-Gaëtan), né à Radom. — Polonais. — 24, rue Falguière, 15°.

2321 La joie des fruits. — 6.000 fr.
2322 Les pommes. — 500 (sans cadre).

PAJOT (René), né à Paris. — 3, rue Vercingétorix, 14°.

2323 Sculpture. — Appartient à l'auteur.
2324 Sculpture. — Appartient à l'auteur.

PALLIER (Raymond), né à Dieppe. — 21, rue Dautancourt, 17°.

2325 Panneau décoratif. — Commandé.

PAMER (Maurice), né à Nantes. — 16, rue Borda, Bordeaux.

2326 Rues de Bamako (Soudan). — 700 fr.
2327 Rues de Bamako (Soudan. — 700 fr.

PANARDIE (Pierre), né à Paris. — 13, rue Bonaparte, 6°.

2328 Peinture. — 800 fr.
2329 Peinture. — 800 fr.

PANGALOS (Constantin), né à Argos. — Hellène. — 62, boulevard de Clichy, 18°.

2330 Peinture. — 1.200 fr.
2331 Peinture. — 500 fr.

PANNARD (Henri), né à Coubert. — 41, rue du Rendez-vous, 12°.

2332 Moulin de Douves, Torcy (S.-et-M.). — 1.000 fr.
2333 Rue Monchany, à Durtol (Puy-de-Dôme). — 600 fr.

PAPAIX (André), né à Castres. — 193, boul. Saint-Germain, 6e.

2334 L'épave. — 2.000 fr.
2335 Au pays des albatros. — 1.500 fr.

PARAYRE (Henry), né à Toulouse. — Galerie J. Billiet, 24, rue de la Ville-l'Evêque, 8e.

2336 Suzanne (grès de Furnes). — Appartient à la Galerie J. Billiet.
2337 Marcel Lenoir (grès de Furnes).

PARENT (Léon), né à Armentières. — 9, rue des Apennins, 17e.

2338 L'Yerre à Crosne. — 500 fr.
2339 Le pont sous les arbres. — 1.500 fr.

PARESCE (René), né à Carouges. — Italien. — Chez M. Barth, 26, rue du Départ, 14e.

2340 Nature morte. — 1.000 fr.
2341 Nature morte. — 800 fr.

PARSEVAL (Marie-Jeanne de), née à Londres. — Française. — 33, avenue Duquesne, 7e.

2342 Vitrine contenant :
1. Applique fer « Les lévriers ». — 200 fr.
2. Applique fer « Chevaux ». — 200 fr.
3. Pot à tabac (poterie). — 150 fr.

PARVILLER (M.-U.-E.), né à Roye. — 103, rue de Grenelle, 7e.

2344 Portrait de M. V... — Appartient à M. V...
2345 Nénuphars. — 800 fr.

PASCAL (Léopold), né à Morlaix. — 34, rue Dupleix, 15e.

2346 Saint-Jean-du-Doigt (le village). — 1.500 fr.
2347 Nu. — 3.000 fr.

PASCIN, né à Widdin. — Américain. — 36, boul. de Clichy, 9e.

2348 Peinture.
2349 Peinture.

PASTRÉ (Gaston), né à Paris. — 9, rue Férou, 6e.

2350 Rue à Coutances (aquarelle). — 500 fr.
2351 Faubourg d'Arroux, à Autun (aquarelle). — 500 fr.

PATELLIÈRE (Amédée de la), né à Vallet. — 11, rue Viconti, 6e.

2352 Peinture.

PAUL (Eugène-Léon), né à Bransat. — 49, rue Gabrielle, 18e.

2353 Boulevard des Batignolles (paysage). — 500 fr.
2354 Portrait. — 400 fr.

PAUL (Jean-Marcel). — 18, rue Gabrielle, 18e.

2355 Premiers âges (projet décoratif). — 1.200 fr.

PAULEMILE-PISSARRO, né à Eragny-Bazincourt. — 14, rue Damrémont, 18e.

2356 Ferme à Lyons-la-Forêt. — 1.000 fr.
2357 Fleurs. — 600 fr.

PAULTRE (Georges), né à Châteaudun. — 68, rue Lhomond, 5e.

2358 L'Automne. — Appartient à M. C...
2359 Le Printemps. — Appartient à M. C...

PAUTOT (Camille-Charles), né à Paris. — 15, rue Faraday, 17e.

2360 Statue pour un tombeau. — Appartient à M. A. P...
2361 Portrait de Mme X... — Appartient à l'auteur.

PAUCHOT (Paul), né à Bordeaux. — 39, rue Manin, 19e.

2362 Ce que je vois de ma fenêtre.
2363 Le Razon à Pessac (Gironde).

PAUL-MANCEAU (Dr G.), né à Loches. — 12, r. de Bellechasse, 7e.

2364 Vue de Paris. — 800 fr.
2365 Etude. — 1.000 fr.

PÉAN (René-Louis), né à Paris. — 80, rue Taitbout, 9e.

2366 Fantaisie. — 1.200 fr.
2367 Mimosette. — 900 fr.

PEARSON (Lydia), née à Hambourg. — Anglaise. — 35, Gordon Square, Londres W. C. 1.

2368 Tulipes. — 1.000 fr.
2369 Nature morte. — 1.000 fr.

PÉCHAUBÈS (Eugène-Jean), né à Pantin. — 15, rue Solférino, Aubervilliers (Seine).

2370 La voiture de paille. — 600 fr.
2371 L'écurie. — 500 fr.

PÉGURIER (Auguste), né à Saint-Tropez. — 9, rue Falguière, 15e.

2372 Port de Saint-Tropez. — 1.200 fr.
2373 Bord de mer (Côte d'Azur). — 1.000 fr.

PEINTE (Jeanne), née à Gap. — Feurteunic-ar-Lez, Quimper (Finistère).

2374 Côte basque (temps gris). — 500 fr.
2375 Côte basque (coucher de soleil). — 500 fr.

PÉLISSON (Jeanne), née à Royan. — 7, rue Victorien-Sardou, 16e.

2376 Paysage.
2377 Paysage.

PELLETIER (Pierre-Sébastien-Joseph), né à Montsauche. — 18, boulevard Saint-Michel, 6e.

2378 Simples croquis (crayon). — Appartiennent à l'auteur.

PELTIER (Henry), né à Vesoul. — 104, boulevard Montparnasse, 14e.

2379 Le Pont Alexandre. — 300 fr.
2380 Meudon. — 200 fr.

PENNROZE (Mme Loïs), née à Paris. — 8, rue de Courcelles, 8e.

2381 Reine d'Orient. — 600 fr.
2382 Impression d'été. — 800 fr.

PENZYNA (Gustave), né à Sandomir. — Polonais. — 16, rue du Saint-Gothard, 14e.

2383 Vitrine contenant 10 objets d'art :
  1. Une psyché en noyer doré et argenté. — 2.000 fr.
  2. Une pendule en noyer doré et laqué. — 1.500 fr.
  3. Porte-cigares « Le Cauchemar de la fumeuse d'opium » en bronze ciselé et patiné, en douze exemplaires. — 500 fr.
  4. Deux lampes en hêtre doré et laqué. — 300 fr. chaque.
  5. Un miroir suspendu en hêtre. — 300 fr.
  6. Un face-à-main en amarante. — 275 fr.
  7. Un porte-cigarettes (étude) en poirier ciré. — 500 fr.
  8. Deux chapiteaux (études). — Appartiennent à l'auteur.

2384 Grande glace suspendue en hêtre patiné amarante. — 3.000 fr.

PÉQUIN (Charles), né à Nantes. — 65, boulevard Arago, 13e.

2385 Don Balthasar.
2386 Papiers et boîtes.

PÉRAIRE (Maurice), né à Aix-en-Provence. — 197, boulevard Saint-Germain, 7e.

2387 Poterie fleurie.
2388 Azalée.

PERCHAT (Roger), né à Paris. — 6, rue Sauffroy, 17e.

2389 Le vieux moulin. — 550 fr.
2390 Cancale (la chapelle des marins). — 550 fr.

PERDRIAT (Hélène), née à La Rochelle. — 8, impasse Ronsin, 15e.

2391 La fiancée. — 4.000 fr.
2392 Les vacances. — 2.000 fr.

PÉRILLARD (Jules-Louis), né à Lausanne. — 7, rue de Lancry, 10e.

2393 Peinture. — 700 fr.
2394 Peinture. — 700 fr.

PERNOUD (Louis), né à Lagnieu. — 3, rue Grétry, 2°.

2395 Soirée d'automne. — 125 fr.
2396 Au bord du lac. — 125 fr.

PÉRONNE (Henri-Louis), né à Paris. — 24, rue Montgolfier (ancien 53, rue Hoche), à Pantin (Seine).

2397 La toilette. — 1.600 fr.
2398 La terre. — 1.600 fr.

PERNELLE (Ernest-Marie), né à Paris. — 18, rue St-Rustique, 18°.

2399 La plage de Cayeux-sur-Mer (Somme). — 1.500 fr.
2400 Un vieux moulin à Cayeux-sur-Mer (Somme). — 1.500 fr.

PERRET (Jean), né à Lyon. — 235, faubourg Saint-Honoré, 8°.

2401 Peinture.
2402 Étude.

PERRETTE (Paul-Émile), né à Clamecy. — 35, rue de Liége, 8°.

2403 Matinée sur l'Armançon à Semur (Côte-d'Or). — 1.200 fr.
2404 Vase de fleurs. — 600 fr.

PERRIN (Paul), né à Paris. — 8, rue Émile-Gilbert, 12°.

2405 Auray (aquarelle). — 500 fr.
2406 Fleurs (pastel). — 300 fr.

PERROT (Victor-Charles-Joseph), né à Moreuil. — 13, rue de la Roquette, 11°.

2407 Marais de Glisy (Somme). — 800 fr.
2408 Etang de Blangy (Somme). — 600 fr.

PERROTET (Joseph-Louis), né à Beaune. — 10, rue Merlin, 11°.

2409 Essai de premier portrait. — Appartient à l'auteur.
2410 Paysage d'automne. — 400 fr.

PERROUX (Charles-Hubert), né à Arras — 3, pass. du Surmelin, 20°.

2411 Nature morte à l'éventail (aquarelle). — 150 fr.
2412 Nature morte : livres et roses (aquarelle). — 300 fr.

PERS (Sten-Gunnar), né à Kila. — Suédois. — Settignano (Italie).

2413 Paysage.
2414 Portrait.

PERSON (Claire-Marie de), née à Grenoble. — 5, cours Jean-Jaurès, Grenoble (Isère).

2415 Etude de femme. — 450 fr.
2416 Environs de Batz. — 400 fr.

PERSON (Henri), né à Amiens. — 48, boul. des Batignolles, 17e.

2417 Paysage. — 2.800 fr.
2418 Paysage. — 2.300 fr.

PESKÉ (Jean), né à Jolta (Pologne). — Français. — 39, boulevard Saint-Jacques, 14e.

2418 *bis* Paysage du Midi. — 2.500 fr.
2418 *ter* Paysage. — 2.500 fr.

PÉTBRELLE (Adolphe), né à Genève. — 11, cité Falguière, 15e.

2419 Femmes aux serpents. — 4.000 fr.
2420 Femmes dans la campagne. — 3.500 fr.

PÉTIT (Paul), né à Dammarie-sur-Saulx. — Galerie Visconti, 26, rue de Seine, 6e.

2421 Eglise de Chavol. — 500 fr.
2422 Environs d'Epernay. — 500 fr.

PETITJEAN (Hippolyte), né à Mâcon. — 5, villa du Parc-Montsouris (26, rue Nansouty), 14e.

2423 Idylle. — 1.200 fr.
2424 Baigneuse. — 1.200 fr.

PETITJEAN-FURET (Armand), né à Montmartre. — 26, rue Lécluse, 17e.

2425 Expression faunienne (extrait de *Masques*, pour illustrer un poème grandguignolesque) (cire détrempée). — 800 fr.
2426 Maquette de costume pour le *Festival Macabre* (cire détrempée). — Appartient à l'Imagerie.

PHILASTRE (Mlle Noémi), née à Saïgon. — 20, rue Visconti, 6°.

2427 La coupe jaune. — 900 fr.
2428 La coupe verte. — 900 fr.

PHILIP DE BARJEAU (Mme Antoinette), née à Annonay. — 12, rue du Lunain, 14°.

2429 Terrasse en automne. — 600 fr.
2430 Dans les bois (novembre). — 400 fr.

PHOCAS (Suzanne), née à Lille. — 14, rue du Regard, 6°.

2431 Après-midi à Clamart. — 1.500 fr.
2432 Le café de la rue X. — 1.200 fr.

PIA (René), né à Margny-les-Compiègne. — 64, rue de la Paroisse, — Versailles.

2433 Mme X... et sa fille.
2434 Dessins pour le bois.

PICABIA (Francis), né à Paris. — *Le Tremblay-s/Mauldre (S.-et-O.).*

2434 *bis* Lampe.

PICARD (Albert-Vincent-Joseph), né à La Chartre-sur-le-Loir. — 15 *bis*, rue Alexandre-Parodi, 10°.

2435 L'Alagnon à Massiac (Cantal). — Appartient à l'auteur.

PICARD (Mme Gabrielle), née à Mouriès. — 10, rue Rochechouart, 9°.

2436 Nature morte. — 200 fr.
2437 Fleurs. — 200 fr.

PICARD (Olivier-David), né à Bruxelles. — 242, boul. Raspail, 14°.

2438 Réunion. — 900 fr.
2439 Cirque. — 700 fr.

PICARD DU CHAMBON (René), né à Pierrefitte-sur-Loire. — 5, rue de l'Odéon, 6°.

2440 Les échos de la montagne (composition idéaliste). — 2.000 fr.
2441 A l'éveil (composition idéaliste). — 1.000 fr.

PICART LE DOUX, né à Paris. — 13, rue Paul-Féval, 18e.

2442 Nu. — 4.000 fr.
2443 La chaîne de la Sainte-Beaume. — 3.500 fr.

PICARD-PANGALOS (Yvonne), née à Bruxelles. — Hellène. — 62, boulevard de Clichy, 18e.

2444 Paysage. — 1.200 fr.
2445 Portrait. — 500 fr.

PICHOT (Ramon), né à Barcelone. — Espagnol. — 5, rue des Saules, 18e.

2446 Après l'orage (Espagne). — 3.500 fr.
2447 Paysage d'Espagne. — 1.800 fr.

PIÉ (Jean), né à Villabella. — Espagnol. — 24, rue Oberkampf, 11e.

2448 La Nuit (figure plâtre).
2449 Ève (panneau bois sculpté).

PIERRET (Auguste-Pierre), né à Paris. — 42, boulevard Saint-Germain, 5e.

2450 Cadre contenant des gravures originales en noir :
    1. Menton (vieille ville). — 100 fr. (tirage limité).
    2. Entrée de Salers (Cantal). — 100 fr. (tirage limité).
2451 Cadre contenant des gravures originales en noir :
    1. Reims, 1918. — 75 fr. (tirage limité).
    2. Landerneau. — 100 fr. (tirage limité).
    3. Barbizon. — 100 fr. (tirage limité).
    4. Notre-Dame de Paris. — 30 fr. (tirage limité).

PIERRET (Hippolyte), né à la Guyanne-Française. — 47, boulevard Lefébvre, 15e.

2451 *bis* Rochers du Croisic.
2451 *ter* Gros temps au Croisic.

PIET (Fernand), né à Paris. — 35, rue Lamarck, 18e.

2452 Au square Montholon, 1891. — 1.800 fr.
2453 Nue. — 800 fr.

PINAL (Fernand), né à Bruyères-et-Montbérault. — 3, villa Brune, 14e.

2454 Eté (Bois de Verrières). — 1.000 fr.
2455 Automne (Bois de Verrières). — 1.000 fr.

PINEAU-PREVOST (Louise), née à Bordeaux. — 75, rue Violet, 15e.

2456 Un soir d'orage à Montigny. — 500 fr.
2457 Coucher de soleil à Saint-Raphaël. — 400 fr.

PION (Fernande), née à Charenton-le-Pont. — 37, rue du Rôle, Brunoy (S.-et-O.).

2458 Rameaux niçois (nature morte). — 250 fr. (sans cadre).
2459 Vieille rue, Berre-les-Alpes (paysage). — 150 fr. (sans cadre).

PIPE (Fernand-Harisgain), né à Bidarray. — 5, avenue François-Mollé, Antony (Seine).

2460 Corrida en pays basque (Bayonne). — 1.000 fr.
2461 Paysan basque (Hasparren). — 500 fr.

PISTCHAL (Julius), né à Odessa. — Américain. — 9, rue Campagne-Première, 14e.

2462 Paysage. — 1.200 fr.
2463 Portrait. — 1.200 fr.

PIVAND (Henri-Victor), né à Paris. — Jouy-la-Fontaine, par Maurecourt (S.-et-O.).

2464 Nature morte. — 500 fr.
2465 Paysage (effet de nuit). — 100 fr.

PLANQUETTE (Edmond), né à Lille. — 212 bis, boul. Péreire, 17e.

2466 Floraison. — 500 fr.
2467 Hollé, hollé, castagnetta ! — 600 fr.

PLANSON (André), né à La Ferté-sous-Jouarre. — 9, rue Campagne-Première, 14e.

2468 Paysage. — 1.000 fr.
2469 Peinture. — 1.200 fr.

PLAT (Joseph-Marie-Gabriel-Eusice), né à Montrésor. — A Saint-Amand (Cher).

    2470 La Belle au Bois Dormant. — 1.400 fr.
    2471 Le pavé de l'ours. — 600 fr.

PLAZA (Mme Marcelle), née à Blidah. — 14, r. Hégésippe-Moreau, 18e.

    2472 Nature morte. — 400 fr.
    2473 Nature morte. — 500 fr.

PLESSIS (Charlotte), née à Paris. — 22, rue de Staël, 15e.

    2474 Paysage. — 350 fr.
    2475 Etude. — 350 fr.

POINT (Maurice-Raphaël-Quentin), né à Saint-Quentin. — 9b, boul. Raspail, 6e.

    2476 Nature morte. — 500 fr.
    2477 Nature morte. — 500 fr.

POIRIER (Emmanuel), né à Paris. — 22, rue Saint-Ferdinand, 17e.

    2478 Le brûleur d'herbes. — 1.600 fr.
    2479 Les pins. — 1.200 fr.

POIRIER (Paul), né à Paris. — 26, rue Pigalle, 9e.

    2480 Paysage.
    2481 Paysage.

POISSON (Paul), né à Paris. — 7, boul. des Filles-du-Calvaire, 3e.

    2482 Chemin de Paramé. — 600 fr.
    2483 Les deux pots (nature morte). — 450 fr.

POITEVIN (Pierre-Jean), né à Châtellerault. — 28, quai d'Orléans, 4e.

    2484 Portrait de Han Ryner.

PONSART (Marthe), née à Saint-Denis. — 20, boulevard Cotte, Enghien-les-Bains (S.-et-O.).

    2485 Portrait de Pierre. — Appartient à Mme B.
    2486 Fleurs de Nice. — 350 fr.

PONTOY (Henry), né à Reims. — 46, rue La Bruyère, 9e.

2487 Baigneuse dans l'oasis de Bou-Saada. — 750 fr.
2488 Amours indigènes. — 750 fr.

PONCELET (Eugène-André), né à Paris. — 40, rue des Apennins, 17e.

2489 Etang (Allier. — 600 fr.
2490 Peinture. — 600 fr.

POPÉA (Mlle Elena), née en Roumanie. — 14, rue Monsieur-le-Prince, 6e.

2491 Peinture. — 400 fr.
2492 Peinture. — 400 fr.

POPELIN (Mlle Magdeleine), née à La Pacaudière. — 31, rue de l'Entrepôt, 10e.

2493 Un soir. — 1.500 fr.
2494 Nuit de neige en Normandie. — 1.500 fr.

POPINEAU (François-Emile), né à Saint-Amand. — 52, rue Lhomond, 5e.

2495 Jeune fille (plâtre). — 5.000 fr.

POPINEAU (Louis), né à Montauban. — 8, rue de la Glacière, 13e.

2496 Le déjeuner sur l'herbe. — 1.200 fr.
2497 Plaisir d'été. — 1.200 fr.

PORTAL (Emile), né à Marseille. — 103, rue de Ménilmontant, 20e.

2498 La Seine à Herblay. — 1.000 fr.
2499 La crèche provençale. — 500 fr.

PORTAL (Henry-Paul-Marie), né à Paris. — 24, r. Eugène-Millon, 15e.

2500 Clisson. — Appartient à M. R. A...
2501 La lecture. — 1.200 fr.

PORTEU (Gontran), né à Rennes. — Ker Madelon, Marseille-Saint-Julien.

2502 Peinture. — 1.000 fr.
2503 Peinture. — 1.000 fr.

POTTIER (René), né à Beaugency. — 37, rue Froidevaux, 14e.

2504 Port de Tréboul à marée haute. — 1.600 fr.
2505 Pardon de Sainte-Anne-la-Palud (le déjeuner). — 1.800 fr.

POUGNI (Jean), né en Finlande. — Russe. — 51, rue du Moulin-Vert, 14e.

2506 Nature morte. — 2.500 fr.
2507 Nature morte. — 2.500 fr.

POULLAIN (Edmond-Marie), né à Montebourg. — Saint-Gilles, par Saint-Lô (Manche).

2508 Testament. — 5.000 fr.
2509 Pommiers.

POZNANSKI (Victor-Janaga), né à Piotrkowskie. — Polonais. — 8, avenue Jules-Janin, 16e.

2509 *bis* Portrait de jeune homme. — 3.000 fr.
2509 *ter* Dame romaine. — 3.000 fr.

PRAT (Valentine), née à Bône. — 35, rue Rousselet, 7e.

2510 Nature morte. — 1.000 fr.
2511 Paysage. — 500 fr.

PRÉVAL (André), né à Paris. — 6, rue Aumont-Thiéville, 17e.

2512 Vaches à l'abreuvoir. — 700 fr.
2513 Le raidillon. — 700 fr.

PRÉVILLE (Andrée), née à Paris. — 5, rue José-Maria-de-Hérédia, 7e.

2514 Dahlias. — 450 fr.
2515 Dahlias et soucis. — 450 fr.

PRINGAULT (Julia), née à Rennes. — 5 *bis*, villa de Villiers, 72, boulevard Victor-Hugo, Neuilly-sur-Seine.

2516 Grand Trianon en automne. — 1.500 fr.
2517 Hortensias. — 1.200 fr.

PRODHON (Émile-Auguste), né à Paris. — 25, r. des Vinaigriers, 10ᵉ

2518 Été (table servie). — 400 fr.
2519 Fleurs. — 300 fr.

PROST (Gaston), né à Paris. — 62, rue de Rennes, 6ᵉ.

2520 Hélianthes. — 275 fr.
2521 Chardons. — 275 fr.

PROVOST (Robert-Maurice), né à Paris. — 7, cité Riverin, 6ᵉ.

2522 Peinture. — 400 fr.
2523 Peinture. — 500 fr.

PRUNIER (Marcel), né à Paris. — 75, rue Jules-Lecesne, Le Havre.

2524 Paysan. — 1.500 fr.
2525 Filles (aquarelle). — 500 fr.

PRUNIÈRE (Jean), né à Grombalia. — 10, avenue du Puy-de-Dôme, Clermont-Ferrand.

2526 Thonniers au mouillage à Concarneau. — 1.600 fr.
2527 Maisons au Cap Élou. — 800 fr.

PUY (Jean), né à Roanne. — 128 *bis*, boulevard de Clichy, 18ᵉ.

2528 Etude.
2529 Etude. — Appartient à M. Vollard.

PY (Fernand), né à Versailles. — 121, rue Lecourbe, 15ᵉ.

2530 Vierge à l'enfant (bois taille directe).

PY (Yves-Bertrand), né à Belfort. — 3 *bis*, rue des Beaux-Arts, 6ᵉ.

2531 Le Pont-Royal. — 1.200 fr.
2532 Le jardin du Vert-Galant (automne). — 1.200 fr.

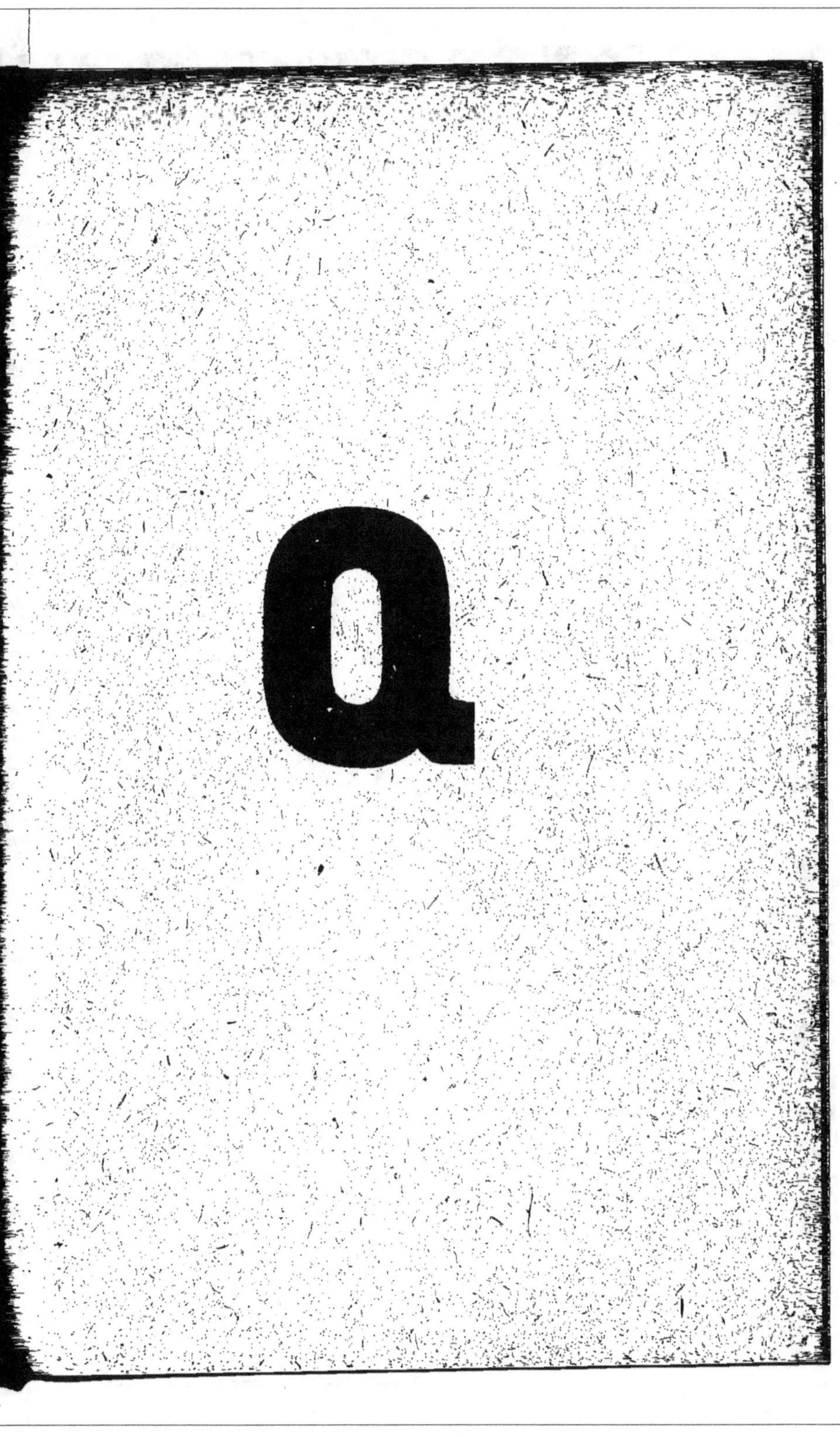
Q

NOTES

NOTES

QUELVÉE (François-Albert), né à Evreux. — 9, rue Falguière, 15e.

2533 Desdémone. — 2.400 fr.
2534 Peinture. — 3.500 fr.

QUENNEVILLE (Chantal), née à Criquebœuf-sur-Seine. — Aux bons soins de M. Fontenaille, 83, boul. Saint-Michel, 5e.

2535 Au Sud-Afrique. — 1.800 fr.
2536 Portrait de jeune fille. — 1.200 fr.

QUENTIN-MILLE (Marthe), née à Reims. — 62, boul. Barbès, 18e.

2537 Paysage (avec baigneuses). — 300 fr.
2538 Figure (chanteuse). — 600 fr.

QUESNEL (Robert-Cam.), né à Paris. — 278, boul. Raspail, 14e.

2539 Peinture.
2540 Peinture.

QUEYLAR (Jean de), né à Marseille. — 2, rue César-Franck, Marseille.

2541 Tour de l'Horloge et fontaine, à Mimet (B.-du-R.). — 2.500 fr.
2542 Montagne Sainte-Victoire (B.-du-R.). — 3.000 fr.

QUINQUARLET-QUIGNOLOT (Cécile), née à Aix-en-Othe. — 92, avenue des Ternes, 17e.

2543 Oranges de Nice. — 400 fr.
2544 A Trianon. — 250 fr.

QUINTALLET (Jean-Louis-Ernest), né à Pantin. — 44, place de l'Eglise, Pantin (Seine).

2545 Cathédrale de Meaux. — 400 fr.
2546 A la Bouverie, clos normand (premiers jours de novembre). — 400 fr.

QUINTON (Edmond), né à Saint-Maur. — 5 bis, avenue Charles-Floquet, Parc-Saint-Maur.

2547 Le quai vu du viaduc de Bercy. — 900 fr.
2548 Quai de Bercy. — 900 fr.

QUIZET (Léon-Alphonse), né à Paris. — 120, villa Félix-Faure, 15e et Galerie Léon Marseille, 16, rue de Seine, 6e.

2549 Paysage.
2550 Paysage.

Au premier étage :

EXPOSITION et VENTE de REPRODUCTIONS

" Les Artistes Inaépendants "

Leurs Portraits et leurs Œuvres

par MANUEL FRÈRES et ROSEMAN

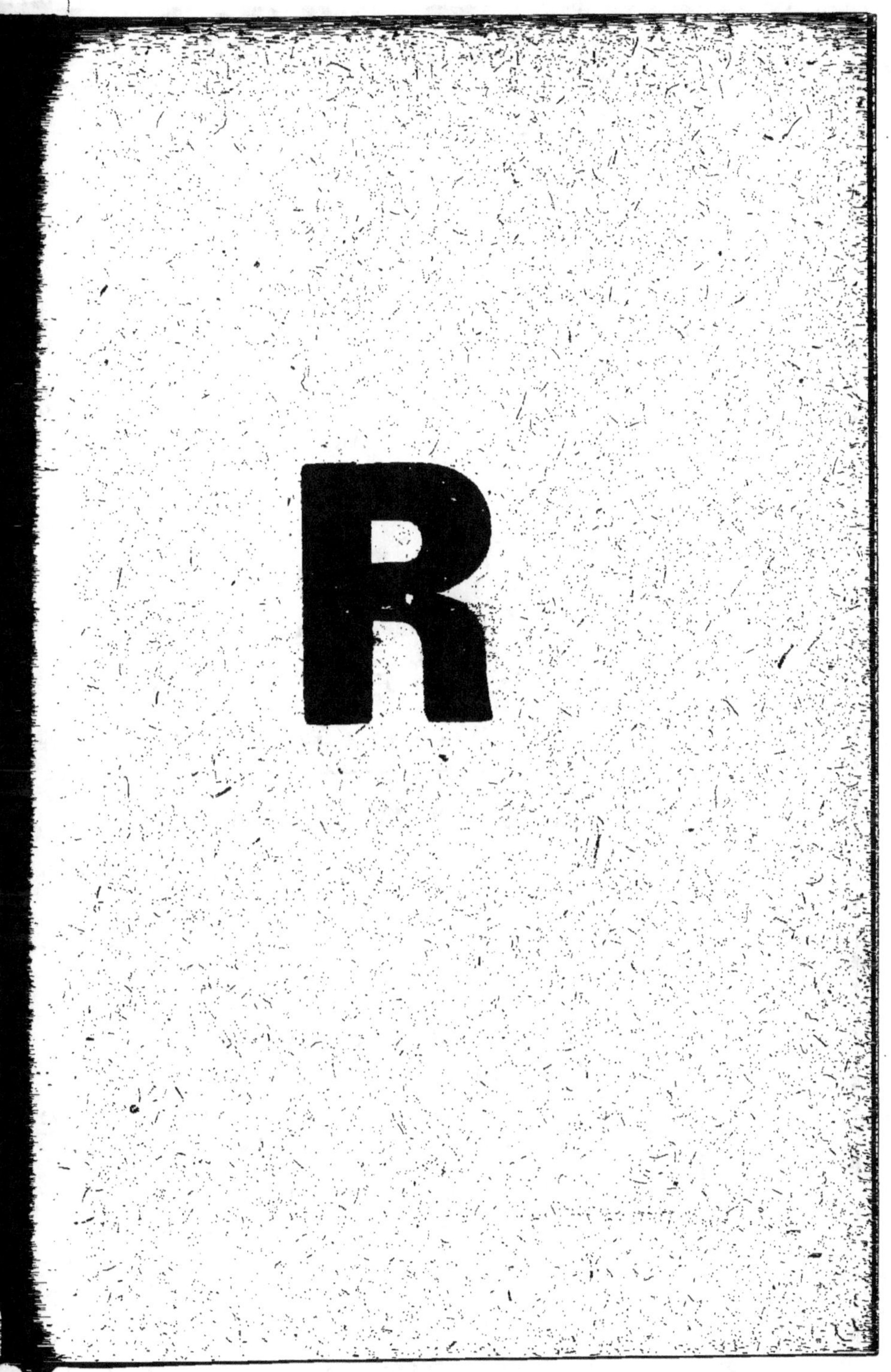

R

RABBIONEY (Camille), né à San-Damiano-d'Asti. — Italien. — 9, rue Campagne-Première, 14e.

    2551 Nu. — 1.000 fr.
    2552 Nature morte. — 500 fr.

RABOIN (Daniel), né à La Tronche. — 20, rue du Four, 6e.

    2553 La Seine à Auteuil. — 350 fr.
    2554 Paysage à Grenoble. — 350 fr.

RADIGUET (Maurice), né à Paris. — 4, avenue Charles-VII, Parc-Saint-Maur.

    2555 Etude. — 600 fr.
    2556 Etude. — 600 fr.

RAGONNEAUX (Frédéric), né à Bordeaux. — 14, cité Falguière, 15e.

    2557 Sous bois. — 1.200 fr.
    2558 Saint-Cloud (le parc). — 600 fr.

RAINGO-PELOUSE (Germain), né à Paris. — 22, rue d'Assas, 6e.

    2559 Portrait.
    2560 Paysage. — 400 fr.

RALLI (Alexandre), né à Paris. — 177, boulevard Malesherbes, 17e.

    2561 Le modèle. — 5.000 fr.

RAMEAU (Maurice), né à Paris. — 20, avenue du Bois-de-Boulogne à Clamart.

    2562 Pommes au cognac (nature morte). — 1.000 fr.
    2563 Rue du Trosy, à Clamart. — 950 fr.

RAMEY (Henry), né à La Fère. — 6, rue Desaix, 15e.

    2564 Peinture. — Prix au bureau de vente.
    2565 Peinture. — Prix au bureau de vente.

RAMOND (Paul), né à Toulouse. — 3, place Intérieure-Saint-Michel, Toulouse.

    2566 Paysage d'automne (Roussillon). — 3.000 fr.
    2567 Vignes à l'automne (Roussillon). — 2.000 fr.

RAPIN (Olivier-Alfred-Victor), né à Orléans. — 2, rue Wurtz, 13°.

2568 Jetée de roses. — 950 fr.
2569 Portrait. — Appartient à l'auteur.

RASETTI (Alice), née à Paris. — 6, rue Choron, 9°.

2570 Une vitrine : Poupées. — 30 fr. chaque.

RAVACLEY (Mme Marie-Agnès), née à Paris. — 9, rue Pergolèse, 16°.

2571 Femme au balcon. — 1.500 fr.
2572 Gitane. — 500 fr.

RAVERAT (Jacques), né au Havre. — Villa Adèle, Vence (A.-M.).

2573 Le pont de Villeneuve-Loubet. — 1.000 fr.
2574 Paysage d'été. — 1.000 fr.

RAYMOND (Charles), né à Paris. — 7, rue du Bouloi, 1er.

2575 Poupées. — 1.200 fr.
2576 Paysage, Piolenc (Vaucluse). — 500 fr.

RÉAL (Charles), né à Bordeaux. — 25, rue Prosper, Bordeaux et chez M. Laborde, 11 bis, rue des Saules, 18°.

2577 La maison de Vile. — 500 fr.
2578 Après-midi (dessin). — 300 fr.

REBEL (Félix), né à Paris. — 6, rue Aumont-Thiéville, 17°. —

2579 Rugby à Colombes. — 800 fr.

RÉGNIER (André), né à Paris. — 3, rue d'Avron, 20°.

2580 Le village. — 400 fr.
2581 Étude. — 400 fr.

REGNIER (Maurice-Robert), né à Saint-Cloud. — 30, boulevard de Charonne, 20°.

2582 La mosquée au matin. — 225 fr.
2583 Rio vénitien. — 135 fr.

REGO-MONTEIRO (Vincente de), né à Recife. — Brésilien. — 21, rue Impératrice-de-Russie, Nice.

2584 Chasse. — 10.000 fr.

REIMANS (Richard), né à Maëstricht. — Hollandais. — 65, boulevard Arago, 13ᵉ.

2585 Gosses de Montmartre (place du Tertre). — 1.500 francs.
2586 Gosse de Montmartre. — 1.100 fr.

REMION (Denise), née à Paris. — 2, square Delambre, 14ᵉ.

2587 Nature morte. — 350 fr.
2588 Été. — 200 fr.

REMY (Alfred-Louis), né à Sèvres. — 63, Grande-Rue, Sèvres.

2598 Le parc aux chèvres (Saint-Cloud). — 300 fr.
2590 Paysage. — 500 fr.

RENAUD (Anne-Marie-Madeleine), née à Laon. — 104, rue Denis-Papin, Colombes.

2591 Roses (aquarelle). — 225 fr.
2592 Œillets (aquarelle). — 225 fr.

RENDON (Manuel-Antonio), né à Paris. — Équatorien. — 117, rue N.-D.-des-Champs, 6ᵉ.

2593 Portrait. — 500 fr.
2594 Portrait. — 500 fr.

RENDU (Marcel), né à Paris. — Le Hublot, boulevard Garadau, Menton.

2595 Portrait d'Henri Guilac. — Appartient à M. H. G...
2596 Étude. — 500 fr.

RENÉ-JUSTE (J.-C.), né à Paris. — 95, rue de Seine, 6ᵉ.

2597 L'auberge. — 1.200 fr.
2598 Neige. — 1.200 fr.

RENNESSON (André), né à Sedan. — 16, rue Furtado-Heine, 14°.

2599 Paysage breton. — 1.300 fr.
2600 La baie de Primel. — 800 fr.

RENOT (Louis-Marcel), né à Paris. — 65, rue de Seine, 6°.

2601 Peinture. — 300 fr.
2602 Peinture. — 200 fr.

REPIQUET (Raymond-Henri), né à Paris. — 30, rue de Clichy, 9°.

2603 Lamballe (église Notre-Dame). — 1.000 fr.
2604 Les Loges-en-Josas (l'église). — 300 fr.

RESPAUD (Baptiste), né au Mas-d'Azil. — 31, avenue de La Motte-Picquet, 7°.

2605 Rives du Jaunet, à Saint-Gilles-sur-Vie (Vendée), (matin de septembre). — 600 fr.
2606 Lac inférieur du Bois de Boulogne (matin de juin). — 500 fr.

RÉTIF (Maurice), né à Sancoins. — 32, rue de l'Orne, 15°.

2607 Le sommeil. — 2.500 fr.
2608 La lecture. — 2.000 fr.

REYMOND (Carlos), né à Paris. — 7, rue Daru, 8°.

2609 Le « redentore ». — 1.000 fr.
2610 Les oriflammes. — 1.000 fr.

REYMOND (Casimir), né à Vanlion. — Suisse. — 14, boulevard Edgar-Quinet, 14°.

2611 Le bain. — 5.000 fr.

REYMOND-DE-BROUTELLES (Maurice), né à Genève. — 26, rue Vavin, 6°.

2612 Martyre. — 900 fr.
2613 Fleurs. — 200 fr.

REYMOND (Nanette), née à Monaco. — Maison des Étudiantes, 214, boulevard Raspail, 14e.

2614 Rue d'Arles-sur-Tech. — 600 fr.
2615 Cimetière. — 600 fr.

REYNAUD-WAGMEESTER (Pauline-Sylvie), née à Paris. — 68, rue du Château, Boulogne-sur-Seine.

2616 Château de Falaise. — 500 fr.
2617 Parc d'Hargeville. — 300 fr.

RIBEAUCOURT (Jules), né à Maubeuge. — 5, rue Nobel, 18e.

2618 En Flandre. — 1.200 fr.
2619 En Flandre. — 1.200 fr.

RICHARD (Jules-Gédéon), né à Paris. — 64, rue Rambuteau, 3e.

2620 Les tunnels de Ruoms (Ardèche). — 500 fr.
2621 Le pont d'Arc (Ardèche). — 500 fr.

RICHARD (Paule-Émilie), née à Valence. — 270, rue St-Honoré, 1er.

2622 Songe heureux (nu). — 1.000 fr.
2623 Nature morte. — 700 fr.

RICHÉ (Louis), né à Paris. — 35, rue de la Tombe-Issoire, 14e.

2624 Bords du lac. — 400 fr.
2625 Frileuse (statuette marbre). — 6.000 fr.

RIEUNIER-ROUZAUD (Gabrielle-Henriette), née à Sannois. — 9, rue Pierre-Sarrazin, 6e.

2626 Nus. — 2.000 fr.
2627 Effet de soleil (Chartreuse de Villeneuve). — 1.500 fr.

RIGMOR-HOLTER, née à Christiania. — Norvégienne. — 128, boulevard du Montparnasse, 6e.

2627 bis Baigneuses. — 1.000 fr.
2627 ter Étude de nu. — 1.000 fr.

RIJ-ROUSSEAU (Jeanne), née à Candé. — 86, rue N.-D.-des-Champs, 6e.

    2628 Les lutteurs. — 1.000 fr.
    2629 Paysage. — 1.000 fr.

RIMBERT (René), né à Paris. — 15, rue Pierre-Leroux, 7e.

    2630 L'hôpital des Enfants Malades. — 500 fr.
    2631 L'église de Vanves. — 600 fr.

RITLENG (Marie-Valentine), née à Strasbourg. — 7, rue Seveste, 18e.

    2632 Paysage. — 500 fr.
    2633 Nature morte. — 600 fr.

RIVES (Georges), né à Paris. — 16, rue du Colonel-Gillon, Montrouge.

    2634 Sous le tilleul. — Appartient à l'auteur.

ROBERTY (André), né à Paris. — 59, rue Caulaincourt, 18e.

    2635 Vue de Cogolin. — 3.000 fr.
    2636 Nu. — 3.000 fr.

ROBY (Robert-Henri), né à Nemours. — 179, rue Saint-Martin, 3e.

    2637 Crépuscule. — 400 fr.
    2638 Lac du Bourget (le petit port). — 400 fr.

ROBINSON (Alexander), né aux Etats-Unis. — Américain. — 235, faubourg Saint-Honoré, 8e.

    2639 Jardin. (Nouvelle-Orléans).
    2640 Peinture.

ROBLIN (Jules-Marie-Joseph), né à Paris. — 1, rue du Bois-de-Boulogne, Neuilly-sur-Seine.

    2641 Paysage. — 350 fr.
    2642 L'Anglais à la pipe. — 525 fr.

ROCHAT (Charly), né à Lausanne. — Suisse. — 18, rue de Saint-Simon, 7e.

    2643 Nature morte. — 500 fr.
    2644 Barques de pêche. — 400 fr.

ROCHE (Juliette), née à Paris. — 15, boulevard Lannes, 16e.

    2645 Paysage. — 1.000 fr.
    2646 Nature morte. — 1.000 fr.

ROCHE (Marcel), né à Paris. — 2, rue de Rocroy, 10e.

    2647 Nu à l'étoffe bleue. — Appartient au Dr Voillemot.

ROCHE (Suzanne-Charlotte-Léonie), née à Paris. — 4, rue Dante, 5e.

    2648 Nature morte. — 500 fr.
    2649 Intérieur. — 500 fr.

ROCHER (Charles), né aux Rosiers-sur-Loire. — 21, rue Berthe, 18e.

    2650 Portrait de Mme J. L...
    2651 Deuil au pays bigoudan. — 1.200 fr.

RODEZ (Nina), née à Pétrograd. — Polonaise. — 6, rue Balny-d'Avricourt, 17e.

    2652 Portrait d'un pêcheur. — 1.000 fr.
    2653 Étude académique. — 1.500 fr.

ROGER (Gabrielle), née à Paris. — Villa Édith, avenue Beauregard, Hyères (Var).

    2654 Coin d'atelier. — 500 fr.
    2655 Nature morte. — 400 fr.

RÔLE (Philippe-Louis), né à Paris. — 25, rue de la Convention, 15e.

    2656 La cité. — 450 fr.
    2657 Dans l'île Callot (Bretagne). — 400 fr.

ROMANET (Ernest-Victor), né à Paris. — 10, rue Gonnet, 11e.

    2658 Les roses. — 800 fr.
    2659 Les zinnias. — 800 fr.

ROMANET (Louis), né à Paris. — 85, rue de Picpus, 12e.

    2660 Paysage (Castellane). — 500 fr.
    2661 Paysage (Castellane). — 500 fr.

ROMARY (Mathieu), né à Paris. — Suisse. — 16, pl. Dauphine, 1ᵉʳ.

2662 Paysage.

ROMPAPA (Mˡˡᵉ Coula), née à Cozani. — Hellène. — 117, boulevard Montparnasse, 6ᵉ.

2663 Portrait. — Appartient à l'auteur.
2664 Peinture. — 3.000 fr.

ROOVERS (Kees), né à Rotterdam. — Hollandais. — 58, rue Paul-Déroulède, Bois-Colombes.

2665 Jeune fille. — 1.000 fr.
2666 Javanaise. — 1.500 fr.

ROQUE (Jean), né à Marseille. — 12, quai du Canal, Marseille.

2667 Paysage.
2668 A Jouques (B.-du-R.) (nature morte).

ROQUES (Marie-Amélie), née à Bordeaux. — 59, aven. Malakoff, 16ᵉ.

2668 *bis* Chinoiserie. — 1.200 fr.
2668 *ter* Missel aux tulipes. — 1.500 fr.

ROSSI (Joseph), né à Lorgemons. — Italien. — Villeparisis (S.-et-M.).

2669 Peinture. — 1.000 fr.
2670 Peinture. — 900 fr.

ROSTAN (Mˡˡᵉ Geneviève), née à Marseille. — 14, rue Damrémont, 18ᵉ.

2671 Cadre de gravures sur bois. — 40 fr. l'épreuve.
2672 Ferme provençale (aquarelle). — 250 fr.

ROSTAN (Jean), né à Antibes. — 61 *bis*, avenue Mozart, 16ᵉ.

2673 Bords de l'Armançon. — 300 fr.
2674 Bords de l'Armançon. — 300 fr.

ROTHSCHILD (Mariette), née au Parc-Saint-Maur. — 46, avenue Niel, 17ᵉ.

2675 Maison de pêcheur. — 450 fr.
2676 Nature morte. — 500 fr.

ROUART (Ernest), né à Paris. — 40, rue de Villejust, 16ᵉ.

2677 Notre-Dame de la Sagesse. — Destiné à la chapelle de M...

ROUAN (Adolphe), né à Foix. — Rue Delcassé, Foix (Ariège).

2678 Environs de Foix. — 1.200 fr.
2679 Effet de rue (Rieucros). — 500 fr.

ROUBAUD (Jean-Baptiste), né à Marseille. — 7, rue de l'Arrivée,
Enghien-les-Bains (S.-et-O.).

2680 Rivage provençal. — 1.200 fr.
2681 Marine en Provence. — 1.350 fr.

ROUBAUD (Mᵐᵉ Noële), née à Marseille. — 43, rue Nollet, 17ᵉ.

2682 Mon curé. — 1.000 fr.
2683 Etude de MM. J. J.-T.

ROUBILLOTTE, né à Paris. — 8, rue André-del-Sarte, 18ᵉ.

2684 Chat (sculpture).
2685 Cheminée (sculpture).

ROUMY (Edouard-Louis), né à Sivry-Courtry. — 9, place Beau-
grenelle, 15ᵉ.

2686 Le critique influent.
2687 Portrait de Mᵐᵉ R...

ROUQUAYROL (Georges), né à Villefranche-sur-Saône. — 36 *ter*,
rue de la Tour-d'Auvergne, 9ᵉ.

2688 Etude. — 2.500 fr.
2689 Etude. — 1.200 fr.

ROUQUET (Auguste-Louis), né à Carcassonne. — 159, rue de
Flandre, 19ᵉ.

2690 La chanson des mois (gravures sur bois pour les
poèmes d'Achille Rouquet). — En souscription.
2691 La fête à Banyuls. — 800 fr.

ROURE (Auguste), né à Avignon. — 8, rue du Petit-Paradis, Avignon (Vaucluse).

> 2692 Le cap d'Armes (Porquerolles). — 500 fr.
> 2693 La Grand'Cale (Porquerolles). — 500 fr.

ROUSSELET (Etienne), né à Paris. — 275, promenade des Anglais, Nice.

> 2694 Fleur de plage. — 500 fr.
> 2695 Rose grenat. — 500 fr.

ROUSTAN (Emile). — 24, rue Mayet, 6°.

> 2696 Paysage dans le Forez. — 1.500 fr.
> 2697 Paysage dans le Forez. — 1.500 fr.

ROUVEAU (Antoinette), née à Paris. — Le Val-Saint-Eloi (Haute-Saône).

> 2698 Saint-Rémy (Haute-Saône). — 650 fr.
> 2699 Senoncourt (le moulin). — 450 fr.

ROUX (Alfred), né à Vichy. — 14, rue Roovère, Vichy (Allier).

> 2700 Bords du Rhône à Loyettes (Ain). — 1.000 fr.
> 2701 Matinée d'automne sur les bords du Rhône (Loyettes). — 700 fr.

ROUX (Auguste), né à Marseille. — 66, rue Lamarck, 18°.

> 2702 Pointe de Taillefer (Belle-Ile). — Appartient à l'auteur.
> 2703 Pavillon (Belle-Ile). — Appartient à l'auteur.

ROUX-CHAMPION (Joseph-Victor), né à Chaumont. — 35, rue de Turenne, 3°.

> 2704 Aquarelle. — 300 fr.
> 2705 Paysage. — 300 fr.

ROYER (André-Maurice), né à Verdun. — 96 bis, rue Beaubourg, 4°.

> 2706 Nature morte. — 350 fr.
> 2707 Paysage décoratif. — 600 fr.

RUA (Madeleine), née à Paris. — 47, rue de Rivoli.

    2708 Etude de nu. — 1.200 fr.
    2709 Paysage. — 500 fr.

RUAZ (Emile-Louis de), né à Paris. — 8, rue Gager-Gabillot, 15°.

    2710 L'homme dans la vie. — 2.000 fr.
    2711 Mélancolie. — 1.500 fr.

RUNSER (Alfred), né à Mulhouse. — Gruchet-la-Valasse (Seine-Inférieure).

    2712 Pauvres hères. — 2.500 fr.
    2713 Autoportrait.

RYCK (Salomé Van), né à Lille. — 30, rue Chaptal, 9°.

    2714 Environs de Sanary (Var). — 800 fr.
    2715 Environs de Sanary (Var). — 600 fr.

RZEWUSKA (Jadwiga), née à Odessa. — Polonaise. — 20, rue Chalgrin, 16°.

    2716 Etude. — 180 fr.
    2717 Portrait. — 150 fr.

1924 - CATALOGUE - 1924

SERVICE DES VENTES

A L'EXPOSITION

Tous les ouvrages mentionnés au présent catalogue sont offerts au public aux prix désignés par les artistes **sans interposition d'aucun intermédiaire**.

Ces prix ne subissent aucune majoration. Les acquisitions **sont exemptes de tous droits, taxes ou impôts**.

MM. les visiteurs trouveront au Secrétariat de l'Exposition tous renseignements concernant la vente des œuvres exposées.

L'Administration de la Société se charge d'aviser les artistes des ventes effectuées ainsi que de la transmission des offres qui pourraient être faites en vue de la réalisation de commandes ou de l'acquisition des ouvrages exposés.

Les bureaux du Secrétariat de l'Exposition se trouvent au rez-de-chaussée, au fond de la Galerie Victor-Emmanuel (côté Cours la Reine)

S

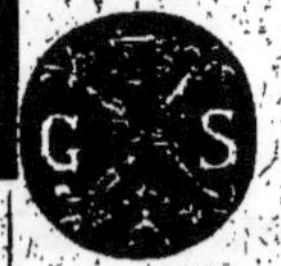

G S
Marque
de
Fabrique
Téléph.
Fleurus
16-33

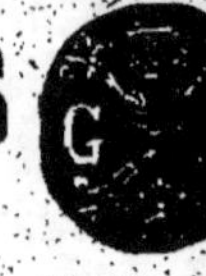

G S
Marque
de
Fabrique
R. C.
Seine
30.779

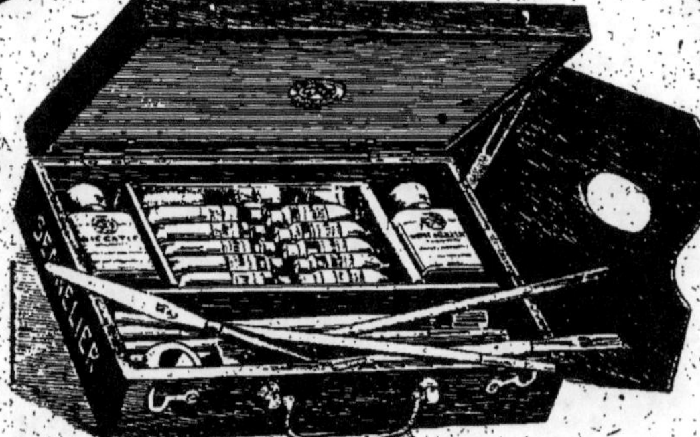

SAB (Frédéric), né à Paris. — 19, rue des Batignolles, 17e.

>   **2718** Villefranche (maisons). — 200 fr.
>   **2719** L'olivier. — 150 fr.

SABAROTS (Paul), né à Bardos. — Maison Borde de Lubéret, Bardos (Basses-Pyrénées).

>   **2720** Une nuit d'opium. — 960 fr.
>   **2721** Songe aux pêcheurs d'Islande. — 650 fr.

SABOURIN (Émile), né à Paris. — 18, rue Montgallet, 12e.

>   **2722** Reichshoffen (d'après Aimé Morot) (plume et lavis). — 1.000 fr.
>   **2723** Portrait d'après nature de Mme X... (pastel). — (Similaire : 200 fr.)

SAINT-CLAIR (Antoine), né à Saint-Julien-en-Genévois. — 54, rue Saint-Lazare, 9e.

>   **2724** Coin de parc à Stors. — 150 fr.
>   **2725** Vieille porte à Saint-Jean-aux-Bois. — 100 fr.

SAINT-CYR (Jeannine de), née à Paris. — 3, rue du Vieux-Colombier, 6e.

>   **2726** Peinture. — 500 fr.

SAINT-DELIS (René de), né à Saint-Omer. — 27, route du Havre, Étretat (Seine-Inférieure).

>   **2727** Paysage boulonnais. — 450 fr.
>   **2728** Printemps. — 250 fr.

SAINT-DENIS (Germaine de), née à Paris. — 6, r. Vercingétorix, 14e.

>   **2729** Nu (étude). — 1.000 fr.
>   **2730** Nature morte. — 800 fr.

SAINTDIDIER (Henriette), née à Paris. — 6, rue Dufrénoy, 16e.

>   **2731** Fleurs. — 1.200 fr.
>   **2732** Fleurs. — 1.500 fr.

SAINT-GOND, né à Neuilly. — 8, rue Meissonier, 17e.

2733 Nature morte (marionnette). — 500 fr.
2734 Nature morte (aquarelle). — 500 fr.

SAINT-MARTIN (Henry-Gaston-Martin de), né à Paris. — 107, avenue Henri-Martin, 16e.

2735 L'écluse de Sannois. — 250 fr.
2736 Sur les hauteurs de Cannes. — 300 fr.

SAINT-PAUL (Jean), né à Paris. — 24, avenue Trudaine, 9e.

2737 Peinture. — 1.500 fr.
2738 Peinture. — 1.500 fr.

SALIGNAC (Mme Clémentine-Thomas-S.), née à Toulon. — 71, rue de l'Assomption, 16e.

2739 Chrysanthèmes et aquarium. — 2.500 fr.
2740 Soucis. — 1.200 fr.

SAKATA (Kazno), né à Okoyama. — Japonais. — 15, rue Hégésippe-Moreau, 18e.

2741 Tête de femme.
2742 Nature morte.

SALVAT (François-Martin), né à Amélie-les-Bains. — 40, avenue des Gobelins, 13e.

2743 Peinture. — 300 fr.
2744 En Roussillon (6 bois gravés). — 250 fr.

SAMLICKI (Martin-François), né en Pologne. — Polonais. — 3, rue Jeanne-d'Arc, Sèvres (S.-et-O.).

2745 Autoportrait. — 2.000 fr.
2746 Louis Teulade, seigneur de Cassagne. — 1.200 fr.

SAMSON (Gustave), né à Granville. — 63, rue des Juifs, Granville (Manche).

2747 L'étude. — 500 fr.
2748 Nature morte. — 400 fr.

SARABEN (Julien-Emile). — 1, rue de l'Evêché, Soissons (Aisne).

2748 *bis* Nature morte. — 1.200 fr.
2748 *ter* Paysage. — 400 fr.

SARDIN (Albert-Edmond), né à Arcis-sur-Aube. — 9, rue Falguière, 15e.

2749 Paysage. — 1.000 fr.
2750 Figure. — 1.000 fr.

SARDOU-KELLER (Marie-Paule-Juliette), née à Paris. — 27, rue Vital, 16e.

2751 Cannes. — 1.000 fr.
2752 Saint-Paul. — 1.000 fr.

SAUTIN (René), né à Montfort-sur-Risle. — Les Andelys (Eure).

2753 Coin de port à Pont-Audemer (matin). — 850 fr.
2754 La Risle maritime à Pont-Audemer. — 1.200 fr.

SAUVAYRE (Maurice), né à Paris. — St-Cyr-sur-Morin (S.-et-M.).

2755 Paysage de l'Ile de France. — 400 fr.
2756 Bretagne (Brigneau). — 800 fr.

SAVIN (Maurice), né à Valence. — 6, rue Desaix, 15e.

2757 Peinture. — 3.000 fr.
2758 Peinture. — 800 fr.

SAVREUX (Maurice), né à Lille. — 28, rue Troyon, Sèvres (S.-et-O.).

2759 Le coup de soleil (paysage). — 2.500 fr.
2760 Ruines de l'Abbaye de Morin (Haute-Marne). — 4.000 fr.

SCHALLER-MOUILLOT (Charlotte). — Route de la Belle-Isnarde, Saint-Tropez (Var).

2761 Le raisin. — 1.000 fr.
2762 Le voilier. — 1.000 fr.

SCHOEN (Daniel), né à Mulhouse. — 11, place de Bordeaux, Strasbourg.

2763 Vagues. — 1.500 fr.
2764 Canal en automne. — 1.200 fr.

SCHOMBERG-SZYMBERSKA (Mme Sophie de), née à Varsovie. — Polonaise. — 216, boulevard Raspail, 14e.

2765 Portrait. — 1.000 fr.
2766 Le lac vert. — 1.000 fr.

SCHREIBER (Georges-Edouard), né à Paris. — 3, rue Jules-César, 12e.

2767 Paysage. — 1.200 fr.
2768 Paysage. — 800 fr.

SCHURMANN (Max-Raymond), né à Vorosmajor. — Tchécoslovaque. — Nitra, Vikarska, 2, Tchéco-Slovaquie.

2769 Portrait de Mlle D... — Appartient à Mlle D...
2770 Portrait de Mme D... — Appartient à Mme D...

SCHWERS (Mlle Elise), née à Liège. — Belge. — 10, rue de Sélys, Liége (Belgique).

2771 Contre-jour. — 600 fr.
2772 Quarantaines. — 600 fr.

SCHWETTE (Alexandre), né à Riga. — Russe. — 27 *bis*, avenue du Parc-Montsouris, 14e.

2773 Cyclamen. — 450 fr.
2774 Nature morte. — 450 fr.

SCORTESCO (Paul), né à Jassy. — Roumain. — 4, rue Récamier, 7e.

2775 Tableau symbolique. — 3.000 fr.
2776 A Venise. — 800 fr.

SCOSSA (Ferdinand), né à Asnières. — Vic-Bigorre (Htes-Pyrénées).

2777 Etude bois (St-Léger, Hautes-Pyrénées). — 700 fr.
2778 Sous-bois (St-Léger, Hautes-Pyrénées). — 500 fr.

SEAILLES (Paul), né à Douai. — 8, rue du Puits de l'Ermite, 5ᵉ.

2779 Etude de tête. — 400 fr.
2780 Etude de tête. — 400 fr.

SEEBERGER (Jules-Jean), né à Vienne. — 13, rue Fénelon, 10ᵉ.

2781 Catherinette. — 500 fr.
2782 La juive. — 1.000 fr.

SEEVAGEN (Lucien), né à Chaumont. — 8, rue de la Grande-Chaumière, 6ᵉ.

2783 Le moulin à mer (île Bréhat). — 2.000 fr.
2784 Chaumières (île Bréhat). — 3.500 fr.

SEGUIN (Georges-Marie-Louis), né à Rennes. — 147, boulevard Saint-Germain, 6ᵉ.

2784 *bis* Dans le verger. — 300 fr.
2784 *ter* Un cadre contenant 5 maquettes de travestis :
    1. Reine de pique.
    2. Roi de carreau.
    3. Jacquet.
    4. Echiquier.
    5. Croquet.

SEGUIN-BERTAULT (Paul), né à Châteaurenault. — 68, rue d'Assas, 6ᵉ.

2785 Portrait d'Anatole France.
2786 Danseuse. — 3.500 fr.

SELMERSHEIM-DESGRANGE (Jeanne), née à Paris. — 14, rue de l'Abbaye, 6ᵉ.

2787 Nature morte. — 500 fr.
2788 Nature morte. — 500 fr.

SENABRE (Ramon), né à Barcelone. — Espagnol. — 7, rue Bel-loni, 15ᵉ.

2789 Nature morte. — 500 fr.
2790 Nature morte. — 500 fr.

SENCHET (Victor), né à Toulon. — 12, rue de la Mare, 20°.

    2791 Toulon. — 900 fr.
    2792 Paris. — 500 fr.

SERMAISE-PERILLARD (Louise), née à Paris. — Suisse. — 7, rue de Lancry, 10°.

    2793 Nature morte. — 1.000 fr.
    2794 Une jeune fille créole. — 2.000 fr.

SERREPUY (Jean), né à Pierrelate. — 9, avenue Faidherbe, Asnières (Seine).

    2795 Paysage. — 800 fr.
    2796 Paysage. — 800 fr.

SERVRANCKX (Victor), né à Dieghem. — Belge. — 31, chaussée de Haecht, Dieghem-Bruxelles (Belgique).

    2797 Peinture (août 1923). — 3.000 fr.
    2798 Sculpture (janvier 1921). — 200 fr. (6 exemplaires numérotés de 1 à 6).

SETTA (Georges), né à Paris. — 272, avenue Daumesnil, 12°.

    2799 Portrait de M. G. Kass, homme de lettres, syndic délégué des journalistes et écrivains français, administrateur de la *Revue des Indépendants*. — Appartient à M. G. K...
    2800 Le Christ prêchant (statuette). — 300 fr.

SÉVEAU (Georges), né à Poitiers. — 91, rue de l'Amiral-Mouchez, 14°.

    2801 Environs de Palaiseau (S.-et-O.). — 800 fr.
    2802 Les Caseaux (S.-et-O.). — 2.800 fr.

SEVESTRE-AUDIN (Gabrielle-Henriette), née à Paris. — 16, boulevard Saint-Michel, 5°.

    2803 Fleurs. — 550 fr.
    2804 Saint-Julien-le-Pauvre. — 650 fr.

SÉVILLE (Christiane), née à Paris. — 9, rue Claude-Pouillet, 17°.

    2805 Nature morte (fleurs). — 500 fr.
    2806 Portrait. — Appartient à l'auteur (similaire : 800 fr.)

SHORE (Bethea-E.), née à Cuttack. — Anglaise. — 38, Harrington-Gardens, Londres S. W, 7.

2807 Voile blanche. — 1.000 fr.

SICARD-CERRINA (Marguerite), née à Lyon. — 61, rue Froidevaux, 14e.

2808 Nature morte. — 600 fr.
2809 Vieilles maisons au bord de l'Ariège. — 400 fr.

SIGNAC (Paul), (membre fondateur), né à Paris. — 14, rue de l'Abbaye, 6e.

2810 Les thonniers à Groix. — 8.000 fr.
2811 Le Petit-Andély. — 8.000 fr.

SIGRIST (Edmond), né à Paris. — 25, rue Dareau, 14e.

2812 Portrait.

SILVA-BRUHNS (Ivaan-Ivan da), né à Paris. — Brésilien. — 3, avenue du Château, Neuilly-sur-Seine.

2813 Peinture. — 1.000 fr.

SILVAGNI (César), né à Rome. — Italien. — 13, r. La Vieuville, 18e.

2814 Le portrait de la courtisane (sculpture).
2815 Statuette décorative (danseuse). — 500 fr.

SILZ (Mlle Edith), née à Nantes. — 15, rue Gœthe, 16e.

2816 Les pommes rouges. — 500 fr.
2817 Les oranges. — 500 fr.

SIMONIN (Albert-François), né à Vergèze. — Valleraugue (Gard).

2818 Roses (aquarelle). — 1.000 fr.
2819 Le col de la Seyrreyrède (Aigual) (aquarelle). — 1.500 fr.

SIMON (Georges-Alphonse), né à Noisy-le-Grand. — 9, rue Madeleine, Saint-Ouen (Seine).

2820 La gitane. — 1.200 fr.
2821 Fleurs et fruits. — 1.000 fr.

SIMON (Jacques-Roger), né à Paris. — 4, rue Gozlogon, 6e.

2822 L'abbaye. — 1.000 fr.
2823 L'abreuvoir. — 1.000 fr.

SIMON (Mme Jeanne), née à Paris. — 52, rue des Volontaires, 15e.

2824 Pastel. — 800 fr.
2825 Peinture. — 375 fr.

SIMONET (Mlle Germaine), née à Paris. — 62, rue Boursault, 17e.

2826 Portrait de Mlle S... — Appartient à l'auteur.
2827 Nu.

SIMONNET (Georges-Gaston), né à Fleurs. — 172, r. Cardinet, 17e.

2828 Vers le soir (Saintonge). — 650 fr.
2829 Chemin creux (Saintonge). — 650 fr.

SIVADE (André), né à Nice. — 93, rue de Maubeuge, 10e.

2830 Agay. — 450 fr.
2831 Anthéor. — 450 fr.

SJŒSTEDT (Mlle Yvonne), née à Neuilly-sur-Seine. — 159, avenue Malakoff, 16e.

2832 Portrait de Pierre Dominique.
2833 Petite étude de nu. — 800 fr.

SKIP (D.), née à Paris. — 100, rue de Longchamp, 16e.

2834 Portrait de M. A.-R. H...
2835 Peinture.

SLAVY (Mme Hanna de), née à Broudek. — Polonaise. — 29, rue Campagne-Première, 14e.

2836 Portrait. — Appartient à Mme Palmstrom.
2837 Nature morte. — 1.000 fr.

SMETANA (Léopold), né à Tonnerre. — Sainte-Savine (Aube).

2838 La page d'écriture. — 500 fr.
2839 Fleurs. — 500 fr.

SMITH (Francis), né à Lisbonne. — Portugais. — 83, rue de Turbigo, 3°.

2840 Le reposoir (Portugal).
2841 Rue de Lisbonne.

SMITS (Marcel), né à Molenbeek-Saint-Jean. — Belge. — 20, rue de l'Intendant, Molenbeek-Bruxelles.

2842 Composition.
2843 Les radicaux. — Appartient au parti radical belge.

SOHEK (Louis), né à Paris. — 14, rue Saint-Lazare, 9°.

2844 La dame et son peintre. — 3.000 fr.
2845 Étude de nu. — 2.000 fr.

SOKOLNICKI (Nicolas), né à Kieff. — Polonais. — 50, avenue de Saxe, 7°.

2846 Projet d'un monument « Folie contemporaine ». — 10.000 fr.
2847 Projet d'un monument « Le véritable Dieu moderne ». — 15.000 fr.

SOMVEILLE (Léon), né au Chesne. — 9, avenue Bordereau, Chelles (S.-et-M.).

2848 Chrysanthèmes. — 800 fr.
2849 Giroflées.

SON (Johannès), né à Lyon. — 30, rue Fontaine, 9°.

2850 Le matin à Quimperlé. — 900 fr.
2851 Le matin à Semur (Côte-d'Or). — 900 fr.

SONDEREGGER (Jacques-Ernest), né à Thusis. — Suisse. — La Frette (S.-et-O.).

2852 Cadre collectif : Portraits et compositions (gravures sur bois). — 50 fr. chaque gravure.

SONNEVILLE (Georges de), né à Nouméa. — 28, rue du Couvent, Bordeaux (Gironde).

2853 Yvonne et son fils. — Appartient à l'auteur.
2854 Peinture. — 1.200 fr.

SOREL (René-Victor), né à Paris. — 8, avenue Louvois, Meudon.

2855 Le manchon de Francine. — 4.000 fr.

SOSSON (Henri-Victor-Léopold), né à Paris. — 67, rue Marianne-Colombier, Bagnolet.

2856 L'aquarium. — 600 fr.
2857 L'aquarium. — 600 fr.

SOULLARD (Louis), né à Saint-Lô. — 16, rue Brave-Rondeau, La Rochelle (Charente-Inférieure).

2858 A l'oasis (le soir). — 800 fr.
2859 L'abreuvoir (à l'aurore). — 800 fr.

SOURY (Gustave-Eugène), né à Paris. — 18, rue du Caire, 2e.

2860 Idylle (lion et lionne). — 800 fr.
2861 Ours polaire. — 450 fr.

SPIRI (Jean), né à Paris. — 11, rue de l'Orillon, 11e. (Voir au bureau.)

SOUZOUKI (Ruytchi), né à Tokio. — Japonais. — 22, r. Daguerre, 14e.

2862 Peinture. — 800 fr.
2863 Peinture. — 300 fr.

SPOLIANSKY (Iechiel), né à Militopol. — Russe. — 95, rue du faubourg Saint-Honoré, 8e.

2864 Portrait. — Appartient à l'auteur.
2865 Peinture. — 1.000 fr.

SPRENGER (Jean), né à Brugg, près Bienne. — Suisse. — 12, rue des Mouchettes, Meudon (S.-et-O.).

2866 Automne. — 1.500 fr.
2867 Derniers rayons. — 1.800 fr.

STACH (Bronny), née à Pétrograd. — Polonaise. — 6, r. Pouchet, 17e.

2868 Trio. — 800 fr.
2869 Rendez-vous. — 600 fr.

STACKPOLE (Adèle), née à Sacramento. — Américaine. — 10, rue de la Grande-Chaumière, 6e.

2870 Gravure sur bois. — 60 fr.
2871 Gravure sur bois. — 60 fr.

STANOIOVITCH (Georges), né à Belgrade. — Serbe. — 38, rue Saint-Séverin, 5°.

    2872 La fontaine du harem. — 150 fr.
    2873 Quartier turc à Sarajevo. — 150 fr.

STEINMETZ (Philippe-Jacques), né à Landau. — 49, rue Neuve, Dunkerque (Nord).

    2874 Journée de décembre. — 1.000 fr.
    2875 Paysage. — 1.000 fr.

STENBERG (Edouard), né à Grimsby. — Suédois. — 20, rue Pierre-Curie, 5°.

    2876 Mauresque (tenture peinte). — S'adresser au bureau de vente pour commandes.

STENPORT (Harry), né à Gœteborg. — Suédois. — 137, boulevard Raspail, 6°.

    2877 La musique (bas-relief plâtre). — 4.000 fr.
    2878 Etude (statuette plâtre). — 800 fr.

STENPORT (Lillie), née à Boras. — Suédoise. — 137, boulevard Raspail, 6°.

    2879 Echarpe en batik (crêpe en soie). — 500 fr.
    2880 Petit tapis de table peint (en soie). — 400 fr.

STEPHE (Léon), né à Denain. — 65, rue du Ranelagh, 16°.

    2881 Ruines du château de Marle. — 1.200 fr.
    2882 Bords de la Seine. — 1.000 fr.

STEPHENSON (Mary-E.), née en Angleterre. — Anglaise. — 226, boulevard Raspail, 14°.

    2883 Marché d'Arras, 1920 (aquarelle). — 250 fr.
    2884 Marché, Bretagne (aquarelle). — 250 fr.

STILLER (Vic), né à Mandalay. — Anglais. — 78, rue Lafayette, 9°.

    2885 Marine. — 3.250 fr.

STIVAL (Jean-Alp.), né à Paris. — 16 *bis*, boul. Saint-Jacques, 14°.

    2886 Peinture (cyprès).
    2887 Peinture (pins parasols).

STIYOVITCH (Risto), né à Podgoritza. — Serbe. — 11, cité Falguière, 15e.

2888 Natacha (tête plâtre). — 3.000 fr. (en pierre).
2889 Femme (ébène). — 6.000 fr.

STOPPELAERE (Alexandre), né à Saint-Paul-de-Fenouillet. — 270, boulevard Raspail, 14e.

2890 Paysage.

STROBBE (Georges), né à Marcq-en-Barœul. — 9, rue Moïse, Ivry (Seine).

2891 La bourrée limousine. — 1.500 fr.
2892 Nu. — 1.000 fr.

STUCKEY (Edith-Philippa), née à Londres. — Anglaise. — 203, boulevard Raspail, 14e.

2893 Impressions. — 500 fr.
2894 Impressions. — 500 fr.

SUE (Gabriel), né à Marseille. — Servanches, par Sainte-Aulaye (Dordogne).

2895 Intérieur de chenil. — 1.800 fr.
2896 En été. — 1.500 fr.

SUIRE (Louis), né à Cognac. — 1, rue des Fonderies, La Rochelle.

2897 Paysage. — 900 fr.
2898 Paysage. — 600 fr.

SURVILLE (Ella), née à Genève. — Suisse. — La Chauve-Souris, Drize, Genève.

2899 Paris. — 15.000 fr.
2900 Mme la Marquise et ses fils. — 18.000 fr.

SYROVY (Joseph), né à Prerov-sur-Elbe. — Tchèque. — 37, rue Lamarck, 18e.

2901 La mer (Finistère). — 2.000 fr.
2902 L'étang (Itteville, S.-et-O.). — 2.000 fr.

SWANZY (Mlle Mary), née à Dublin. — Irlandaise. — Chez Lucien Lefebvre-Foinet, 19, rue Vavin, 6e.

2903 Les toits rouges. — 2.500 fr.
2904 Le palmier. — 2.000 fr.

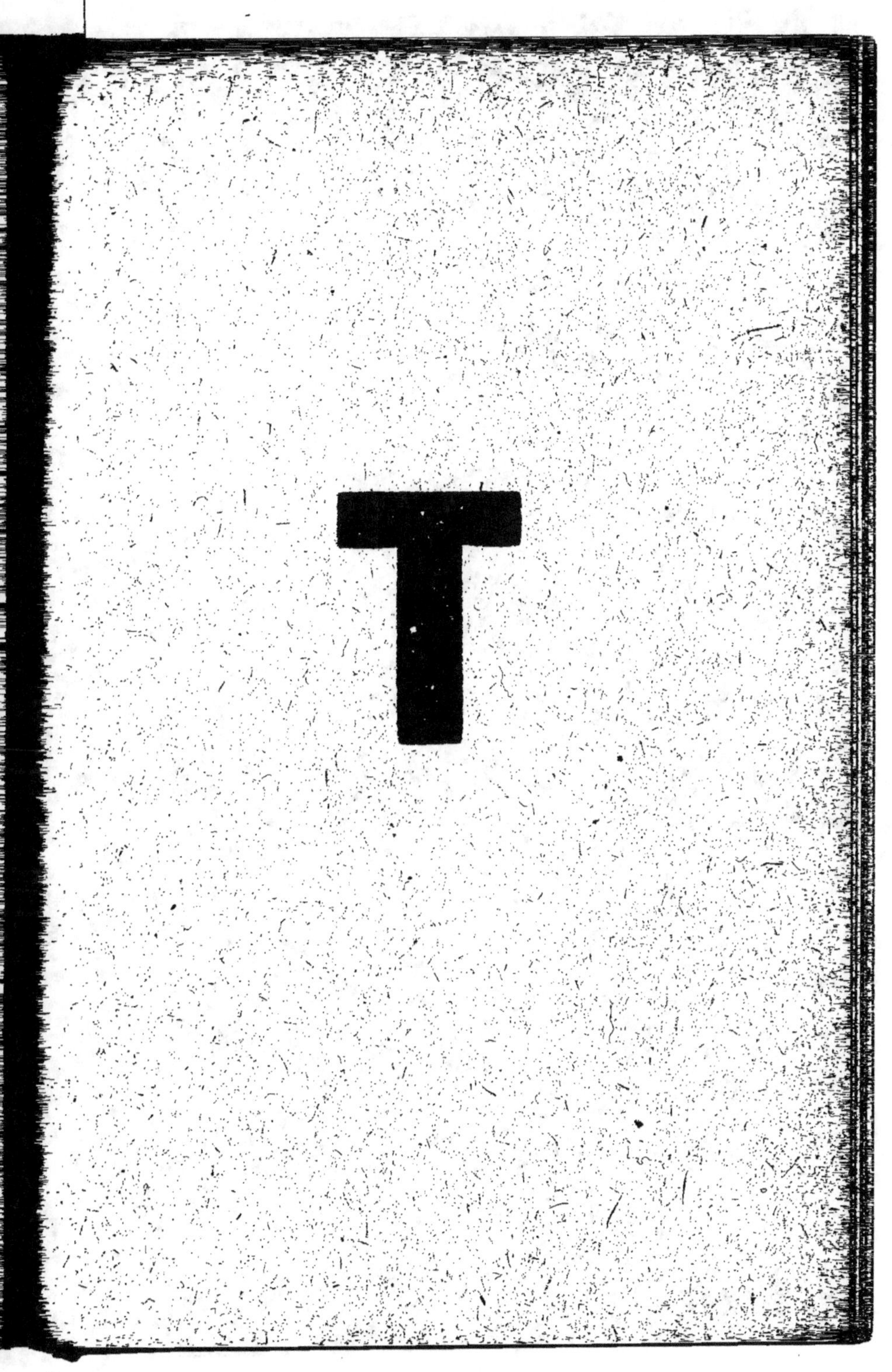

T

TAILLANDIER (Adrien), né à Bordeaux. — 17, rue du 14 juillet, prolongée, Bois-Colombes (Seine).

2905 Le Taillant (Gironde). — 5.000 fr.

TALLICHET (Simone), née à Genève. — Suisse. — 96, avenue des Ternes, 17e.

2906 Offrande d'amour (pierre artificielle taillée). — 6.500 fr.
2907 Chien (bois d'amaranthe, taille directe). — 3.000 fr.

TANAKA (Yasushi), né au Japon. — Japonais. — 72, rue N.-D.-des-Champs, 6e.

2908 Femmes nues. — 20.000 fr.

TASSINCOURT-EDWARDS (Beatrice), née à Kansas City. — Américaine. — 9, villa Brune, 14e.

2909 Le verger. — 800 fr.
2910 Etude. — 500 fr.

TASSENCOURT (Maurice), né à Amiens. — 9, villa Brune, 14e.

2911 Les fruits de la jungle. — 900 fr.
2912 Etude. — 600 fr.

TASTEMAIN (Maurice), né à Caen. — 137, rue de Sèvres, 6e.

2913 Nature morte (pommes). — 1.000 fr.
2914 Nature morte (lapin). — 700 fr.

TASTEMAIN (Yvonne), née à Paris. — 137, rue de Sèvres, 6e.

2915 Fruits. — 700 fr.
2916 Fleurs. — 700 fr.

TAVERNIER (Hippolyte), né à Lyon. — 100, rue d'Assas, 6e.

2916 *bis* Paysage.
2916 *ter* Fleurs.

TAVERNIER (Julien-Louis), né à Paris. — 22, rue Bonaparte, 6e.

2917 Léda. — 1.350 fr.
2918 Nu. — 950 fr.

TCHERNIAK (Malvine), née à Smolensk. — Russe. — 137, boulevard Raspail, 6e.

2918 *bis* Buste de Mme E. B...
2918 *ter* Bacchante (statuette plâtre). — En bronze : 2.000 fr.

TCHERNIAWSKY (Charles), né à Bobroisk. — Russe. — 1, cité du Cardinal-Lemoine, 5e.

2919 Portrait de M. Michel Simon. — Appartient à M. Simon.
2920 Paysage. — 800 fr.

TEMPLEUX (Emmanuel-Jean), né à Arbois. — 70, Grande-Rue, Arbois.

2921 Sur le Noirmont (du Jura aux Alpes). — 1.500 fr.
2922 Les marches du Jura. — 1.100 fr.

TERNAND (Marthe), née à Paris. — 102, rue de la Boétie, 8e.

2923 Paysage. — 600 fr.
2924 Nature morte. — 500 fr.

TEXCIER (Jean), né à Rouen. — 4, rue Leneveux, 14e.

2925 Peinture. — 600 fr.
2926 Peinture. — 600 fr.

THAON D'ARNOLDI (Marie), née à Nice. — 10, rue Vavin, 6e.

2927 Paysage du Chablais. — 300 fr.
2928 Femme endormie. — 2.500 fr.

THÉNARD (Georges-Eugène), né à Paris. — 1, rue Jean-Marie-Jégo, 13e.

2929 Paysage. — 400 fr.
2930 Intérieur. — 600 fr.

THEVENET (Jacques-Jean-François-Xavier), né à Montquin. — 4, rue Belloni, 15e.

2931 L'atelier.

THÉVENET (Pierre), né à Bruges. — 12, rue Séguier, 6e.

2932 Place Clichy. — 5.000 fr.
2933 Paysage. — 2.500 fr.

THÉVENOT (Adrien), né à Rougemont-le-Château. — 18, rue des Plantes, 14e.

2934 *Trans orbem terrarum.*
2935 Portrait de Mlle Rolande Desluys.

THIOLLIÈRE (Raymond), né à Roanne. — 20, rue Mazarine, 6e.

2938 Peinture. — 2.000 fr.
2939 Peinture. — 1.000 fr.

THIRE (Marie), née à La Châtaigneraie. — 14, rue de Chabrol, 10e.

2948 La vieille église, Vouvant. — Vendu.
2948 *bis* Nature morte.

THIRIOT (Pierre), né à Etain. — Chez M. Pinsard, 9, rue d'Assas, 6e, et Clermont-en-Argonne (Meuse).

2936 Valse naïve (maquette d'un décor). — 200 fr.
2937 Rêve de chat (panneau décoratif). — 300 fr.

THOMAS (Jean-François), né à Guémené-Penfao. — 28, rue Pigalle, 9e.

2940 Femme dans un intérieur de cuisine. — 2.000 fr.
2941 Femme épluchant des fruits. — 1.000 fr.

THOMASSIN (Auguste-Charles), né à Paris. — 8, rue des Écoles, Charenton-le-Pont (Seine).

2942 Chemin de ferme en Bretagne. — 170 fr.
2943 Coin de plage en Bretagne. — 135 fr.

THOMSEN (René-Charles), né à Paris. — 2, passage Dantzig, 15e.

2944 Portrait de Mme Z...
2945 Nature morte. — 1.500 fr.

THOUNENS (Alice), née à Versailles. — 29, rue des Champs-Bourgs, Vernon (Eure).

2946 Effet d'été sur la Seine à Giverny. — 600 fr.
2947 Le Rhin aux environs de Mayence. — 500 fr.

TINCHANT (Lucien-Léon), né à Paris. — 6, villa Collet, 14e.

2949 Mimosa. — 200 fr.
2950 Fleurs. — 500 fr.

TIRMAN (Jeanne-Henriette), née à Charleville. — 22, rue de l'Yvette, 16e.

2951 Nature morte.
2952 Paysage.

TISSEIRE (Lucien-Jean), né à Paris. — 5, rue de Beaune, 7e.

2953 Fontarabie.
2954 Ciboure.

TKACZEWSKI (Maximilian), né à Varsovie. — Polonais. — 2, passage de Dantzig, 15e.

2955 Nature morte. — 1.500 fr.
2956 Paysage. — 400 fr.

TOLEDO-PIZA (Dominique), né à São-Paulo. — Brésilien. — 117, rue Notre-Dame-des-Champs, 6e.

2957 Prairie. — 900 fr.
2958 Cour de ferme. — 900 fr.

TONY-PICHON, né à Ayn. — 71, boul. Barbès, 18e.

2959 Ruines du château de Rochebaron (Haute-Loire). — 500 fr.
2960 Nature morte. — 500 fr.

TOR DE AROZARENA, né à Cognac. — 33, rue Greuze, 16e.

2961 Portrait.
2962 Portrait.

TOURNIER (Charles-Eugène), né à Paris. — 25, rue de l'Annonciation, 16e.

2963 Une rue du vieux Passy (rue Berton). — 250 fr.
2964 Bords de la Seine (Pont Mirabeau). — 100 fr.

TOURNIER (Joë), né à Paris. — 30, rue des Boulangers, 5e.

2965 Dietwiller (Alsace). — 4.000 fr.
2966 Marine. — 3.000 fr.

TOURRET (Alphonse), né à Saint-Pourçain-sur-Sioule. — 10, rue de l'Eglise, Asnières (Seine).

    2967 Paysage. — 1.000 fr.
    2968 Nature morte. — 600 fr.

TOUTAIN (Augustin-François), né à Ravigny. — 23, rue de la Collégiale, 5e.

    2969 Les cèdres (Jardin des Plantes, Paris). — 350 fr.
    2970 Fleurs. — 250 fr.

TOZZI (Mario), né à Suna. — Italien. — 44, rue de Rennes, 6e.

    2971 Paysanne. — 3.000 fr.

TRANNOY (Gabriel), né à Arras. — 166, av. Jean-Jaurès, 19e.

    2972 Buttes Chaumont. — 1.000 fr.
    2973 La chaumière. — 700 fr.

TRASSARD (André), né à Paris. — 54, rue de Paris, Villeneuve-Saint-Georges (S.-et-O.).

    2974 Concarneau (arrivée des barques). — 500 fr.
    2975 Concarneau (le passage de Lanriec). — 500 fr.

TRESCH (Georges-Albert), né à Delle. — 18, Montée de la Boucle, Lyon.

    2976 Nature morte. — Appartient à M. G...
    2977 Maternité. — 1.200 fr.

TRIBEL (Charles), né à Mulhouse. — 200, route de Versailles, Boulogne-sur-Seine (Seine).

    2978 Paysage. — 900 fr.
    2979 Paysage. — 900 fr.

TRIBOUT (Georges), né à Paris. — 5, rue E.-Verhaeren, St-Cloud (Seine-et-Oise).

    2980 Portrait de Mme Chevrel. — Appartient à Mme C...
    2981 La liseuse. — 1.500 fr.

TRIPELS (Fred), né à Aubervilliers. — 14, rue de Verdun, Asnières (Seine).

    2982 Nature morte. — 500 fr.
    2983 Vue de la butte. — 300 fr.

TROCHAIN-MÉNARD (Maurice), né à Paris. — Eu (Seine-Inf.).

    2984 Marine (île Bréhat). — 2.700 fr.
    2985 La chaumière (Bréhat). — 1.500 fr.

TROLONG (René-Louis), né à Letteguives. — 126, rue de Tocqueville, 17e.

    2986 Terrasses de Saint-Cloud (aquarelle). — 350 fr.
    2987 Une rue à Limeuil (Dordogne) (aquarelle). — 250 fr.

TRUC (Alfred), né à Constantine. — 201, boul. Voltaire, 11e.

    2988 Robe pour Mlle Parisys. — 1.000 fr.
    2989 Jeune fille. — 800 fr.

TRYDE (Johan-Frédéric), né à Ronne. — Danois. — Chez M. Bottema, 14, rue de l'Armorique, 15e.

    2990 Portrait de Mme Tryde. — 2.000 fr.
    2991 Portrait de femme. — 2.000 fr.

TURIN (André), né à Paris. — 3, rue des Pyramides, 1er.

    2992 Saint-Tropez. — 1.500 fr.
    2993 Saint-Tropez. — 1.500 fr.

TURPIN (Mlle Simone-Henriette), née à Chatou. — St-Ouen-l'Aumone (S.-et-O.).

    2994 Nu (pochade). — 150 fr.
    2995 Nu (pochade). — 150 fr.

TUSQUELLAS (Michel-Léandre), né à Barcelone. — 3 bis, rue de la Mairie, Chennevières-sur-Marne (S.-et-O.).

    2996 Fillette lisant (fresque). — 1.500 fr.
    2997 Maternité (fresque). — 2.500 fr.

TYTGAT AINÉ (Médard), né à Bruges. — Belge. — 92, rue d'Artois, Bruxelles.

    2998 Le boyard. — 25.000 fr.
    2999 Le Printemps. — 17.000 fr.

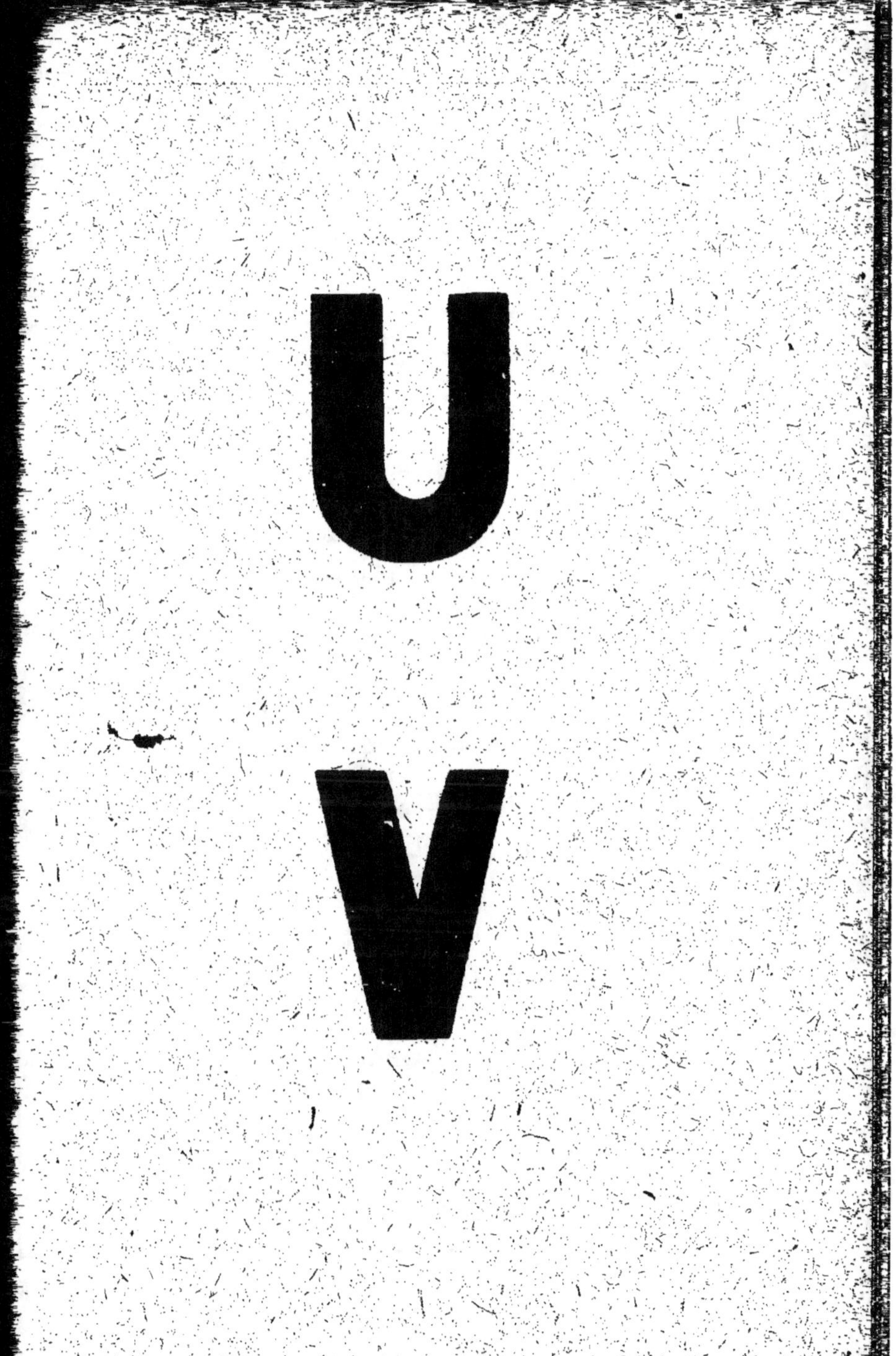
U
V

ULMANN (Louis-Félix), né à Genève. — 167, rue de Vaugirard, 15°.

3000 Paysage. — 500 fr.
3001 Nature morte. — 500 fr.

URBAIN (Alexandre), né à Saint-Marie-aux-Mines. — 21, quai de Bourbon, 4°.

3002 Peinture. — 4.000 fr.
3003 Peinture. — 3.000 fr.

USELDING (Pierre), né à Paris. — 22, rue Beccaria, 12°.

3004 Le marché Beauvau-St-Antoine et le marché à la brocante place d'Aligre. — 12.000 fr.
3005 Intérieur de Notre-Dame de Paris. — 12.000 fr.

VAL (Mme), née à St-Josse. — 96, av. des Ternes, 17°.

3006 Jeune fille. — 600 fr.
3007 Etude. — 600 fr.

VALENS (Raphaël-Simon de), né à Paris. — 22, rue Turgot, 9°.

3008 Bouquet. — 500 fr.
3009 L'orage. — 800 fr.

VALENSI (Henry), né à Alger. — 8, rue de Maistre, 18°.

3010 Expression de Rome à travers le temps et l'espace. — 7.600 fr.

VALLAUD (André-Gabriel), né à Paris. — 35, rue de Chaillot, 16°.

3011 Etude. — 1.000 fr.
3012 Canotiers. — 800 fr.

VALLÉE (Ludovic), né à Paris. — 77, boul. St-Marcel, 13°.

3013 Douarnenez (Finistère). — 1.200 fr.
3014 St-Pierre-en-Port (Seine-Inférieure). — 1.000 fr.

VALMALÈTE (Mme Cécile-Thérèse-Joséphine de), née à Paris. — 7, rue Pajou, 16°.

3015 Jeune fille (pastel). — 2.500 fr.
3016 Jeune femme. — 1.500 fr.

VALMIER (Georges), né à Angoulême. — 38, rue Ramey, 18e.

3017 Figure. — 1.200 fr.
3018 Fleurs. — 750 fr.

VARENNE (Gaston), né à la Roche-sur-Yon. — 31, rue de Turin, 8e.

3019 Ciel d'orage. — 800 fr.
3020 Matin d'avril. — 700 fr.

VARNIER (André-Alexandre), né à Paris. — 32, rue de Courbevoie, La Garenne (Seine).

3021 L'idylle aux champs. — 160 fr.
3022 Fruit défendu. — 170 fr.

VASSEROT (Pierre-François), né à Poissy. — 11, rue Boissonade, 14e.

3023 Le clos Robiot (paysage). — 1.000 fr.
3024 L'ogive verte (paysage). — 7.000 fr.

VASTICAR (Germaine-Antoinette, née à Valenciennes. — 17, rue Angélique-Vérien, Neuilly-sur-Seine (Seine).

3025 Fleurs de palmiers. — 900 fr.
3026 A Hyères l'été. — 400 fr.

VAUCLEROY (Pierre de), né à Bruxelles. — Belge. — 45, rue Jean-Baptiste-Meunier, Bruxelles.

3027 Nu. — 900 fr.
3028 Paysage. — 900 fr.

VAURY (Madeleine-Jeanne), née à La Varenne-Saint-Hilaire. — 7, rue Dutot, 15e.

3029 Paysage.

VAURY-CAILLE (André), né à Crisenoy. — 95, rue de Vaugirard, 6e.

3030 Rue Coin de Reboul (Marseille). — 12.000 fr.

VEIL (Maurice), né à Paris. — 66, rue de Saintonge, 3e.

3031 Garrigues à St-Jean-du-Pin (Gard). — 600 fr.
3032 Jeux. — 2.000 fr.

VEILLET (Alfred), né à Ezy. — Rolleboise, par Bonnières-sur-Seine (Seine-et-Oise).

3033 Rolleboise (l'église). — 800 fr.
3034 Rolleboise (bras de Seine). — 800 fr.

VENTRILLON (Ernest-Eugène), né à Nancy. — 67, rue de la Roquette, 11e.

3035 Peinture. — 500 fr.
3036 Peinture. — 500 fr.

VENTRILLON (Gaston), né à Nancy. — 56, rue du Ruisseau, Nancy (Meurthe-et-Moselle).

3037 Peinture. — 1.200 fr.
3038 Peinture. — 1.000 fr.

VENTRILLON (Georges-Charles), né à Nancy. — 56, rue du Ruisseau, Nancy (Meurthe-et-Moselle).

3039 Paysage. — Appartient à M. E. C...
3040 Paysage. — Appartient à Mme M. V...

VERDEGEM (José), né à Gand. — Belge. — 21, rue de Bapeaume, Nogent-sur-Marne (Seine).

3041 Fleurs (pastel). — 2.500 fr.
3042 Fragment. — Appartient à l'auteur.

VERDILHAN (André), né à Marseille. — 10, rue des Beaux-Arts, 6e. 5, rue Saint-Augustin, Marseille.

3043 Retour des Indes. — 3.000 fr.
3044 Marchande de Santons. — 3.000 fr.

VERDOU (Georges), né à Cabrerets. — 62, rue Monge, 5e.

3045 La Dordogne au rocher de Mareuil. — 250 fr.
3046 Le vase rouge. — 350 fr.

VERGER (André), né à Paris. — 128, boul. de Courcelles, 17e.

3047 Peinture.
3048 Peinture.

VÉRON (Georges-Adrien-Marcel), né à Maupertuis. — 10, rue Dupuytren, 6e.

3049 La ferme à Florimond. — 500 fr.
3050 Les humbles maisons. — 400 fr.

VERRIER (Louis), né à Arcueil. — 38, rue de l'Orne, 15e.

3051 Paysage (vallée de la Semine, Haut-Jura). — 600 fr.
3052 Paysage (lac Génin, Haut-Jura). — 400 fr.

VIAL (Félix), né à Saint-Etienne. — 126, rue de la Faisanderie, 16e.

3053 Plage. — 500 fr.
3054 Sur la terrasse. — 400 fr.

VIARDOT (Georges-Emile), né à Paris. — 67, rue des Prairies, 20e.

3055 Réveil. — 800 fr.
3056 Béatitude. — 1.000 fr.

VIBERT (Gaston-Charles), né à Paris. — 28, rue de Sévigné, Sucy-en-Brie (S.-et-O.).

3057 Nymphes. — 1.200 fr.
3058 Portrait de Mme V... — Appartient à l'auteur.

VIDOU (Emile), né à Villeneuve-sur-Lot. — Rue de Penne, Villeneuve-sur-Lot.

3059 Paysage. — 300 fr.

VIDOVITCH (Joseph), né à Zara. — Yougoslave. — 83, rue des Charettes, Rouen.

3060 Premier fruit. — 850 fr.
3061 Au bord de l'Adriatique. — 850 fr.

VIEUILLE (Victor-H.-E.-Louis), né à Pont-l'Abbé-d'Arnoult. — 79, rue des Martyrs, 18e.

3062 Paysage. — 1.000 fr.
3063 Paysage. — 150 fr.

VIGNEAU (André), né à Bordeaux. — 62, rue La Rochefoucauld, 9e.

3064 Nu. — 1.500 fr.

VILETTE (Charles), né à Argenteuil. — 36, rue de l'Egalité, Colombes (Seine).

3065 Paysage (Nice). — 600 fr.
3066 Nature morte. — 400 fr.

VILLARD (Antoine), né à Mâcon. — 4, square Desnouettes, 15e.

3067 Peinture.

VILLARD (Robert), né à Paris. — 4, square Desnouettes, 15e.

3068 Peinture. — 1.200 fr.
3069 Peinture. — 800 fr.

VILLEBŒUF (André), né à Paris. — 24, av. Kléber, 16e.

3070 L'affût aux bécasses. — 2.000 fr.
3071 Nature morte. — 800 fr.

VILLENEUVE-MARTIN (Mme Georgette de), née à Paris. — 54, boul.
de Mont-Boron, Nice.

3072 Nature morte. — 1.200 fr.

VILLERS (Gaston de), né à Bruxelles. — 81, av. Malakoff, 16e.

3073 Nu (rose).

VINCENS (Jean-Maxime), né à Montauban. — 9, rue du Progrès,
Meudon-Val-Fleury (Seine-et-Oise).

3074 Etude (tête d'homme). — 800 fr.
3075 Etude (tête de femme). — 800 fr.

VINOT (Maurice), né à Reims. — 10 bis, place Clichy.

3076 Ma mère. — Appartient à Mme Germinet.
3077 Environs de Cauterets. — Appartient à l'auteur.

VISSAGUET (Louis-Gabriel-Xavier), né au Puy. — 18, av. de Vals,
Le Puy (Haute-Loire).

3078 Avoines pâles dans le soir (aquarelle). — 400 fr.
3079 Matin d'été en Velay (aquarelle). — 400 fr.

VIVES (Mario), né à Barcelone. — Espagnol. — 2, passage de Dantzig, 15e.

3080 Vitrine contenant quelques terres cuites.
3081 Vitrine contenant quelques terres cuites.

VIVET (Jean-Armand), né à Paris. — 48, rue de Vaugirard, 6e.

3082 Philosophie. — 300 fr.
3083 Homme brun. — 200 fr.

VIVREL (André), né à Paris. — 65, rue Caulaincourt, 18e.

3084 Nature morte.

VOGELWEITH (Adolphe), né à Guebviller. — 11, boul. Clichy, 9e.

3085 Saint-Pol (chemin de la vallée). — 1.200 fr.
3086 Saint-Pol (chemin du bois). — 1.000 fr.

VOGT (Lucien), né à New-York. — 117, rue de Vaugirard, 15e.

3087 Nature morte. — 1.200 fr.
3088 Paysage. — 1.000 fr.

VOILAND (Léon), né à Bains. — 36, rue Hallé, 14e.

3089 Fleurs. — 600 fr.
3090 Fleurs. — 700 fr.

VOIZARD (Emile), né à Paris. — 111, rue de France, Nice.

3091 L'enfant. — 1.500 fr.
3092 Le chemin creux. — 800 fr.

VOULOT (Félix), né à Altkirch. — 14, rue Boissonade, 14e.

3093 Danseuse (pierre). — 4.000 fr.

VRIGNAULT (Marie-Henriette), née à Paris. — 102, boul. Malesherbes, 17e.

3094 Etude de fleurs (aquarelle). — 200 fr.
3095 La Brèche de Tracy (Calvados) (aquarelle). — 200 fr.

VTOROFF (Olga), née à Tomsk. — Russe. — 43, rue de l'Université, 7e.

3096 Bouquet. — 1.200 fr.
3097 Place Pigalle (paysage). — 1.000 fr.

VUITTON (Gaston-Louis), né à Asnières. — 70, av. des Champs-Elysées, 8e (chez M. Vuitton, éditeur).

3098 Garniture de coiffeuse.

W

Y Z

WAHANIN (Edouard), né à Lille. — 6, rue d'Auteuil, 16e.

3099 Verre d'eau et citrons. — 200 fr.
3100 Versailles (aquarelle). — 200 fr.

WALTZ (Antoinette), née à Stockholm. — 70 *bis*, rue Notre-Dame-des-Champs, 6e.

3101 Portrait de Mme A...
3102 Portrait de Christiane R...

WATERKEYN (Charles-Marcel), né à Borgerhout. — Français. — 23, rue Rochechouart, 9e.

3103 Notre-Dame de Paris (aquarelle). — 160 fr.
3104 Petit intérieur (aquarelle). — Appartient à l'auteur.

WATERLOW (Hinemoa), né en Nouvelle-Zélande. — Anglais. — 22, Norfolk Road, Londres N. W. 8.

3105 Mme Eva Jewell (portrait).
3106 Le Tofane dans le Tyrol (paysage) (aquarelle). — 500 fr.

WAUQUIEZ (Marie), née à Tourcoing. — 84, boul. Raspail, 6e.

3107 L'expulsé. — 4.000 fr.
3108 La bonne prise. — 4.000 fr.

WEGENER (Mme Gerda), née au Danemark. — Danoise. — 33, rue du Champ-de-Mars, 7e.

3109 Les grandes chaleurs. — 2.500 fr.
3110 Fantaisie. — 2.000 fr.

WEINBAUM (Albert), né à Kamienetz-Podolsk. — Russe. — 9, rue Campagne-Première, 14e.

3111 Paysage de Cassis. — 600 fr.
3112 Nature morte. — 300 fr.

WEISS (Paul), né à Strasbourg-Neudorff. — 53, rue de la Pomme, Bischwiller (Bas-Rhin).

3113 Calvaire. — 3.000 fr.
3114 La mère et l'enfant. — 1.000 fr.

WELSCH (Paul), né à Strasbourg. — 19, rue Visconti, 6e.

3115 Paysage. — 2.000 fr.
3116 Portrait. — 1.500 fr.

WEISSENBACH (Henri), né à Fribourg. — Suisse. — 11, rue du Commandeur, 14e.

3117 Composition. — 1.500 fr.
3118 Dancing. — 2.000 fr.

WILLAUME (Georges), né à Paris. — 21, rue de la Villette, 19e.

3119 Paysage. — Appartient à l'auteur.
3120 Paysage. — Appartient à l'auteur.

WOLF (Jacques), né à Rouen. — 5, rue Rouelle, 15e.

3121 Ile de Bréhat. — 600 fr.
3122 Ile de Bréhat. — 600 fr.

WORLEY (Margaret), né à Dallas. — Américain. — 5, rue Léopold-Robert, 14e.

3123 Nature morte. — 500 fr.

YAZAKI (Chiyoji), né au Japon. — Japonais. — 37, quai des Grands-Augustins, 6e.

3124 Paris.
3125 Italie.

YONI-BEAUGOURDON (Félix-Martin), né à Périgueux. — 219, rue Saint-Honoré, 1er.

3126 Les fleurs sur la fenêtre. — 2.000 fr.
3127 Rond-point des Bergères, Biry (Eure). — 1.000 fr.

YOREL (Adolphe), né à Paris. — 21, rue de la Tour, 16e.

3128 Coucher de soleil sur la Côte d'Emeraude. — 300 fr.
3129 Un coin de Bagatelle. — 300 fr.

YSERN Y ALIE (Pierre), né à Barcelone. — Espagnol. — 130 *ter*, boulevard de Clichy, 18°.

    3130 Mlle X..., danseuse de l'Opéra. — 8.000 fr.
    3131 Nuit andalouse (danse espagnole). — 3.500 fr.

ZAPPAROLI (Noradino), né à Borgofranco-sur-Pô. — Italien. — 16, rue Pernoud, Antony (Seine).

    3132 Val Malenco. — 2.000 fr.
    3133 En montagne. — 3.000 fr.

ZELIKSON (Serge), né à Ekaterinoslav. — Russe. — 41, r. Monge, 5°

    3134 Abel Henry (buste marbre). — Vendu.
    3135 Gaston Roussel (buste bronze). — Vendu.

LEZZOS (Georges), né à Venise. — Italien. — 42, rue Liancourt, 14°

    3136 Odette. — 1.200 fr.
    3137 Nature morte. — 800 fr.

ZIELENIEWSKI (Casimir), né à Tomsk. — Polonais. — 10 *bis*, rue de la Gaîté, 14°.

    3138 Le martyre de Jésus-Christ (composition). — 5.000 fr.
    3139 Ma famille (composition). — 7.000 fr.

ZINET (André), né à Lausanne. — Suisse. — 2, rue Lamarck, 18°

    3140 Portrait. — 1.500 fr.
    3141 Nature morte. — 900 fr.

ZINGG (Jules-Émile), né à Montbéliard. — 3, villa Brune, 14°.

    3142 Marine (le vent). — 6.000 fr.
    3143 Marine (l'orage). — 4.000 fr.

TABLE DES MATIÈRES

Il a été fait
de ce catalogue
un tirage de dix mille exemplaires
sur les presses de l'*Emancipatrice*,
3, rue de Pondichéry, 3
Paris-xve - Tél. Ségur 15-77

LE
PRINTEMPS

MEUBLE, INSTALLE,
DÉCORE
EN TOUS STYLES

⊞

Sa Collection de **TAPIS d'ORIENT**

est la PLUS COMPLÈTE

et la PLUS BELLE

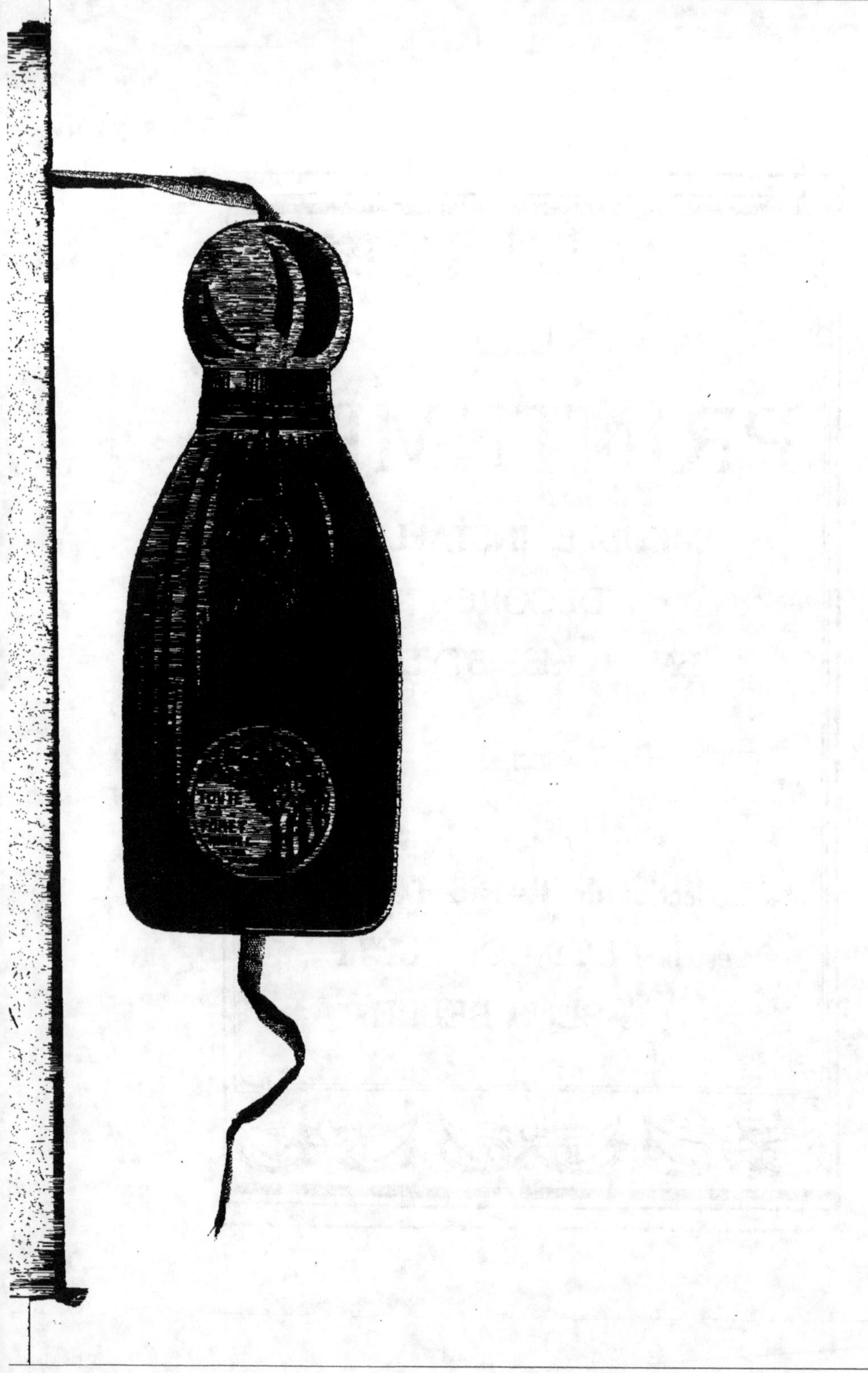

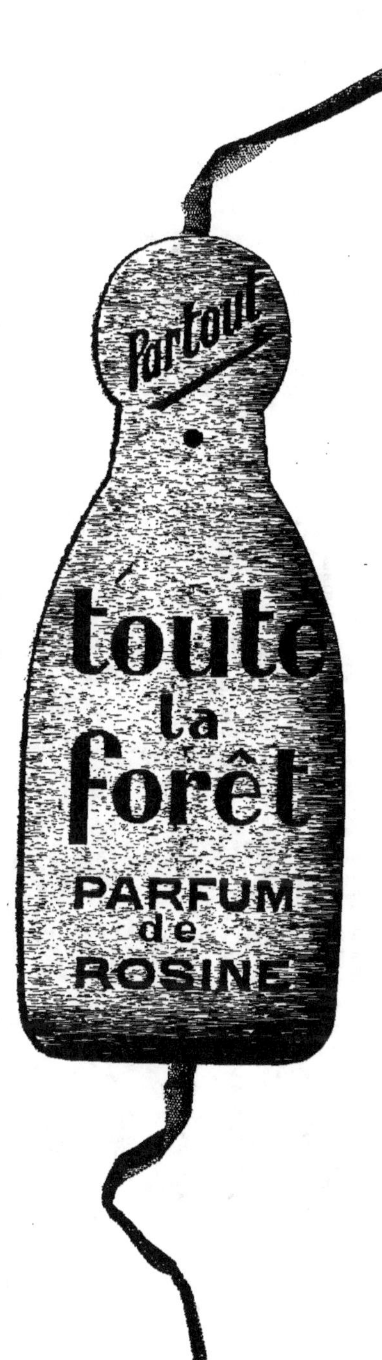

Partout
toute
la
forêt
PARFUM
de
ROSINE

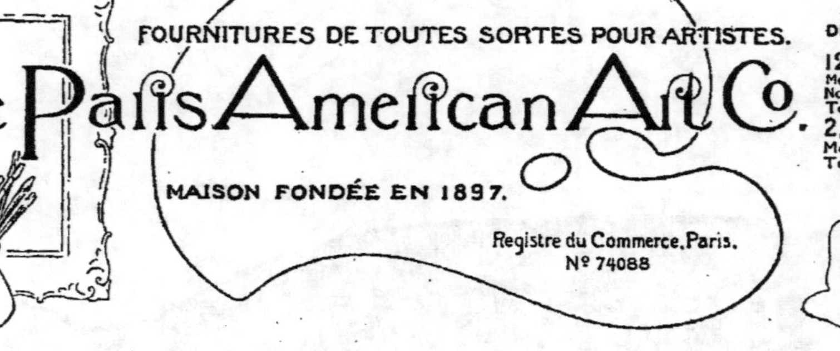

Les Articles les plus intéressants des Fabricants Français et Étrangers

COULEURS DES MARQUES LES PLUS CÉLÈBRES ET LES PLUS AVANTAGEUSES

Toiles fabriquées sans colle
ne craignant pas l'humidité,
la moisissure ou les craquelures.

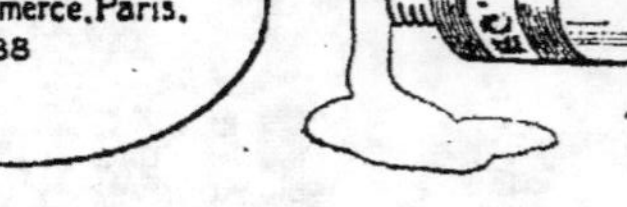

Cadres en bois sculpté, doré
toutes dimensions, toujours prêts.
Le plus grand choix, les plus bas prix.

LES CÉLÈBRES PINCEAUX RUBENS

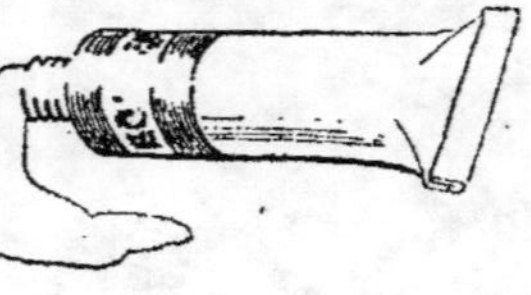